DIALOGUE
AVEC MON ANGE GARDIEN

HENRI TISOT

DIALOGUE AVEC MON ANGE GARDIEN

*

Pour appeler son ange gardien à l'aide
mieux vaut connaître son nom

LES ÉDITIONS DU CERF
www.editionsducerf.fr
PARIS

2004

Imprimé en France

www.editionsducerf.fr
(29, boulevard La Tour-Maubourg
75340 Paris Cedex 07)

ISBN : 2-204-07098-X

« Nous avons tous notre ange et je tiens de ma mère,
qu'on ne marche pas seul dans une voie amère. »

Marceline DESBORDES-VALMORE
(Pauvres fleurs).

Que chacun de vous se réfère, à la fin de cet ouvrage, à la liste qui comprend les noms de tous mes confrères qui ont en charge l'humanité tout entière. Chacun d'eux est imparti à un groupe d'humains bien défini. Ils attendent votre appel ! Que chacun de ceux qui sont appelés à lire ce livre s'y reporte afin de mémoriser le nom de l'ange chargé de son salut.

Archange Ouriel.

POUR CONNAÎTRE LE NOM DE VOTRE ANGE,
RÉFÉREZ-VOUS AUX PAGES 315-317.

MISE AU POINT

– *Mais comment en êtes-vous arrivé là, mon cher Henri*[1] *?*

– Arrivé où ?

– *Eh bien, au fait que vous n'ayez plus que moi avec qui parler, avec qui dialoguer?*

– Je n'ai plus guère le choix. C'est ainsi. D'abord, il y a tous ceux qui sont partis, sans prévenir la plupart du temps. Cela dit, quand ils préviennent... ou plutôt quand la maladie qui les emporte nous laisse supposer leur départ, c'est encore pire. Ensuite, il y a tous ceux avec qui on aimerait discuter mais qui n'ont guère le temps de vous voir. Et puis, il y a tous ceux qui ne valent pas la peine que l'on use sa salive. Cela fait beaucoup de silences.

Simone Signoret avait beaucoup hésité avant de raconter ce qui était advenu dans sa vie. Je me souviens de sa réflexion au début du livre qu'elle a tout de même fini par écrire, *La nostalgie n'est plus ce qu'elle était* :

---

1. Règles de lecture :

Le discours de l'ange Ouriel est écrit, dans les pages qui suivent, en italique.

Ce que dit Henri Tisot, dans le dialogue avec son ange, est en caractères romains.

Quant aux citations faites aussi bien par l'ange Ouriel que par Henri Tisot, elles sont toutes consignées en italique grasse, dans le corps du texte, ou dans un corps plus petit lorsqu'elles sont détachées du texte.

> **– Vous avez beaucoup hésité à raconter vos souvenirs : « Mes souvenirs ne m'appartiennent pas », disiez-vous.**
> **– Ce ne sont pas mes souvenirs qui ne m'appartiennent pas, c'est ma vie ! Je considère que l'on n'est que par les autres, et à partir du moment où on se raconte, on raconte les autres. Même les options qu'on peut prendre dans la vie sont toujours dues à quelqu'un d'autre, à une rencontre ou au fait qu'on veut être à la hauteur de l'opinion de quelques-uns. Pas beaucoup, en fait. Je sais très bien que ce que j'appelle « ma conscience », c'est le regard de cinq ou six personnes. Pas nécessairement des gens que je vois souvent. Des gens qui ne savent pas du tout qu'ils sont ma conscience. Moi, je sais qu'ils me surveillent.**

Moi, c'est pareil. Je me trouve dans le même état d'âme que Signoret. Elle fait d'ailleurs partie des quelques personnes qui se meuvent dans ma conscience. Signoret s'y balade avec une foultitude de gens que j'ai connus, croisés, ou bien admirés tout simplement. Bref, tous ceux qui sont dignes à mes yeux que je me ressouvienne d'eux à cause de ce qu'ils étaient, ou de ce qu'ils ont dit et qui m'a frappé… frappé aussi peut-être douloureusement par le fait des horribles discours que certains ont eu le front de soutenir.

Une certaine Claire Lalou a bien défini ce que je souhaite faire ressentir. Comme j'aurais aimé avoir écrit cette phrase à sa place :

> **[…] cette impression si forte que notre souvenir, notre mémoire, porte les êtres que nous avons connus, aimés, rencontrés, qu'ils continuent à voir par nos yeux, penser par nos pensées… nous abritons tant de gens !**

– *Il ne vous suffit donc plus que de raconter, mon cher Henri.*

– Ne croyez pas ça. Cela serait facile si je n'étais pas connu de mes lecteurs. Je pourrais alors partir à l'aventure de l'écriture et me laisserais conduire où elle me mènerait. Mais, étant donné toutes les casseroles que je traîne, cela fausse forcément pas mal les choses. C'est comme celui qui raconte une histoire dont un des auditeurs connaît la fin et la jette en pâture à l'assistance avant que le conteur ait eu le temps de la révéler. En fait, j'ai dû supporter toute ma vie que l'on m'affuble de connotations qui n'étaient pas miennes et, pour être précis, si elles étaient miennes, elles n'étaient en aucun cas exhaustives de ma nature profonde, par exemple celle-ci qui me poursuivra jusqu'à l'annonce de ma mort : « **L'imitateur du général de Gaulle vient de s'éteindre à l'âge de...** » Et de là vient la première difficulté de ce livre car, pour aller au plus pressé, on se gardera bien d'ajouter : « **Il avait entre autres choses interprété [...] écrit [...] et s'était consacré à l'étude de la Bible toute sa vie durant : "Connu pour ses insurpassables imitations du général de Gaulle, il est devenu un écrivain spirituellement très engagé et un véritable érudit biblique" (*Le Lien-Israël-Diaspora*, n° 170). »**

– *Votre problème, c'est... que vous ne vous ressemblez pas!*

– On ne peut pas mieux dire. L'image que les autres ont de moi n'a pratiquement rien à voir avec ce que je suis réellement. Et pourtant mon itinéraire devrait parler pour moi puisque le philosophe Michel Foucault a dit que « **l'identité d'un homme, c'est son itinéraire** ».

Oui, je suis en fait passé de l'imitation du général de Gaulle à l'imitation de Jésus-Christ ou du moins à la tentative d'imitation de Jésus-Christ. Rappelons d'ailleurs qu'il y a une différence certaine entre le fait d'imiter et le fait d'être réellement. Il ne faut pas se prendre pour... Même au plus fort de ma gloire d'imitateur du général de Gaulle, j'ai toujours pris en compte qu'il ne fallait pas confondre rêve et réalité, car la folie est toujours là qui veille. Pour peu que l'on s'aventure par-delà les bornes qui délimitent l'art de l'imitation de la mégalomanie, on court de réels dangers. La mégalomanie se tient au bord de précipices au fond desquels coule le fleuve Gloire tout prêt à vous noyer. L'équilibre se perd vite, le vertige aidant. Voilà pourquoi, lorsque j'imitais le général de Gaulle devant des foules qui, comme à Toulouse, étaient aussi denses que celles qui acclamaient le Général quelques semaines avant mon propre passage, j'ai toujours gardé par-devers moi l'image de cet âne de la fable qui porte des reliques.

Je m'étais bien ancré dans la tête que c'étaient les reliques que l'on applaudissait et non pas ma faculté à m'être déguisé.

Aujourd'hui de même. J'ai beau avoir, un jour de 1986, entendu une voix venue du ciel et qui a crié, d'une manière audible à mes oreilles seules : **« Il ne faut pas quitter le chemin du Christ »**, j'ai beau m'être produit entre six et sept cents fois au moins dans des spectacles relatant les évangiles afin d'en faire ressortir la couleur que le temps avait pu ternir, jamais je ne me suis pris pour ce que je ne suis pas. Je me suis toujours pris pour ce que je suis réellement, à savoir **« un malheureux pécheur tout plein d'iniquités »**, oserais-je dire si je n'avais pas peur de passer pour le Tartuffe de Molière en parodiant son texte. Toujours est-il que je ne suis pas un saint. Suis-je même un bon croyant ? Un croyant certes, mais bon je n'en suis pas sûr. Je suis simplement ce que Dieu a voulu que je sois :

> **Dieu mon Seigneur m'a donné le langage d'un homme qui se laisse instruire, pour que je sache à mon tour réconforter celui qui n'en peut plus. La parole me réveille chaque matin, chaque matin elle me réveille pour que j'écoute comme celui qui se laisse instruire. Le Seigneur Dieu m'a ouvert l'oreille et moi, je ne me suis pas révolté, je ne me suis pas dérobé. J'ai présenté mon dos à ceux qui me frappaient, et mes joues à ceux qui m'arrachaient la barbe. Je n'ai pas protégé mon visage des outrages et des crachats. Le Seigneur Dieu vient à mon secours ; c'est pourquoi je ne suis pas atteint par les outrages, c'est pourquoi j'ai rendu mon visage dur comme pierre : je sais que je ne serai pas confondu.** [Isaïe L, 4-7.]

–Êtes-vous pour autant un exégète qui étudie les Textes sacrés pour en faire ressortir les mystères?

– Il y a certes de cela dans ma démarche, mais je tiens à me situer à l'endroit même où je me trouve afin que l'on ne vienne plus me chercher des poux quand je n'en ai pas. J'aime les mots tout simplement, lesquels sont extrêmement lucides quand on veut bien se donner la peine de les entendre, tendre vers eux. Les mots sont des prophètes, ils détiennent des vérités cachées. Et, comme les prophètes, on ne les entend que lorsqu'il est trop tard. En conséquence, je suis un philologue tout bêtement et rien d'autre, c'est-à-dire un amoureux des mots.

« **Les mots boivent notre pensée avant même que nous ayons pu les reconnaître** » (Jean-Paul Sartre, *Les Mots*). Je les sonde, les coupe en quatre ou en dix pour en tirer la substantifique moelle, et j'aimerais pouvoir le faire dans toutes les langues si j'avais l'heur de toutes les connaître, ce qui n'est pas le cas. Mais j'accède par les dictionnaires à l'étymologie grecque ou latine de ces mots. En même temps, je me réfère depuis quarante ans aux sens de ces mêmes mots que l'hébreu est susceptible de me révéler. Ainsi, je ne m'interdis jamais d'accoler des sens divers et dérivés d'idiomes différents aux mots qui m'interpellent et parfois même à chacune de leurs syllabes.

Évidemment, tout le monde ne suit pas. Mais sans aller jusqu'à de pareils mélanges, pour ce qui concerne la langue française par exemple, je demeure sidéré que l'hébreu me la définisse par la traduction qu'il m'en fait. Par exemple, le nom de notre pays, la France, qui prend en hébreu la dénomination de *TSARFAT*. Or, en décomposant le mot, on obtient *TSAR* et *FAT*.

TSAR signifie « étroit » et *FAT* désigne la « pâte », autrement dit ce qui sert à faire le « pain ».

J'en conclus que le mot *TSARFAT* qui désigne en hébreu la France définit aussi un « pain étroit ». Or, il convient d'observer que la France est le seul pays au monde qui confectionne la plupart des pains qu'elle ingurgite sous forme de baguettes, de ficelles, bref de *TSARFAT*, de pâtes étroites. Est-ce le fait du hasard ?

– Je ne crois pas au hasard mais je devine, mon cher Henri, que de pareilles trouvailles doivent en faire ricaner plus d'un. Pas moi en tout cas.

– Oui, bien sûr, mais continuons, si vous le voulez bien, mon histoire de pain.

Lorsque l'on sait par ailleurs que dans les Écrits sacrés du Premier comme du Nouveau Testament le « pain » est symbole de « parole », de « langage », de « langue », il me paraît logique d'envisager alors qu'en plus du sens « pain étroit » qu'exprime le mot hébreu *TSARFAT* qui désigne aussi la France, il inclut également en son sein le sens de *TSAR* « étroit », « concis » –

FAT « langue », et par conséquent de « langue concise ». Le classicisme français en témoigne.

– *Jusque-là, je vous suis.*

– En outre, étant originaire du Midi de la France, j'en ai gardé l'accent, lequel frappe les oreilles des Français qui ne sont pas du Midi. « Ils ont l'accent! » dit-on de nous et ce n'est pas moi qui le nierais, ayant obtenu grâce à ce fameux accent de mon pays bon nombre de mes succès. À cette occasion, on dit que nous parlons « plat ». Et nous, un peu par vengeance ou plus bonnement par observation, nous disons des Français non méridionaux et particulièrement des Parisiens qu'« ils parlent pointu ». Parler pointu, n'est-ce pas parler étroit : *TSARFAT* : CQFD!

Je fais remarquer au passage que bon nombre de juifs d'origine séfarade qui vivent en France portent le nom de Sarfati qui vient de *TSARFATI*, ce qui signifie « français ».

– *Oui, je le savais. Cela dit, je suis curieux de connaître les réactions de vos congénères par rapport à tout ce que vous développez.*

– Veuillez excuser ma fatuité ou ma présomption, mais je me fais l'effet parfois d'un marchand de diamants qui, pour faire partager son propre émerveillement, montre en catimini ses trésors à d'autres amateurs de diamants, lesquels m'objectent, après avoir pris connaissance de mes livres ou après avoir assisté à une de mes conférences, que mes diamants sont faux parce qu'ils sont trop gros.

J'avoue avoir d'ailleurs eu ce même réflexe devant l'énormité du fameux diamant « le Régent » qui trône dans une des vitrines du musée du Louvre. J'avoue avoir soupçonné que le vrai Régent devait dormir à l'ombre d'un coffre de la Banque de France pendant que sa doublure ou son imitation s'étalait au Louvre à la vue de tous. Cela dit, je n'ai pas nié pour autant la réalité du Régent. À l'inverse, mes trouvailles philologiques sont niées et prétendues fausses parce que trop énormes à avaler.

– *Mais ne le sont-elles pas tout simplement parce qu'elles ne sont pas assimilables à l'entendement de la personne à qui on les expose?*

– Je n'osais pas le dire.

– Aux prises avec l'hégémonie du politiquement correct, les hommes d'aujourd'hui sont aussi prisonniers du logiquement correct qui les enferme et réduit leur entendement. De nos jours, ou plutôt de vos jours, il vous faut demeurer dans une logique consensuelle établie de tous temps, enracinée et interdisant toute découverte. Les gens intelligents s'appuient sur ce qu'ils savent et s'y tiennent fermement accrochés de peur qu'on ne les expulse de cet espace qu'ils ont mis un certain temps à conquérir.

– Michel Serres soutient que, si l'on ne se met pas en danger, on stagne. La philologie, elle, oblige à toujours se remettre en question par rapport aux incessantes révélations des mots. Tant pis pour moi, donc, si les adeptes du hasard trouvent tout ce que j'expose tiré par les cheveux : « **J'ai présenté [...] mes joues à ceux qui m'arrachaient la barbe [...]. Je sais que je ne serai pas confondu** » (Isaïe L).

Et, puisque j'ai décidé de me présenter en tant que philologue, citons le dictionnaire Littré qui définit ainsi la philologie :

> **Sorte de savoir général qui regarde les belles-lettres, les langues, la critique, etc. On entend par philologie une espèce de science composée de grammaire, de rhétorique, de poétique, d'antiquités, d'histoire, de philosophie, et quelquefois de mathématiques, de médecine et de jurisprudence.** [Rollin.]

On voit que le champ est large, étendu, permettant tous les exercices. Cela autorise le fils de pâtissier que je suis à s'enferrer dans son histoire de pain pour soutenir qu'il n'est en aucun cas du domaine du hasard que Jésus – Lui qui se présentera plus tard comme étant « **le pain de Vie** » (Jean VI, 35) – soit né à Bethléem, puisque ce lieu, en hébreu *BETHLEREM*, si on le traduit littéralement signifie *BETH* « maison » et *LEREM* « pain » : *BETHLEREM* = « maison du pain ».

– Mais vous avez dit que « pain » se disait FAT.

– Non, pardon ! J'ai dit que le mot *FAT* désignait la « pâte » qui sert à faire le pain. Mais le « pain » se dit en hébreu *LE<u>H</u>EM*, ce qui se prononce *LEREM*. Vous avez raison de me faire mettre les points sur les « i », faute de quoi d'autres s'en chargeront.

– Je sais en tout cas que c'est cette curieuse révélation que vous a faite un jour le professeur Tomatis, qui vous a poussé, il y a déjà quelque quarante ans, à vous plonger dans l'étude de l'hébreu comme d'autres se plongent et s'immergent dans l'eau en vue du baptême.

– Oui, vous savez tant de choses sur ma vie. Si j'aime à ce point les mots, c'est parce qu'ils sont extensibles. Je veux dire par là qu'ils offrent mille et une connotations si l'on veut bien se pencher sur eux comme une mère se penche sur le berceau de son enfant. J'aime tout ce qui ne réduit pas, n'enferme pas. Jésus, lors de la Cène, annonce à ses disciples : **« L'un de vous me livrera, un qui mange avec moi »** (Marc XIV, 18). C'est-à-dire qui se nourrit de mon enseignement, et malgré cela...

Mais quand on sait que le véritable sens du mot hébreu *SEGOR* que l'on traduit par « livrer » est en fait « enfermer », ce que dit le Christ prend alors tout son terrible sens : **« L'un de vous m'enfermera! »** Non seulement, Judas va contribuer à faire enfermer Jésus, mais cela ne survient que parce qu'il a enfermé le Seigneur dans la compréhension limitée qu'il en a. L'enfermant ainsi dans ce qu'il comprend ou croit comprendre de Lui, il provoque son enfermement dans cet espace limité de compréhension que tout homme a de Jésus.

L'enfermant, il peut ainsi le définir ou du moins partir de sa personne afin de Le désigner à la vindicte de ceux qui Le cherchent, même si **« c'est par un baiser qu'il livre le Fils de l'homme »** (Luc XXII, 48).

– Mais vous, est-ce que vous n'enfermez pas le Seigneur? Est-ce que vous n'êtes pas vous les hommes, tous, tant que vous êtes, des Judas prétendant définir Jésus et son enseignement puisque vous osez dire : « Jésus, le Christ, moi je pense que c'est ça... Il est comme ça... Il veut ça! »

– Hélas oui ! et moi le beau premier à qui Jésus susurre dans le creux de l'oreille : « Henri, c'est par ce que tu exposes dans tes livres que tu livres le Fils de l'homme. »

– Je suis heureux de vous l'entendre dire car un seul proclame juste en ce qui concerne Jésus, c'est Jean le Baptiste qui ne ces-

sera jamais de crier dans l'évangile de Jean : **« Au milieu de vous il est quelqu'un que vous ne connaissez pas »** *(Jean I, 26).*

– En tout cas, je vous ai exposé où la philologie m'a conduit dans un premier temps : à l'introspection des mots qui, dès qu'ils sont décryptés, vous mettent en présence de la source qui les a fait naître : le Verbe créateur dont la coulée verbale a conduit les mots jusqu'à nous. Et si un philosophe est quelqu'un qui aime la sagesse, *philo* « qui aime » – *sophia* « la sagesse », le philologue est quelqu'un « qui aime le logos », c'est-à-dire le discours ou plus précisément le Verbe : Jésus.

– *Encore faut-il se mettre d'accord sur ce que ce mot « logos » signifie, quel sens réel il détient. Bien peu de dictionnaires vous aideront à saisir sa réalité. Et même l'Église... je ne suis pas sûr qu'elle vous sera d'une grande utilité si vous voulez approfondir ce qui devrait la concerner le plus. Disons les choses comme elles sont, le mot grec « logos » est sûrement aussi méconnu que Dieu Lui-même, peut-être parce qu'Il est ce Logos dont nous parlons. Nous y reviendrons.*

– Oui, si vous le voulez bien. Je souhaiterais avant de passer à autre chose évoquer également, dans la mise au point que nous faisons ici, l'état actuel de la France, tel que, pour ma part, je le juge à tort ou à raison.

Cela me semble bon à dire afin que ceux qui nous suivent ne soient pas trop déstabilisés par la lecture des pages qui vont suivre. Je préfère prévenir mon auditoire alléguant qu'un lecteur averti en vaut deux. J'ai bien besoin de cette multiplication pour faire face à la foultitude de ceux qui ne partagent pas mes points de vue.

En effet, de nos jours en France, les idées ne sont justes que si les autres les acceptent. Pour prétendre à un auditoire, il faut donc faire sien un des grands mots de Lénine : **« Dites-leur ce qu'ils veulent entendre. »** C'est la porte ouverte à la démagogie, au politiquement correct, à la pensée unique, à la mondialisation. Ce nivellement par la base ne se révélant pas encore suffisant on a inventé un autre mot pour abolir les différences : la globalisation qui conduit au totalitarisme.

Tout cela ne m'étonne plus guère et je regarde presque avec

une certaine délectation les effets néfastes que cette situation suscite dans tous les domaines où tout un chacun est en perte de sa spécificité propre dont il se laisse dépouiller, ne voyant plus comment s'opposer à la chose, la majorité des gens ayant voté pour qu'elle survienne.

Ce n'est plus l'union qui fait la force ou force de loi de nos jours, c'est le nombre. Sans le nombre, rien n'est possible. Et si une voix tente de s'élever hors du discours admis, qui l'écoutera? Les prophètes n'ont plus de raison d'être dans nos sociétés puisqu'ils ont vocation de révéler des vérités qui ne seront évidentes aux autres que bien plus tard. Les prophètes sont donc condamnés à ne pas avoir d'auditoire, d'audimat comme on dit de nos jours. Ainsi je signale au passage que *audi* vient du latin *audire* « entendre » et que *mat* signifie « mort » en hébreu. Ne devrait-on pas en conclure que l'« audimat » entraîne la « mort de l'entendement »?

Ce n'est pas la télévision ni ses programmes que je dénigre ici, ce sont les masses qui font basculer la balance du choix des programmes vers leurs désirs au détriment du goût des minorités.

Me revient en mémoire cette injonction de Jésus à cet homme possédé d'un esprit impur : « **"Sors de cet homme, esprit impur!" Et il lui demandait : "Quel est ton nom?" Il lui répond : "Légion est mon nom, car nous sommes beaucoup"** » (Marc V, 8-9).

La cause de tous ces dérèglements – et tout le monde l'a compris – c'est le profit! Il est en effet plus rentable de vendre à mille plutôt qu'à un. Les Américains ont pris conscience de cela les premiers et exercent à cette fin leur hégémonie sur le monde. Les Américains, qui ne méritent cependant pas le grand malheur qui les a frappés le 11 septembre 2001, s'ils étaient lucides ne s'étonneraient plus d'être haïs par certains.

Mais bien que tout le monde ait saisi ce qui gouverne le monde, l'on n'a pas encore trouvé le remède. Ou plutôt, on le connaît mais il est difficile à appliquer. Il consiste à se désolidariser des autres, à se dissocier de la masse, des masses. Oser dire que l'on se désolidarise expose à la critique. Cela vient du fait que peu de gens connaissent le sens véritable du mot « solidarité ». Peu savent ce qu'il cache. Les mots sont prophètes, je le souligne à nouveau. Il s'agit donc en ce qui concerne le mot « solidarité » d'un terme de jurisprudence et l'on se doit d'être caution solidaire de ceux pour qui l'on s'engage. C'est ce qui survient après que nous avons voté. Nous sommes solidaires de ceux que nous avons mis au pouvoir et il serait donc logique, dès lors que l'on connaît le sens véritable de ce mot, de ne plus s'étonner de payer les pots cassés dont est cause notre choix. Nous voilà compromis par solidarité.

On est tenté alors de ne plus participer, de s'exclure de la masse et par conséquent de ne plus voter. « Oui, mais... le droit de vote... on s'est battu pour l'avoir... la démocratie est encore ce qu'il y a de moins nocif... vous ne pouvez pas prôner l'abstention, c'est le civisme qui est en jeu. » Je réponds aux grands « mots » par les grands remèdes : « Pourquoi voter pour des gens qui ne peuvent exercer que le seul pouvoir auquel les autorise Bruxelles? Nous avons perdu la guerre sans l'avoir même déclarée et nous voilà prisonniers de gens que l'on ne connaît guère, qui ne nous connaissent pas non plus et qui se sont emparés de tous nos droits. »

D'autre part, pourquoi irais-je voter pour un candidat, comme la plupart le font, avec l'arrière-pensée de voter contre un autre? Je me refuse à voter contre et, surtout, je ne puis voter pour les uns ou pour les autres puisqu'ils ne me conviennent pas. Mon père avec son franc-parler, le seul qui vaille, décrétait : « Des conneries d'accord! jamais les mêmes. » C'est dire que je suis dans l'impossibilité de glisser dans l'urne un bulletin de vote en faveur de ceux que l'on a déjà portés au pouvoir et qui nous ont bien eus. Mais les Français réitèrent leurs actes et par là leurs bêtises et s'ensuit ce que le général de Gaulle a si bien su résumer :

> **Chez nous, c'est plus fort que nous, dès que quelque chose tient debout, il faut qu'on le renverse – dès qu'il y a une réserve à formuler, ça devient du dénigrement – si nous avons la démocratie, ça devient la « démocrassouille » – si nous avons la dictature, ça finit en tragédie. Il faut quand même arriver à faire un système qui fonctionne.** [Rapporté par Alain Peyrefitte dans l'émission de télévision *C'était de Gaulle*.]

Il serait bien plus judicieux me semble-t-il de rejoindre les 50 % de Français qui ne se rendent parfois plus dans les bureaux de vote et regagnent ainsi leur liberté de penser. Il s'agit d'une majorité contre une autre. Même si nous ne sommes pas aux yeux des autres des bien-pensants, nous penserons toujours mieux que ceux qui, faisant chorus avec la masse, mettent au pouvoir, en vociférant : « On a gagné! on a gagné! », des hommes et des femmes que seul le nombre couronne, comme ce fut le cas pour Hitler, Staline et d'autres. Non, la majorité n'est pas obligatoirement vecteur de vérité. La minorité non plus d'ailleurs, il faut bien le dire. Alors ? que faire ?

– Eh bien, sans hésitation aucune, il faut continuer à voter imperturbablement, et surtout ne pas s'en abstenir malgré tout ce que vous avez dit. Demeurez dans l'espérance. Je puis vous assurer qu'au train où vont les choses viendront des jours où une loi précisera que l'on ne peut être élu que dans la mesure où au moins 50 % des Français se prononcent. Vous rirez bien alors! Et moi avec vous.

– Toujours est-il que si le partage des idées semble conduire au désastre, on peut bien dire alors que je suis, moi, inoffensif, puisque personne ou si peu de gens partagent mes opinions. On peut donc me lire sans encourir grand risque.

– Il faut ajouter que ce même phénomène du partage des idées convenues et fausses, qui fait florès partout sur terre, fait également florès chez les humains dans le domaine du spirituel qui me préoccupe tout particulièrement à cause de ma position. Ce me semble être la seule bataille didactique qui en vaille encore la peine même si elle est totalement utopique.

– Lorsque l'on écrit, on fouille son cerveau et l'on découvre ce qui y est enfoui et qui souvent nous déconcerte – le cerveau serait-il prophète lui aussi autant que les mots ?

Il y a le réel, c'est-à-dire ce que tout un chacun peut voir et admettre. Le réel est en principe tangible. Puis il y a le reste, c'est-à-dire ce que tout un chacun subodore sans pour autant pouvoir en prouver l'existence. Le verbe « subodorer » vient du latin *subodorari*, de *sub* et *odorari*. Il est ici question d'odeur, de sentir, de pressentir, ce qui est le sens véritable du verbe

« subodorer » qui invite à flairer, deviner, soupçonner. Ce n'est pas pour rien que les rabbins nous apprennent que le parfum symbolise la connaissance de la Torah.

On aura compris que c'est hors des sentiers battus que je prétends entraîner mon monde, car j'ai l'intime conviction que ce n'est que là, oui, exclusivement là, que l'on a quelque chance de frôler la Vérité qui a pour spécificité de fréquenter plus volontiers les individus, fussent-ils assez nombreux pour constituer un groupe, plutôt que ces masses que convoitent les hommes politiques.

– *Pour ma part, je persiste à vous suivre. Je n'ai, dans ma position, guère le choix d'ailleurs, vous vous en doutez. Il ferait beau voir qu'un ange gardien abandonne celui dont il a la charge.*

– Si vous courez le risque de me suivre, c'est donc à vos risques et périls. Et puisque vous, mon ange gardien, semblez pour l'heure me laisser carte blanche, j'en profite pour dire à quel point je partage avec ferveur et émotion cet aveu que fit un jour Marcel Pagnol, mon congénère, à son ami Yvan Audouard :

> **– Tu vois Yvan, l'homme qui écrit, c'est un homme qui se console. Et de quoi se console-t-il ? De n'avoir pas sous la main quelqu'un à qui parler...**
> **– Tu parles seul ?**
> **– Non. Je parle à mon porte-plume. Je ne peux pas m'en empêcher. Et, dès que j'ai commencé de parler à mon porte-plume, il y a du monde autour de moi. Je parle aux miens. Aux vivants et aux morts. À tous ceux que j'aimais. Et ils sont là, à mes côtés. En chair et en os. Il ne leur manque pas un sourire, pas une intonation. Ma mère porte un caraco mauve avec des petites fleurs grises. À la giletière de mon père pend une dent de tigre... Et souvent, je ris avec eux. Parfois même je pleure...** [*Audouard raconte Pagnol*, 1973.]

– *Le fait d'écrire recèle un des plus grands mystères de ce monde. Peu en ont conscience. Tout leur semble naturel alors qu'il s'agit la plupart du temps de miracles !*

– Moi, ce n'est pas avec mon porte-plume que j'ai décidé de dialoguer mais avec vous, cher ange gardien, dont le nom m'avez-vous dit est Ouriel. Quand je dis que ce n'est pas avec mon porte-plume que je parle, je m'avance peut-être un peu trop, car un ange comme chacun sait porte des plumes sur ses ailes. N'est-il pas porte-plume*s* par excellence?

Cela implique que, comme Marcel Pagnol, moi aussi je parle à mon porte-plume*s*. Vous voyez, l'humour reprend ses droits. De vous à moi, écrire, même en dialoguant avec vous mon ange, est encore le seul moyen que j'ai pu trouver afin de ne pas être interrompu.

Apprêtons-nous donc à dialoguer dès après que vous aurez composé, cher ange, la préface de mon livre, heu… de notre livre. Prenez donc la plume, vous n'en manquez pas.

PRÉFACE DE L'ANGE

*L'originalité de cette préface réside dans le fait qu'elle est rédigée par un ange. Je me présente, je suis l'un des sept archanges, c'est-à-dire « **un des sept anges qui se tiennent toujours prêts à pénétrer auprès de la Gloire du Seigneur** » (Tobie XII, 15).*

Mon nom est Ouriel, ce qui signifie en hébreu « Lumière de Dieu » ; certains traduisent « Feu de Dieu » ce qui, sans fausse modestie, me paraît beaucoup trop laudatif dans un sens comme dans l'autre. On me cite aussi sous le nom d'Hariel, mais j'insiste sur le fait que mon nom est Ouriel.

*Les trois archanges les plus connus parmi les hommes, sont Mikaël (Qui est comme Dieu, semblable à Dieu), Raphaël (Dieu guérit) et Gabriel (Force, puissance de Dieu). Je viens en quatrième sur la liste dont il est fait état dans une section du livre apocryphe d'Énoch (XX, 1-8) qui a été composé au IIe siècle avant Jésus-Christ : Énoch me cite comme étant « **l'archange Ouriel** ». Viennent ensuite Ragouél, Sariél et Rémiél. Nous sommes tous les sept des anges de puissance ou, si l'on préfère, des chefs parmi les myriades d'anges, archange signifiant « chef parmi les anges ».*

*L'apôtre Paul est le premier après Énoch à employer ce titre d'archange dans sa première épître aux Thessaloniciens (IV, 16), en même temps qu'il révèle notre mission de la fin des temps : « **Car lui-même, le Seigneur, au signal donné par la voix de l'archange et la trompette de Dieu, descendra du ciel, et les morts qui sont dans le Christ ressusciteront en premier lieu.** »*

Je suis moi Ouriel, l'humble représentant en quelque sorte de la Luminescence divine que j'ai pour mission de filtrer si je puis dire afin qu'Elle parvienne jusqu'à vous.

Sa puissance est telle qu'il y aurait grand danger pour vous à La réceptionner sans intermédiaire. Je suis pour ma part chargé de donner conscience au monde de la prééminence de cette Lumière que Dieu a « **surexaltée** *» et qui porte «* **le Nom qui est au-dessus de tout nom** *» : Jésus-Christ, comme l'a écrit Paul (Philippiens II, 9). Jésus ne nous révèle-t-Il pas : «* **Je suis la lumière du monde** *» (Jean VIII, 12)?*

Accessoirement et sans pour autant minimiser cette partie plus humble de ma mission, j'ai aussi été mandaté afin de veiller sur l'ami Henri, votre frère et serviteur Henri Tisot. Il a été choisi par ma hiérarchie à cause de son intuition peu commune qui lui fait mettre le doigt sur les choses à découvrir en matière biblique ou à redécouvrir dans la mesure où elles ont été décryptées par d'autres avant lui mais ont été malheureusement perdues ou oubliées. L'inattention des hommes est sans limites. Le pape Jean-Paul II a dit que tout ce que Dieu a créé Il le garde et le conserve par la Providence. Henri est en quelque sorte un instrument de cette Providence.

Je ne voudrais pas blesser notre ami Henri en signalant qu'il est plus intuitif qu'intelligent, même si André Chouraqui, ce grand traducteur de la Bible, a dit qu'il faisait partie de l'armée prophétique, pas moins.

Quant à nous, les anges, nous sommes, non pas les instruments mais les représentants de la Providence divine que les myriades d'anges révèlent sur terre. Nous nous manifestons parmi vous pour vous faire ressentir la proximité de Dieu dont nous sommes les preuves en quelque sorte. Et même à Auschwitz – oserais-je dire surtout à Auschwitz – nous étions présents auprès de tous ceux qui y étaient martyrisés et qui ont subi l'enfer. Nous avons été tout particulièrement actifs aussi sur l'île de Manhattan pour apporter un réconfort moral à tous ceux qui ont vécu l'horreur du terrorisme et qui ne sont pas revenus parmi leurs proches. Bref, nous sommes les partenaires secrets toujours présents dans l'intimité des humains, et ce, avec d'autant plus d'acuité, parmi ceux qui par-

viennent aux derniers instants de leur parcours terrestre. Nous cheminons donc auprès de vous et ne vous quittons jamais : « ***Voici que mon ange ira devant toi*** *» (Exode XXXII, 34).*

C'est ce à quoi nous sommes destinés, nous les anges, à marcher auprès des humains. Le mot « ange » se dit malakh *(prononcer* malar*) et signifie « messager ». Henri a tout particulièrement lu et traduit à juste titre, je dois le dire, le mot « ange » par l'expression « qui marche », car c'est la traduction littérale du mot* malakh, *« ange ». Cela saute aux yeux pour celui qui sait lire l'hébreu. Mais l'évidence est ce qui se voit le moins. Ainsi, du fait que nous marchons, nous sommes par conséquent des messagers, des envoyés, des porteurs de nouvelles. On pourrait dire dans le langage de votre monde moderne « des préposés à la Parole divine », autrement dit des facteurs. Nous sommes heureux de l'être car sans porteurs de nouvelles et a fortiori de Bonne Nouvelle, point de salut! Et parce que nous marchons sans cesse auprès des humains (ange = qui marche) et que nous nous manifestons à proximité de chacun de vous, nous sommes missionnés, délégués, envoyés pour donner place à ce qu'ils ont de plus intime de telle sorte qu'ils puissent s'adresser à nous sans aucun risque de trahison. Les humains peuvent tout nous dire, nous récoltons leurs aveux, des plus doux aux plus inavouables, dont nous gardons le secret, mais nous avons toujours la liberté pleine et entière de leur répliquer. Nous avons pouvoir d'agir, de réagir et de régir. C'est peut-être à cause de cela que le substantif « ange » (en hébreu* malakh*) constitué de quatre lettres, devient le mot* mélekh *(prononcer* méler*) si on lui ôte la lettre aleph qui est en troisième position dans son nom.*

On assiste alors au couronnement du mot « ange » qui, devenant sans la lettre aleph le mot « roi », s'ennoblit.

Une chose semble n'exister que dans la mesure où elle est nommée et où un mot tente de la définir comme l'a si bien explicité le philosophe juif André Neher : « ***le mot devient la chose qu'il nomme.*** *» Voilà pourquoi en hébreu le mot* dabar, *qui désigne une « chose », signifie aussi « parole ». La parole* (dabar) *qui nomme la chose* (dabar) *la définit et «* ***le mot devient la chose qu'il nomme*** *». Et c'est ainsi que, lorsque au commencement*

*Dieu dit « **Que la lumière soit** », elle devient instantanément parce qu'Il l'a « pro-NOM-cée ».*

Que ce livre Dialogue avec mon ange gardien *soit donc, puisque je viens de le nommer, c'est le vœu que je formule. Puisse notre ami Henri Tisot être assisté dans cette entreprise par l'Esprit Saint qui veille sans cesse.*

Je lui cède donc la parole (dabar) *afin qu'il nomme toute chose* (dabar) *qui règne dans son cœur...*

Votre Ouriel.

1

Les vies des âmes

*

La prise en charge des âmes par les anges.

La réminiscence de ma venue au monde.

L'accouchement sonique.

Le grand mystère de la vie intra-utérine.

La riche idée de Platon.

La mer et la mère.

L'esprit, telle une colombe.

Les mots porteurs de sens.

Les différentes bandes passantes de l'écoute humaine.

Les vivantes âmes annoncées dans la Bible.

La prise en charge des âmes par les anges.

« Mon ange qui veillez sur moi
Ô mon ange ayez pitié de moi
Vous qui êtes mon gardien
Accordez-moi pour mon bien
Un peu de pain quotidien, mon ange ! »

– C'est ce que l'on me fredonnait lorsque j'étais petit...

Si j'ai décidé de converser ici avec mon ange gardien, c'est parce qu'il est la seule personne au monde qui soit véritablement capable de débusquer mes mensonges si je devais en commettre au fil du discours qui va suivre. Mon ange, en effet, est censé connaître mes pensées autant sinon plus que je ne les connais moi-même. Car, si j'en crois ce texte tiré du *Midrach Tanhouma, section Pikkude III*, et traduit par mon Maître, le rabbin Albert Abécassis, mon ange me connaît depuis la création du monde. Ce *midrach* rassemble des textes attribués à Tanhouma bar Abba, un sage du IVe siècle et portant sur la Torah, à savoir les cinq premiers livres du Premier Testament :

Toutes les âmes furent créées les six premiers jours de la création.

Au moment de la formation de l'embryon, Dieu mande une âme et lui ordonne de s'introduire dans l'embryon. Un ange promène alors l'embryon du matin jusqu'au soir dans tout l'uni-

> **vers, l'instruit et lui montre tout. Puis, il le dépose dans le sein de sa mère et place au-dessus de sa tête une lumière pour l'éclairer. Au terme de neuf mois, comme l'enfant refuse de sortir, c'est alors que l'ange intervient. Il éteint la lumière qui est au-dessus de sa tête, le contraint à sortir et le pousse vers la lumière du monde. Puis, enfin, il lui donne une légère tape et l'enfant oublie alors instantanément tout ce qu'il a vu et tout ce qu'il sait.**

La tape que l'ange administre à chaque enfant, au moment exact où il lui dit « chut », s'inscrit sur la lèvre supérieure de tout être humain juste au-dessous du nez. Nous portons tous cette légère incurvation.

– *Permettrez-vous à votre ange, cher Henri, d'ajouter son grain de sel dans la conversation, si j'ose dire, puisqu'il est l'artisan de tout ce que vous venez de décrire avec tant de justesse. Je voudrais souligner que ce si beau texte tiré de la Tradition juive est en accord total avec la théologie chrétienne comme le prouvent les termes de l'allocution du pape Jean XXIII, le 9 septembre 1962, à Rome, dans la basilique Sainte-Marie-des-Anges :*

> **Notre foi nous enseigne qu'aucun de nous n'est seul. Dès que l'âme est créée par Dieu pour un nouvel être humain, spécialement lorsque la grâce des sacrements l'enveloppe de l'ineffable lumière, un ange faisant partie des saintes phalanges des esprits célestes est appelé pour rester à ses côtés pendant tout son pèlerinage terrestre.** [*L'Osservatore Romano*, édition française hebdomadaire, n° 38.]

– Merci de relier ces deux textes. Vous faites un acte religieux puisque le latin *religare*, d'où est issu le mot « religion », signifie « relier ».

Comme tout un chacun, j'ai évidemment oublié tout ce qui s'est passé avant ma naissance, cependant m'est resté en mémoire, comme si ce souvenir y était enclavé, le moment où je suis entré dans le monde, et je puis tout à fait décrire ce que j'ai vu.

Peut-être que vous, mon ange, vous qui veillez sur moi, m'aimiez déjà plus qu'il ne fallait au moment de ma sortie du ventre maternel. Ayant sans doute peur de me maltraiter, la chiquenaude que vous m'avez donnée ne devait pas être suffisamment forte, de telle sorte que le film de mon entrée dans le monde est resté imprimé dans mon cerveau.

La réminiscence de ma venue au monde.

– Voilà que j'avançais au beau milieu d'une voie ferrée située dans un tunnel noir. Pourquoi une voie ferrée ? Je n'ai eu la réponse que plus tard. J'avançais dans ce noir tunnel et me dirigeais vers un point blanc gros comme une tête d'épingle qui blanchissait là-bas devant moi au lointain. L'idée de me diriger autre part n'occupait pas mes pensées. Il me semblait que je ne dusse aller que vers ce point blanc qui, à mesure que je m'en approchais, m'inondait de sa luminescence. Petit à petit, à mesure que j'avançais, je prenais conscience de mon corps. Et curieusement, il n'était pas comme cela eût été normal celui d'un nourrisson ou d'un petit enfant, mais, paradoxalement, celui de l'adulte que je suis devenu plus tard.

Cet adulte était porteur du petit bébé que je pense avoir été à ce moment-là et il l'avait chargé sur ses épaules tel l'agneau que porte saint Christophe. Et à mesure que l'adulte approchait de la sortie du tunnel, voilà que le petit enfant s'incurvait dans les épaules de l'adulte jusqu'à glisser dans son corps. J'aurais alors pu m'exclamer, c'eût été justifié : **« Regarde saint Christophe et va-t'en rassuré ! »**

Mais voilà qu'apparaît devant moi… la verdoyante nature ! Était-ce une vallée, était-ce un jardin ? Les prés dégoulinaient, là, sous mes yeux ébahis et je les admirais. Sur ma droite comme sur ma gauche, deux monticules entièrement recouverts d'herbe rase. Et puis, au loin, par-delà les vallons, des arbres qui délimitaient les champs que ma vue pouvait embrasser. Ces arbres étaient d'époque. Je ne trouve que cette expression pour expliquer que j'ai vu, plus tard, les mêmes qui faisaient paravents dans le lointain de certains tableaux Renaissance tels qu'on peut les voir dans les musées. Tout était calme et serein ; il aurait pu y avoir des oiseaux qui auraient pu chanter mais on n'entendait rien encore. Le bonheur semblait avoir pris possession de tout le paysage alentour. Cela augurait de la suite.

Ce n'est que bien plus tard que l'idée m'est venue tout à coup, me remémorant un jour cet épisode pré-natal si j'ose dire, que les deux monticules couverts d'herbe dont il est question plus haut, étaient peut-être les deux jambes allongées de ma mère. Leur image s'est inscrite dans ma vision quand j'ai déboulé depuis la grotte pelvienne de ma génitrice dans le tunnel vaginal. Quant aux deux rails qui fuyaient devant moi à la fin de ma vie intra-utérine, tandis que je cheminais sur la voie ferrée qu'ils édifiaient tous deux, ils n'étaient peut-être que… l'éblouissant reflet des forceps manipulés par la sage-femme. En effet, combien de fois m'a-t-on raconté, quand j'ai été en âge de comprendre, que lors de ma venue au monde j'ai rageusement pris en main cet instrument que manipulait la sage-femme ? Elle devait être bien aise de s'en délester à la fin de cet accouchement qui avait commencé par les contractions subies par ma mère quelque trente-six heures auparavant. C'était le 1er juin 1937 sur le coup de midi. Voilà.

L'accouchement sonique.

– Il conviendrait de spécifier, cher Henri, que ce que vous venez de raconter concernant votre venue dans le monde n'est pas un récit romanesque qui serait le fruit de votre imagination, mais bel et bien un événement que vous avez vécu à la suite d'une expérience médicale.

– Oui, en effet, merci mon ange de me le rappeler. Il s'agit d'une expérience à laquelle je me suis soumis, en février 1973. Le professeur Alfred-Angelo Tomatis, spécialiste de l'écoute humaine et des problèmes de langage, a été un des premiers savants à affirmer que le fœtus entendait dès sa conception dans le ventre de sa mère. Cette profession de foi admise aujourd'hui par tous les spécialistes en la matière avait soulevé à l'époque où le professeur Tomatis l'a révélée un tollé général et désapprobateur.

Après avoir enregistré la voix de ma mère et l'avoir reconstituée à l'aide de filtres telle que je pouvais l'entendre au travers du liquide amniotique dans lequel je baignais en tant que fœtus, le professeur Tomatis me la faisait réentendre lors de séances durant une demi-heure. Et ce, par le biais, si je puis dire, d'un appareil de son invention mis au point en 1950 : l'oreille électronique. Il s'agit d'un appareil fondamental de stimulation auditive en vue d'une recharge du cerveau. La voix de ma mère était filtrée aux alentours de 8000 hertz lors des premières séances. C'est-à-dire qu'elle était déshabillée de ses harmoniques graves et ne me parvenaient que les harmoniques aiguës perceptibles par-delà 8000 hertz. On passait au bout de quelques jours à des séances à 6000, puis 4000, puis 2000 hertz. Il s'agissait donc de privilégier les harmoniques aiguës de telle sorte que ce n'est que l'ajout progressif des sons graves qui aidait à la compréhension des mots prononcés. La thèse du professeur Tomatis était que les aiguës rechargent la vitalité d'un être humain alors que les graves, à l'inverse, l'en déchargent. La musique mozartienne, extrêmement riche en harmoniques aiguës, était tout indiquée dans les traitements qu'il prescrivait et il la faisait écouter, elle aussi filtrée, à savoir, expurgée des harmoniques graves. C'est dire à quel point il était tout à fait hostile à la musique rock qui remplit tout à fait son rôle : vider le trop-plein d'énergie d'une jeunesse qui s'y adonne sans en connaître les véritables mécanismes. Quant à la musique techno, elle renchérit sur les effets provoqués par la musique rock.

Enfin, après une série de séances qui faisaient osciller musique mozartienne et voix filtrée de la mère, l'accouchement dit sonique avait lieu au cours duquel le patient était mis en présence de la voix maternelle filtrée à 8000 hertz et à laquelle les harmoniques graves étaient progressivement rajoutées jusqu'à une écoute de la voix normalement restituée. C'est au cours de cette expérience que cette sorte de vision décrite plus haut est restée imprimée dans ma mémoire.

Il s'agit bel et bien d'une sorte d'engramme dont il est évidemment malaisé de définir s'il est une réminiscence de ma venue au monde propre ou bien un rappel, un écho si je puis dire, du souvenir de ma naissance que l'accouchement sonique du professeur Tomatis avait provoqué, servant ainsi de relais à ma mémoire. En toute impartialité, je puis dire que cette expérience, bien qu'elle ait eu lieu il y a près de trente ans, est demeurée présente à mon esprit comme si je l'avais vécue hier. J'en conclus qu'elle s'était inscrite en moi lors de ma naissance et, tandis qu'elle sommeillait parmi mes souvenances enfouies, l'expérience du professeur Tomatis l'a réveillée en sursaut.

Il s'agit de la redécouverte en somme de traces antérieures quasiment effacées et dont l'accouchement sonique a aidé, provoqué la reconstitution du souvenir initial.

– *Je pense irrésistiblement, en vous écoutant, à ce que Jésus déclare à Nicodème :* « **"En vérité, en vérité, je te le dis, à moins de naître d'en haut, nul ne peut voir le Royaume de Dieu." Nicodème lui dit : "Comment un homme peut-il naître, une fois qu'il est vieux ? Peut-il une seconde fois entrer dans le sein de sa mère et naître ?" Jésus répondit : "En vérité, en vérité, je te le dis, à moins de naître d'eau et d'Esprit, nul ne peut entrer au Royaume de Dieu"** » *(Jean III, 3-5).*

– En réveillant les harmoniques aiguës, le professeur Tomatis semble bel et bien ouvrir une lucarne sur le ciel. Je demeure persuadé qu'en chacun de nous ce phénomène d'accession à ce qui nous dépasse récidive sans cesse dans le fil de notre vie par l'intermédiaire des rêves parfois, des pressentiments d'autres fois ou bien simplement à la suite des sensations de toutes sortes que nous éprouvons et qui ne sont jamais que le rappel d'impressions qui en appellent d'autres et nous permettent de grimper plus haut.

Mais malheureusement, nous nous arrangeons pour bâtir notre existence en terrains, j'allais dire conquis, en tout cas connus de nous. Et ce, afin de ne pas trop nous aventurer dans cet inattendu que nous ne savons pas encore maîtriser. De là, le fait que nous admettons difficilement d'être déstabilisés par des idées nouvelles et c'est ainsi que les idées reçues conservent le pouvoir qu'elles détiennent même lorsqu'elles sont fausses.

Les idées du professeur Tomatis ont eu maille à partir à cause de cet état de fait inscrit dans l'humain. L'humain est prudent. Il ne saute pas les étapes. Il connaît ses limites et défend les frontières de son entendement, qu'il soit petit ou grand. Le dérangement nous perturbe, il nous oblige à tout reprendre depuis le début. Quel boulot !

Le grand mystère de la vie intra-utérine.

– J'aimerais que, dans la foulée si je puis dire, vous signaliez la curieuse impression que vous avez éprouvée lorsque votre ami le professeur Tomatis vous a fait entendre... j'insiste sur ce verbe qui nous invite à « tendre » l'oreille, lorsque le professeur Tomatis vous a donné à écouter les bruits perçus par le fœtus durant sa vie intra-utérine.

– En effet, c'est assez troublant pour que l'on en parle. Le professeur, donc, a enregistré à l'aide de filtres et de moyens très complexes les bruits qui parviennent à l'oreille du fœtus. Je parle des bruits venant de l'extérieur mais aussi de ceux causés à l'intérieur du corps de la mère par les divers organes de celle-ci. Dans un concert de gargouillis, la voix maternelle parvient réverbérée dans une sorte d'écho métallique. En même temps que la voix enveloppante de la mère dont certains mots sont tout à fait audibles, deux sortes de... sons s'imposent à l'écoute, bruits qui sont nettement définissables pour un adulte, mais il est évident que le petit bébé ne peut avoir conscience de ce que je vais décrire ici. L'adulte, lui, devient spectateur de ce qu'il entend puisque, dès que les sons en question lui parviennent, s'imposent à lui les images que traduisent les bruits enregistrés dans le giron maternel.

La riche idée de Platon.

– Il n'est pas dit que Voltaire partageât les idées de Platon, cependant il n'a pas rechigné à déclarer : **« Ce monde – suivant**

Platon – était composé d'idées archétypes qui demeuraient toujours au fond du cerveau. » *Et votre expérience vécue lors de l'accouchement sonique préconisé par le professeur Tomatis semble donner raison à Platon. En effet, cette expérience a réveillé des images inscrites en vous avant même que vous n'apparaissiez dans le monde. Cela rejoint la théorie de Platon : avant même qu'un être humain ne se manifeste dans le monde, il a en lui tout un conglomérat archétypal porteur de messages codés toujours présents et prêts à influencer sa gestuelle.*

– Vous abordez là un sujet qui, à l'âge qui est le mien, me préoccupe énormément, de telle sorte que l'idée de Platon prend réellement forme en moi. Pour citer un exemple banal : comment un oisillon qui naît dans un nid dont il n'a jamais vu la construction pourra-t-il, au moment de sa propre ponte, construire un nid semblable à celui dans lequel il a vu le jour? « C'est l'instinct! » rétorqueront certains. C'est vite dit, me semble-t-il, et cela mérite un peu plus d'approfondissement.

Et puisque vous avez cité Platon, je me permets d'apporter du grain à son moulin, grâce à ce dit d'un contemporain, Mircea Eliade : **« Les idées innées sont le mode essentiel de notre connaissance et, au fond de nous-mêmes et de toutes civilisations, il y a un capital commun de mémoire qui nous vient des origines. »**

– Vous ne croyez pas si bien dire. En vérité, l'écoute excite, provoque la vision et le cerveau qui intervient à la rescousse lui donne formes en les traduisant par les idées. En grec, le mot idea *signifie « formes visibles ». On ne trouvera donc pas étonnant que les idées prennent formes. Elles se manifestent sous forme d'images selon Littré, lequel conclut que* **« c'est le fait de la vision qui a fourni, par figure, la dénomination au fait intellectuel »**.

Mais n'oubliez pas que c'est l'écoute qui est cause de l'image, donc de l'idée. La vision qui crée l'image ne fait qu'obéir à ce que lui propose l'écoute. Ce n'est pas le professeur Tomatis que je connais à travers vous qui me contredira. Parodiant le tout début du récit de la Torah – **« Au commencement Dieu créa le ciel et la terre »** *– ainsi que le tout début de l'évangile de saint Jean –* **« Au commencement le Verbe était »** *–, il a écrit dans* *un de ses nombreux ouvrages :* « **Au commencement était l'écoute, car à quoi aurait servi le Verbe s'il n'avait aucune chance d'être entendu?** »

– Et c'est effectivement le verbe de sa mère qui parvient aux oreilles en formation du fœtus, en même temps que le vacarme clapotant, le charivari vrombissant causé par… le bruit de la mer… oui, le bruit des vagues de la mer que restitue jusqu'à s'y méprendre la respiration interne de la mère.

La mer et la mère.

– Je n'insisterai par sur l'homonymie des mots « **mer** » et « **mère** ».

– *Et vous aurez raison. N'essayez surtout pas de convaincre les adeptes de la secte du hasard qui ne sont guère fréquentables à mes yeux. Ils vous diront : « Oui, mais en anglais, en japonais, en pakistanais, en esquimau… » Et vous aurez beau leur faire remarquer que, si la chose fonctionne dans les langues latines, comme par exemple en français ou en italien où l'on trouve la même homonymie* mare = madre, *rien n'oblige que cela se passe dans toutes les langues pour que le principe ait pignon sur rue. Peut-être peut-on émettre l'idée que les langues dites latines ont de la suite dans les idées jusqu'à faire se miroiter des mots qui ont quelque chose à voir entre eux. Mais d'autres langues recèlent d'autres révélations. Chacune sa vérité. A-t-on jamais mieux dit qu'Emmanuel Levinas :* « **La langue est la mise en commun d'une idée** »?

– Donc, la respiration de la mère donnait jusqu'à s'y méprendre l'impression envoûtante de se trouver au bord de la mer, entouré du bruit spécifique du ressac des vagues…

– *Pardon de vous interrompre à nouveau. Ce n'est peut-être pas par hasard* (sic) *que Moïse a choisi de transmettre cette idée qu'exprime si magistralement la Torah, à savoir que le passage de la mer dite Rouge est indéfectiblement relié, associé à la libération du peuple hébreu qui n'est autre que la métaphore de l'accouchement à une grande échelle de tout un peuple. Ainsi, se libérant du carcan utérin de l'emprise de l'Égypte, il va, ayant gagné sa liberté, partir à la conquête de la Terre Promise. La sortie d'Égypte s'opère par le passage de la mer Rouge comme celle du nourrisson s'opère par le passage de l'utérus de sa mère.*

Ce n'est sans doute pas par hasard non plus que le Christ a choisi les bords de la mer de Tibériade ou de Galilée pour y délivrer la majeure partie de son message à des pêcheurs dont Il va faire des pêcheurs d'hommes. Moïse et Jésus savaient bien que le décor de la mer est relié dans le mystère des choses à tout ce qui touche à la mère, et ce qui nous rattache à la mère est vecteur de tout ce qui nous ramène à la mer. Ne peut-on penser que les marins bretons qui laissent femmes et enfants à terre rejoignent secrètement par le biais de la mer... leur mère?

– Je vous suis toujours, non pas en mer, mais sur ce terrain, sans obliger personne à faire de même bien sûr. D'autant que ce que j'ai à soumettre à présent paraîtra vraiment débile aux yeux des esprits forts que j'invite d'ores et déjà à délaisser ce récit.

En effet, le second bruit qui s'impose à l'écoute du fœtus en même temps que celui régulier et obsédant du ressac des vagues de la mer que rythme la respiration de la mère, c'est celui dont les battements du cœur de la mère sont cause. Il s'agit du tohubohu répétitif et lancinant créé par le passage d'un train à vapeur distribuant sans discontinuer ses perpétuels « tchi-tchi-fou, tchi-tchi-fou, tchi-tchi-fou ».

Nous sommes donc en présence, dans le giron maternel, de gargouillis de toutes sortes qu'enveloppe la voix de la mère, laquelle depuis l'extérieur se répercute dans tout son corps et se marie avec le ressac des vagues et les « tch-tchi-fou » d'un train à vapeur, le tout réverbéré par les cavités de la grotte initiale. Je serais tenté de dire...

– Vous me faites peur, cher Henri. Mais allez-y, cela restera entre nous.

– Eh bien, ce que je veux dire, c'est que tout être humain sera pris du désir nostalgique de retrouver, tout au long de sa vie terrestre, ces bruits précédemment enregistrés au cours de ses neuf mois d'existence vécue dans une relative paix utérine, jusqu'à ce que, mû par une sorte de hantise, il essaie de les retrouver ou de les recréer en désespoir de cause. Hanté par ces sons, il tentera de s'enter sur eux puisque la mémoire est d'ores et déjà ainsi greffée sur ces sons avant d'appréhender le monde.

Il s'agit bel et bien de ces archétypes dont Platon a eu la magistrale intuition : ainsi, à la sortie du ventre maternel, la voix maternelle est là qui demeure, s'impose et cajole. Elle sera non seulement admise mais encore sans cesse espérée, réclamée, chérie. Plus tard, l'enfant retrouvera, au bord d'une des mers de la planète, peu importe laquelle, ces instants privilégiés qu'il a auparavant vécus à l'abri de sa mère, et sans doute s'étonnera-t-il de constater que la mer fait sourdre en lui des sensations mystérieuses et d'autant plus incompréhensibles si la raison cherche à s'en mêler.

Mais ce tintamarre qui fait naître en nous l'image du passage d'un train à vapeur... qu'en était-il de sa prise de conscience avant que le train à vapeur n'existât ? À quoi pouvait-on bien associer ce grondement que les battements du cœur de la mère répercutaient jusqu'aux oreilles en formation du fœtus ? C'est peut-être bien ces vagissements répétés, ininterrompus, qui ont réveillé l'écoute primitive du petit être en formation. Toujours est-il qu'il y a de quoi se poser des questions sur l'origine de ce bruit inconnu avant que l'on n'invente les trains et je finis par admettre que l'être humain si perturbé, si hanté par ce son si insolite, j'émets l'idée...

– *Prenez garde à ce que vous allez lâcher !*

– Oui, je vais jusqu'à penser... supposer plutôt... je ne suis sûr de rien...

– *Aïe, vous en avez déjà trop dit !*

– ...que l'homme a fini par imaginer et créer la locomotive à vapeur et en même temps le chuintement que la vapeur occasionne, pour enfin se libérer, oui se libérer du souvenir sonore emprisonné en lui et qui était jusque-là demeuré tapi dans sa mémoire. Prenant forme, il perdait son mystère et par conséquent de son danger. L'être humain, donc, a été conduit par son inconscient à créer le train à vapeur, en 1830, afin de se défouler de ce bruit inconnu et antérieurement perçu, jusqu'à prendre conscience de cette idée du train… qui dès lors a pris forme. Ouf! je l'ai dit.

– Eh bien, vous voilà vous aussi libéré du même coup de ce qu'il vous démangeait de dire. À vos risques et périls… Mais les esprits forts qui ne sont pas poètes ne vous louperont pas. Tant pis pour vous.

– Vous auriez gardé pour vous ce que je viens de dire ?

*– Oui, je l'aurais gardé pour nous. En revanche, je vous invite à souligner que cette vision qui a été la vôtre lors de l'accouchement sonique provoqué par le professeur Tomatis, et durant laquelle vous vous êtes vu dans un tunnel au bout duquel blanchissait la sortie, rappelle étrangement les récits que beaucoup ont faits d'incidents au cours desquels ils ont frôlé la mort et dont ils sont, par chance, revenus. On appelle cela une NDE (*near death experience, *en anglais – expérience proche de la mort, en français). En effet, tous ont décrit les mêmes images que celles qui vous ont assailli : un tunnel au bout duquel la sortie et la lumière étaient sœurs au point de ne plus faire qu'une. C'est curieux. Alors qu'ils étaient prêts à mourir, eux ont vu ce que vous avez observé tandis que vous vous apprêtiez à naître. Votre expérience pourrait être dénommée NLE (*near life experience, *en anglais – expérience proche de la vie, en français).*

Dans le fond, votre expérience donne la clef de ces expériences proches de la mort (NDE). Si l'accouchement sonique a réveillé en vous le souvenir enfoui de votre véritable naissance, cela signifie que tout être humain le porte en lui, prêt à ressurgir au moment fatal de la… j'ai du mal à prononcer le mot « mort », je préfère parler de « renaissance », ce qui met mon discours en accord avec celui du Christ : **« À moins de naître d'en haut… à moins de naître d'eau et d'Esprit, nul ne peut entrer au Royaume de Dieu. »**

– On pourrait presque parler ici d'« eau de là » si je ne connaissais pas votre aversion pour tout ce qui concerne ce que les humains dénomment « l'au-delà ».

– Je vous remercie en tout cas d'avoir toujours suivi mon impérieux conseil de ne jamais toucher à tout ce que l'on réunit sous

l'étiquette « ésotérisme ». Il serait très fâcheux qu'on assimile notre relation d'amour à la doctrine ésotérique. Il s'agit tout justement du contraire, à savoir que l'on peut faire part à tout le monde, à tout un chacun, des sentiments exceptionnels qui nous relient, alors que le mot « ésotérisme », étymologiquement parlant, concerne une doctrine suivant laquelle des connaissances ne peuvent ou ne doivent pas être vulgarisées, mais communiquées simplement à un petit nombre de disciples. C'est le contraire du christianisme, quoi !

L'Esprit, telle une colombe.

– Toujours est-il que cette « eau de là » qui nous relie à Jésus et qui n'a absolument rien à voir avec « l'au-delà », c'est le baptême. Les eaux baptismales du Jourdain ont ruisselé sur le visage de Jésus Lui-même par l'entremise des mains de Jean le Baptiste qui, à la suite de cet acte, avoue qu'il **« a vu l'Esprit telle une colombe descendre du ciel et demeurer sur lui. [...] C'est lui qui baptise dans l'Esprit Saint »** *(Jean I, 32 et 33).*

Cette « eau de là », cette eau du Jourdain (Jourdain signifie en hébreu « il descend »), cette eau est à l'image de l'Esprit du Père puisqu'il est écrit, au tout début de la Torah, quand Dieu crée le monde : **« et l'Esprit de Dieu planait sur la face des eaux »** *(Genèse I, 2). Jean le Baptiste fait référence à une colombe en laquelle il a reconnu l'Esprit de Dieu qui planait... telle une colombe sur Jésus de la même exacte et stricte façon qu'au commencement l'Esprit de Dieu planait sur la face des eaux.*

– Il aurait pu faire référence à un ange puisque l'on vous imagine toujours avec des ailes.

– Nous sommes des envoyés de l'Esprit de Dieu, ce qui n'est déjà pas si mal, mais de là à nous prendre pour l'Esprit de Dieu, il n'en est nullement question.

– Vous parlez de question, une question me démange à présent : lors de la vision qui m'a étreint lors de l'accouchement sonique, où étiez-vous vous-même puisque vous aviez pour mission, en tant qu'ange gardien, de veiller sur moi depuis mon commencement? Je présume que cela nous ramène très, très loin, puisque le texte du *Midrach Tanhouma* spécifie que « **toutes les âmes furent créées les six premiers jours de la création** ».

– *Oui, votre imagination humaine ne peut pas supposer à quel point cela nous reconduit loin, très loin, par-delà les jours si je puis dire. Toujours est-il que je veille sur votre âme qui était en attente d'habiter un corps depuis des temps immémoriaux. Et tout en vous gardant, en vous conservant par-devers moi, j'attendais l'ordre de vous glisser dans le ventre de votre mère.*

Le prophète Jérémie me souffle la réponse, lui qui a écrit : « **Avant de te former au ventre maternel, je t'ai connu; avant que tu sois sorti du sein, je t'ai consacré** » *(Jérémie I, 5).*

Mais pour ce faire, encore fallait-il, avant que je ne prenne la décision de donner le signal de votre formation dans le ventre maternel, attendre évidemment que votre mère rencontrât votre père au cours d'un bal comme cela s'est passé et a bien failli ne pas se passer. Oui, figurez-vous que toutes les filles n'avaient d'yeux que pour votre père, qui entre parenthèses était très séduisant à ce qui m'a semblé au cours de ce bal où seule votre mère dans l'assistance ne lui prêtait aucune attention. Il a fallu que j'aide un peu les choses, par exemple faire au cours d'une valse un croc-en-jambe à votre future mère afin qu'elle atterrisse aux pieds de votre futur père. Il ne pouvait faire autrement que de la relever, lui parler et… de fil en aiguille : « Voulez-vous achever cette valse avec moi? » Voilà, vous n'aviez plus qu'à vous préparer à venir dans ce monde quelque neuf mois après leurs épousailles et ce en ma compagnie, car celui qui vous portait sur ses épaules dans lesquelles vous vous êtes incurvé, comme vous venez de le raconter, celui que vous compariez à saint Christophe donc, eh bien, c'était moi. Soyez donc rassuré!

Je vous ai porté de la même manière que, selon la légende, saint Christophe a porté l'Enfant Jésus sur ses épaules pour lui faire traverser une rivière, d'où son nom Christophoros qui signifie en grec « qui porte le Christ ». Il était considéré autrefois à Paris comme le patron des portefaix et est devenu par la suite le protecteur des voyageurs et particulièrement des automobilistes.

Les mots porteurs de sens.

– Oui, les noms, les mots sont eux aussi porteurs du sens qui les font naître, mais hélas !, nous perdons peu à peu ces sens explicatifs.

– Oui, certes, mais ils demeurent dans les noms, dans les mots, tout prêts à ressurgir, à renaître pour peu qu'on les remette sur les rails de l'idiome qui les a fait naître, comme vous-même avez été conduit entre deux rails vers la lumière lors de votre mise au monde.

Mais ce qui me navre, c'est que le monde actuel qui s'achemine dans le troisième millénaire de l'ère chrétienne n'a pas encore saisi que dans les diverses parties du monde l'on n'entend pas les choses de la même façon. Quand je dis « entend », c'est dans tous les sens du terme, celui d'entendre aussi bien que de comprendre. Mais comment cela se pourrait-il puisque, selon votre ami le professeur Tomatis auquel je me réfère ici à nouveau, ayant lu presque tous ses ouvrages, un Russe n'a pas la même faculté d'écoute qu'un Français, un Italien, un Anglais, un Allemand, un Espagnol, un Grec, etc. ? C'est évidemment ce qui fait qu'ils parlent tous leur propre langue et s'entendent si mal entre eux, il faut bien le dire.

Il faut savoir que chaque langue privilégie des zones d'écoute, des secteurs, des espaces d'entendement tout à fait particuliers. Cela est dû sans doute aux impédances de l'air ambiant qui fait que les sons résonnent différemment selon les lieux, les régions. N'oubliez pas que sur la tour de Babel la voix ne résonnait pas de la même façon à chacun des étages. Forcément. Et à résonnements différents, raisonnements qui diffèrent, c'est aussi simple que cela. Peut-on avoir les mêmes réactions vocales sur les hauteurs du mont Blanc à Chamonix que sur le port de Marseille ?

Cela conditionne et justifie les accents si divers. Beaucoup auraient dû se poser cette question avant que je n'en fasse état. Par exemple, dans certaines régions de France où l'on roule les « r » comme on dit, est-ce que ce sont les lettres « r » que l'on fait rouler ou plutôt les airs qui, absorbant certains sons, obligent le parleur à prendre appui sur les airs eux-mêmes au point de les « r<u>l</u>...ouler », de « r<u>l</u>... ouler » sur eux ?

Les différentes bandes passantes de l'écoute humaine.

– *D'autre part, savez-vous que la majorité des mots français sont entendus, perçus par une oreille française dans deux zones d'écoute précises qui se situent, l'une entre 100 et 300 hertz, et l'autre entre 1 000 et 2 000 hertz? La plupart des mots français passent par ces deux canaux.*

Mais comme les Anglais entendent tout particulièrement à partir de 2 000 hertz et que leur vocabulaire peut grimper jusqu'aux alentours de 12 000 hertz, l'anglais semble glisser « dégueulando » dans des zones où une oreille française ne peut avoir accès. De là, une certaine difficulté des Français à apprendre l'anglais et inversement.

La bande passante allemande, c'est-à-dire la bande dans laquelle le plus de mots allemands sont audibles pour un Allemand, se situe entre 100 et 3 000 hertz.

La bande passante espagnole pourrait être plus perceptible pour une oreille française si le temps de latence de la parole espagnole était moins véloce, ne leur laissant qu'un temps minimal pour s'auto-écouter. Elle se situe entre 100 et 500 hertz et entre 1 500 et 2 500 hertz. La bande passante française pourrait s'inclure dans la leur.

La bande passante italienne va de 1 000 à 4 000 hertz, de là leur don pour le bel canto.

Quant aux Slaves, on comprendra qu'ils aient une facilité déconcertante pour apprendre et parler toutes les langues du globe car la bande passante de leurs idiomes s'étale irrésistiblement de 100 à 8 000 hertz sans distinction de zones préférentielles. La bande passante slave inclut donc toutes les autres bandes passantes de nationalités différentes. Du coup, entendant tout, ils retraduisent tout et peuvent restituer tout ce qu'ils perçoivent. Ce qui n'est pas le cas des autres peuples. Or, on ne peut reproduire que ce que l'on entend. Comme on ne peut concevoir que ce que l'on comprend.

– Ce n'est pas l'ex-imitateur du général de Gaulle qui vous contredira. Si je l'ai, paraît-il, si bien imité, c'est que je l'entendais mieux que d'autres. Oserais-je dire qu'à force de me forcer à l'entendre, j'ai fini par le comprendre spirituellement si je puis dire? Je n'ai évidemment pas grand-chose à voir avec lui, mais je puis néanmoins dire qu'à force de m'escrimer à être lui, un minuscule morceau de la personnalité du Général est resté coincé en moi. « **Vous devenez ce que vous admirez!** » prétend le mahatma Gandhi.

Aussi, je rejette beaucoup de choses dont notre pays se fait l'écho, étant intimement persuadé que de Gaulle lui-mêmc ne les approuverait pas. Je finis par vivre par de Gaulle interposé comme vous, mon ange, vivez par…

– *Par Dieu interposé.*

– Pour revenir au fait que selon le *Midrach Tanhouma* « **toutes les âmes furent créées les six premiers jours de la création** », ces âmes, si je comprends bien, ont donc survécu au Déluge dont il est question au chapitre VI de la Torah. Pardon de vous poser une colle cher ange.

– *Il pourrait s'agir d'une colle si je ne savais pas lire. Il est écrit :* « **Dieu dit à Noé : la fin de toute chair est arrivée à mes yeux, car la terre est pleine de violence à cause des hommes et je vais les faire disparaître de la terre. Fais-toi une arche...** » *(Genèse VI, 13, 14). J'en conclus que c'est la chair des créatures qui a été anéantie au moment du Déluge, et non pas les âmes.*

À la fin du Déluge, Dieu donne un ordre à Noé et à ses fils : « **Soyez féconds, multipliez, emplissez la terre** » *(Genèse IX, 1). Et plus loin :* « **Les fils de Noé qui sortirent de l'arche étaient Sem, Cham et Japhet; Cham était le père de Canaan. Ce sont là les trois fils de Noé : par eux toute la terre fut peuplée** » *(Genèse IX, 18-19).*

Les âmes préalablement créées les six premiers jours de la création n'ont donc plus qu'à réintégrer la chair de tous ceux qui, depuis Sem, Cham et Japhet vont peupler à nouveau la terre. Il ne s'agit pas là d'une réincarnation – soyez bien assuré du fait que l'idée de réincarnation est une pure et simple hérésie que rejettent à juste titre les dogmes de la religion chrétienne. Il s'agit bien plutôt de la transmigration de toutes ces âmes préalablement créées qui vont, au fil du temps, investir les corps des êtres humains qui vont constituer tous les peuples de la terre.

Le concept de la transmigration des âmes est développé par presque tous les ouvrages kabbalistiques dont j'ai connaissance y compris le livre du Zohar bien sûr.

– Vous vous doutez ici de mon trouble?

– *Bien sûr. Et je devine ce qui le fait naître.*

– Vous vous souvenez, cher ange, du temps où j'ai écrit mon premier livre d'exégèse biblique, *Le Petit Livre du Grand Livre*, qui fut édité en 1990 et dont je ne renie rien de ce qu'il contient. C'est comme si j'avais su par avance ce dont je n'ai réellement pris conscience que bien plus tard.

Toujours est-il que je me suis interrogé sur ce qui s'est passé au cours de la composition de ce livre. En effet, je me souviens très bien qu'un certain jour, tandis que j'écrivais, une idée a traversé mon esprit et bien que je l'aie qualifiée de saugrenue de prime abord, elle a été cause d'une révélation qui, à mon avis, vaut son pesant d'or.

Elle est passée quasiment inaperçue aux yeux de pas mal de mes lecteurs, peut-être parce que je n'ai pas suffisamment mis en exergue, à l'époque, l'importance de cette découverte.

Toujours est-il que, plus d'une décennie après que cette révélation s'est imposée à mon esprit, je considère qu'il s'agit d'une de mes plus étonnantes trouvailles scripturaires. Les juifs appellent cela un *ridouch*, c'est-à-dire une nouveauté que le Texte sacré gardait en réserve et qu'il fait surgir jusqu'à la rendre visible aux yeux de celui ou de celle à qui il veut bien la révéler. Et aujourd'hui encore je me demande ce qui a bien pu me passer par la tête pour que naisse cette idée, que je n'avais jamais eue auparavant, de prendre les lettres d'un mot et de les remettre dans l'ordre alphabétique.

C'est ainsi que si l'on replace les lettres qui composent le mot « France » dans l'ordre des lettres de notre alphabet, on obtient « ACEFNR », ce qui d'ailleurs n'apporte rien. Mais en revanche, si l'on prend les quatre noms de ceux qui, d'après la Torah, ont peuplé toute la terre, à savoir Noé et ses trois fils : Sem, Cham et Japhet, qu'on les retranscrit en hébreu et qu'ensuite on remet dans l'ordre de l'alphabet hébraïque chacune des lettres de chacun des noms, alors...

– Eh bien oui, alors vous obtenez quelque chose qui donne à penser. Puis-je me permettre de vous signaler ce qu'a dit Chouchani, le maître d'Emmanuel Levinas, à ce grand philosophe spécialiste du livre du Talmud : **« L'essentiel est que le sens trouvé mérite, par sa sagesse, la recherche qui le révèle. »**

Et je pense que cette trouvaille à laquelle vous faites allusion mérite réellement par sa sagesse la recherche qui l'a révélée. Et c'est bien dans ce but que je l'ai moi-même suscitée en vous. Car je peux bien vous l'avouer aujourd'hui, c'est moi qui suis l'artisan de l'affaire.

À l'époque, tandis que vous écriviez, cette idée que vous avez qualifiée de saugrenue parce que vous sentiez confusément qu'elle venait d'ailleurs, c'est moi, votre ange, qui vous l'ai inspirée. Ce n'est pas faire preuve de modestie que de vous avouer cela, d'autant que cette trouvaille en question m'avait été soufflée à moi aussi par un rabbin très célèbre dont le nom est Rabbi Méïr Baal Haness (Rabbi Méïr le maître du miracle) qui vivait sur terre au II*e* *siècle de l'ère chrétienne (110 env.-175 env.). C'était un homme de grand savoir qui reçut l'enseignement de Rabbi Aqiva et qui avait la réputation d'accomplir des miracles.*

Ce qu'il m'a suggéré de vous souffler est à mettre sur le compte d'un véritable miracle scripturaire. Je n'hésite pas à le déclarer tel. Mettons donc dans l'ordre de l'alphabet hébreu chacune des lettres qui composent les noms de ceux par qui toute la terre a été, est, et sera peuplée jusqu'à la fin des temps.

À cette occasion, il serait bon de rappeler le sens littéral de chacun de ces noms : Noé en hébreu signifie « le guide »; Sem « le nom », il est le représentant du monde sémitique juif; Cham « le chaud » qui représente le monde arabe et Japhet « la beauté » dont le monde hellénistique préfigure le monde occidental. Vous avez d'ailleurs développé tous ces thèmes dans votre livre…

– Merci de vous en souvenir! Si je vous ai laissé dire, c'est que j'ai parfois le sentiment de rabâcher. Et un peu découragé par ailleurs, je me dis que, si ce que j'ai dit auparavant n'a guère intéressé les uns et les autres, je ne vois pas en quoi cela pourrait les toucher aujourd'hui.

Les vivantes âmes annoncées dans la Bible.

– L'expression *HaÏM NéFaCHoT* (prononcer *RaÏM*) va donc apparaître, une fois mis dans l'ordre de l'alphabet hébraïque les noms de *SeM*, *HaM* (prononcer *RaM* ou *Cham*) et *IaFeT*.

HaÏM NéFaCHoT signifie : LES VIE DES ÂMES OU LES VIVANTES ÂMES.

Les spécialistes d'hébreu s'étonneront à juste titre de trouver *HaÏM* – LES VIES OU VIVANTES – au masculin pluriel et *NéFaCHoT* – LES ÂMES au féminin pluriel.

Le dictionnaire de N. Ph. Sander et I. Trenel signale que le mot *NéFeCH* est des deux genres. Si l'on trouve *NéFaCHoT* (féminin pluriel), on trouve également *NéPHaCHÏM* (masculin pluriel) dans Ézéchiel XIII, 20.

– Rien ni personne n'interdit d'en conclure que Dieu a créé les ÂMES, *tout à la fois mâles et femelles.*

Toutefois, dans la mesure où l'on s'en tient au masculin pluriel HaÏM-*LES VIES, et au féminin pluriel* NéFaCHoT-*LES ÂMES, l'équilibre entre les deux genres s'établit du fait que l'hébreu nous indique que, dans la mesure où la* VIE *serait masculine, elle donnerait* VIE *aux* ÂMES *féminines.*

Ainsi donc, une fois opérée cette remise dans l'ordre des lettres de l'alphabet hébraïque, les noms de Noé et de ses trois fils, Sem, Cham et Japhet dont il est dit dans la Torah que « **par eux, toute la terre fut peuplée** », *voilà qu'apparaît l'expression hébraïque* RaIM NéPHaCHoT *(les lettres minuscules représentent les voyelles qui, comme leur nom l'indique, se prononcent mais ne s'écrivent pas en hébreu) et cette expression peut être traduite en français aussi bien par* « **les vies des âmes** » *que par* « **les vivantes âmes** ».

On pourrait s'interroger et se demander si ce sont les quatre noms en question de Noé et de ses trois fils qui recèlent l'expression issue de leurs noms – ou bien alors, si c'est à partir du nom de Noé et de ses trois fils qu'est tirée l'expression qui ressort d'eux. Ce qui pourrait laisser sous-entendre que le rédacteur de la Torah, en l'occurrence Moïse, se soit dit : « Quels noms pourrais-je donner à ceux par qui toute la terre va être peuplée ? Prenons l'expression hébraïque « **les vies des âmes** », RaIM NéPHaCHoT, *et extirpons les lettres de cette phrase afin de composer quatre noms*

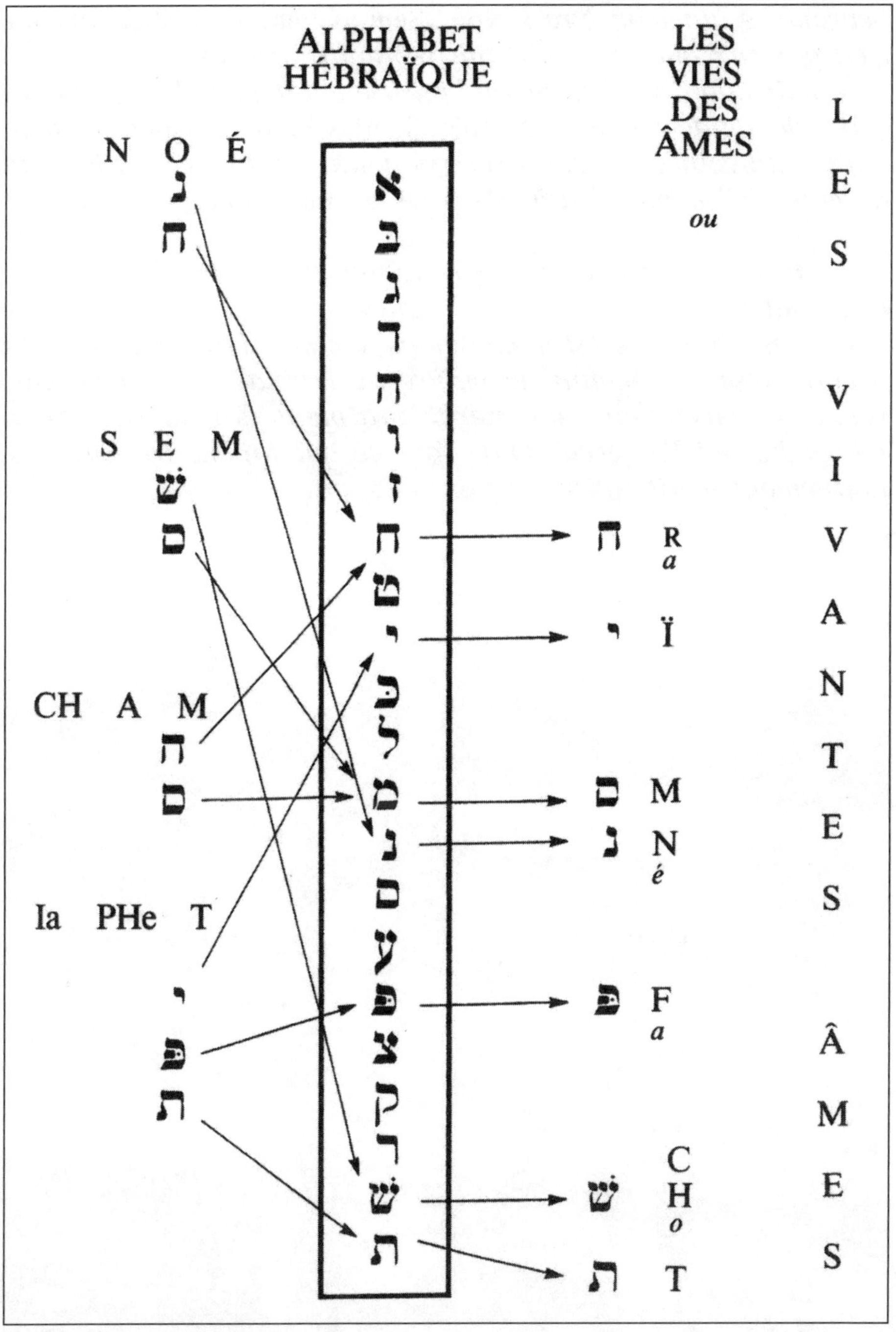
ALPHABET HÉBRAÏQUE
LES VIES DES ÂMES
ou
LES VIVANTES ÂMES
N O É
נח
S E M
שם
CH A M
חם
Ia PHe T
יפת
אבגדהוזחטיכלמנסעפצקרשת
ח Ra
י Ï
ם M
נ Né
פ Fa
ש CHo
ת T

hébraïques qui vont être : **Noé, Sem, Cham et Japhet** *puisque c'est par eux que les âmes vont reprendre vie sur terre.*

À moins qu'il ne s'agisse de l'inverse et que, par le miracle du verbe, les quatre noms de **Noé, Sem, Cham et Japhet** *n'aient donné naissance à cette expression qui traduit ce qu'ils vont devenir réellement, c'est-à-dire «* **les vivantes âmes** *» qui peupleront la terre.*

Je laisse cela et à votre appréciation et à celles de ceux qui voudront bien se pencher sur la question par le truchement de vos écrits. Toujours est-il que nous sommes l'un et l'autre en accord avec Chouchani, le maître de Levinas, car en l'occurrence le sens trouvé ici mérite vraiment par sa sagesse la recherche qui l'a révélé. Oui. Tout ce qui fait naître un questionnement mérite d'être mis en question.

2

Comment j'ai rencontré mon ange gardien

*

C'est à la suite d'une agression que j'ai pris conscience de la présence de mon ange... gardien.

La mort... inadmissible!

Jésus se met en quatre, en croix pour nous.

Auschwitz... l'inadmissible.

C'est à la suite d'une agression que j'ai pris conscience de la présence de mon ange... gardien.

– Je vous ai révélé que je vous connais depuis la création du monde et, depuis tout ce temps, je vous ai en garde. Cela fait un bail, pour utiliser une expression familière.

À mon tour de vous demander depuis quand vous avez pris réellement conscience que je vous accompagnais pour vous protéger de la mort. Et ce, jusqu'au jour inscrit où je devrai vous abandonner à elle. Ce jour-là, je serai obligé de vous laisser un court instant qui vous apparaîtra comme une éternité. Pourtant, je vous retrouverai presque instantanément derrière le miroir.

– Il me semble que j'ai réellement pris conscience de votre présence, cher ange, à la suite de l'agression dont j'ai été la victime...

– *Vous vous souvenez de ce qui est stipulé dans le catéchisme que l'on a dû vous inculquer :* « **Nous devons respecter la présence de notre ange gardien – le prier dans les tentations et les dangers – et suivre ses inspirations.** »

– Sans vous avoir prié, j'ai pris conscience de votre présence lors de cette agression dont j'ai été victime, il y a aujourd'hui une vingtaine d'années. C'était en 1981. Je passais mes vacances estivales à Sanary dans la maison que mes parents avait fait construire dans les terres. Mon père était mort depuis mai 1979. Ce soir-là du mois de juillet 1981, j'étais allé dîner chez des amis à Marseille et sur l'autoroute du retour vers vingt-trois heures, je m'étais arrêté sur une aire de repos qui domine la petite ville de Cassis. Le ciel était tout constellé, comparable à une immense passoire dont chacun des minuscules trous scintillants perforait le couvercle de la planète tout entière. Elle paraissait comme enveloppée dans la voûte ellipsoïdale de la coquille d'un colossal œuf noir piqueté de blanc. Tout invitait à la paix. Le mal veillait cependant dans les recoins des bosquets, tout prêt à déclarer la guerre. J'eus à peine le temps d'ouvrir la portière de mon automobile que déjà des mains s'emparaient de moi et trois hommes m'extirpèrent de mon véhicule. Profitant de ma surprise et tout en prenant garde de se dissimuler derrière moi pour que je n'entrevoie pas leurs visages, de leurs six mains ils m'entraînèrent dans les buissons à l'abri du regard des personnes qui se trouvaient dans des véhicules stationnés près du mien.

J'eus encore le réflexe de crier : « Arrêtez, je suis Henri Tisot, ne déconnez pas!... » Comme si le fait d'être Henri Tisot devait me protéger des malfaisances... Je sentis que je perdais connaissance. Je venais de respirer le gaz d'une bombe lacrymogène, celle dont on se sert habituellement pour se protéger des malfrats. Là, à l'inverse, c'est eux qui venaient de s'en servir avant même que je n'aie eu le temps de les voir. Je me souviens en revanche avec une acuité toute particulière de ce moment brutal, rétréci dans le temps, ce moment si oppressant et si violent que son goût demeure encore inscrit dans ma mémoire. C'est au point que je pourrais être tout à fait apte à le revivre à l'instant même : je venais de prendre soudainement conscience que c'était pour moi la fin, que j'allais mourir et que c'était irréversible! Il me semble à présent, avec le recul, que le plus pénible dans le fait de mourir, c'est précisément cette prise de conscience que la chose est irrévocable. Cela m'apparaît aujourd'hui comme étant le pire, le plus horrible des sentiments qui soit inscrit dans l'homme. Cette sensation d'irréversibilité ne laisse plus place à la moindre idée d'espérance si infime soit-elle. Aussi j'en arrive à me demander comment un Créateur a eu le front d'admettre qu'une créature issue de ses mains puisse connaître l'irrévocabilité. Cela dépasse mon entendement.

– *N'étant pas soumis à cette sorte de sentiment humain, puis-je vous demander ce qui vous dérange à ce point dans l'irréversibilité, l'irrévocabilité des choses?*

– Ce qui me dérange, ce qui me dégoûte, serait-il plus juste de dire, c'est qu'un Créateur ose laisser s'instiller dans l'esprit de sa créature cette notion de condamnation à mort sans recours. Cela me révolte à un point tel que je n'hésiterai pas à traiter ce Créateur de... non, je ne peux pas le dire.

– *Dites toujours.*

– Non, je ne puis.

– *Comme je lis dans vos pensées, je sais le mot qui vous brûle les lèvres, je sais de quel attribut vous avez envie d'affubler notre Créateur. Je peux le dire à votre place.*

– Non, je prends mes responsabilités et je n'aurai pas la lâcheté de vous laisser dire à ma place une horreur, je vous le concède. Cependant je la dis car, si je ne la dis pas, les pierres la crieront à ma place : Dieu est un assassin!...

Oui, le silence qui suit pareille affirmation, pareille accusation, m'oblige à mesurer le scandale que provoquent de telles paroles. Je sais bien, mon ange, que vous vous êtes absenté. Vous m'aviez prévenu un jour que vous le feriez quand vous considéreriez que je déraille à vos yeux. Eh bien, j'ai pris mes responsabilités. Si vous n'êtes plus auprès de moi, je continue seul la route. Revenez quand vous le jugerez bon...

Vous vous taisez, mon ange, et je respecte ce silence qui est le vôtre, votre absence de pensée dans ce moment-ci. Mais vous, s'il vous plaît, qui n'avez pas statut humain, respectez la douleur des hommes, leur désarroi devant la mort. Anges gardiens « **qui après nous vivez, n'ayez les cœurs contre nous endurcis...** ». Imitez en cela Notre-Seigneur Jésus-Christ qui, Lui, a pris à son compte ce vide qui a été programmé dans l'homme, cet horrible néant dans lequel l'homme est certain de basculer dans la mort tout en subodorant partiellement qu'il ressuscitera à la suite de sa cabriole finale. Mais le doute est là bien ancré, présent, étreignant, asphyxiant. Et c'est bien pour combler ce doute terrifiant qui étreint l'être humain tout au long de son existence et tout particulièrement au moment où il passe l'arme à gauche – j'ai envie d'écrire « larme à gauche » – que Jésus est descendu parmi nous, a souffert sous Ponce Pilate, a été crucifié, est mort… vous connaissez la suite. Certes, les raisons existent aussi de mettre en doute la résurrection, et la foi est là aussi nécessaire pour que le concept tienne. Pourtant en ce qui me concerne, je doute certes, mais avec ferveur car, si je ne puis croire mordicus à la résurrection offerte par le Christ, il m'est quasiment impossible de croire qu'Il ait pu mentir à ce sujet. Curieux paradoxe : j'ai du mal à croire en cette résurrection dont certains ont été témoins, et en même temps ma foi s'endurcit et se conforte du fait qu'il m'est absolument impossible d'admettre que Jésus, que Jésus-Christ puisse être menteur. Non, Il ne peut pas être menteur, Il ne peut pas avoir menti en ce qui concerne la résurrection! Même pour nous consoler, pour nous « bourrer le mou », comme on dit. Non, Il ne peut pas avoir fait ça, je L'en crois incapable. Lui qui a tous les pouvoirs ne peut pas avoir le pouvoir de mentir. Non! Il ne peut pas être capable de ça. Pas d'une pareille tromperie à l'égard de l'humanité.

C'est ainsi que, pour l'heure, je survis dans la croyance de la résurrection et je crois en Jésus-Christ, le Fils Unique, Notre-Seigneur, Lequel est monté aux Cieux, s'est assis à la droite de Dieu d'où Il viendra juger les vivants et les morts…

Mais sans cette promesse du Fils faite aux hommes de ressusciter, la mort, je n'ai pas honte de le dire, anéantit toute la beauté, la réussite, la splendeur de la création du Père. Plus rien ne tient devant elle. Elle n'est pas supportable, quelle que soit la position dans laquelle on se trouve.

La mort est insoutenable. Inadmissible.

La mort… inadmissible!

– Elle est si inadmissible que je n'ai rien su dire à cet enfant de cinq ou six ans qui, à brûle-pourpoint, m'a posé cette terrible question formulée si simplement qu'il m'a été impossible de lui donner une réponse qui tienne debout : « Monsieur, si on vit, pourquoi on meurt ? »

Seul Jésus peut répondre à ce petit enfant. Il a répondu à son insidieuse question par de la compassion, cette compassion qu'Il a réservée pour l'humanité.

Et sans la compassion de Jésus pour l'être humain, la compassion – quel beau mot ! – cette compassion qui L'a poussé à partager notre sort au point que le Verbe s'est fait chair, plus aucun dialogue avec le ciel ne serait envisageable me semble-t-il. Jésus s'est mis en quatre pour nous et en croix pour finir. Dans cette position, la vindicte des hommes ne peut plus avoir lieu. Il s'est mis à notre place, en lieu et place de notre douleur, de nos souffrances, de cet effroi inévitable que provoque le néant de la mort. Il passe par cet horrible endroit où nous passons tous, où nous passerons tous, mais Lui en revient pour nous aider à croire que nous en reviendrons, nous aussi, inévitablement un jour, un beau jour, le jour fameux de la grâce offerte, le jour de gloire, le jour illuminé de la céleste et bienheureuse résurrection.

Et pour poursuivre le récit de mon agression de 1981, j'ajoute : j'étais conscient de vivre de brèves secondes âcres, amères et douces pourtant mais dernières cependant. Tout allait donc ainsi se finir, m'emportant dans une sorte de grisaille qui tranchait avec le noir profond de la nuit : je ne pensais à rien d'autre qu'au fait que tout était fini et que c'était irrémédiable et qu'il n'y avait pas, il n'y avait plus à y revenir. Demeure en moi aujourd'hui et pour toujours cette idée inadmissible de « l'irrémédiabilité » de la mort.

Bien qu'il y ait vingt ans que tout cela est advenu et que je ne garde à mes agresseurs aucune rancune en ce qui concerne tout ce qu'il m'ont dérobé, l'argent de mon portefeuille, ma montre, ma bague, ma chaîne de cou qu'ils m'ont arrachée, je ne puis, malgré tout le temps qui me sépare de l'événement, leur pardonner de m'avoir fait goûter à ma mort avant qu'elle ne soit réellement programmée par Dieu dans le droit-fil de mon destin. Ce moment, terrible entre tous les moments d'une vie humaine, où le sentiment que tout bascule... non, que tout s'enfonce à jamais dans ce lieu d'où l'on ne revient pas, je devine qu'il a été aussi vécu cet horrible moment par tant de juifs dans les chambres à gaz. Moment inextricable où s'impose à vous cette idée tyrannique, envoûtante, empoisonnante qu'on est irrémédiablement parvenu à ce fatal instant où va s'inscrire le mot « fin » sur l'écran de sa vie sans que place soit laissée à la magnifique, à la prépondérante espérance qui invite à croire que tout pourrait encore recommencer.

L'espérance est foutue à la porte, la victime n'a pas le temps d'envisager quoi que ce soit. La mort l'a prise de court.

Nous, chrétiens, avons grâce à Jésus-Christ cette fabuleuse espérance de la résurrection. Les juifs mis dans la chambre à gaz l'avaient aussi certes, mais à cause de toutes sortes de raisons historiques et autres sur lesquelles il n'y a pas à revenir, ils l'avaient sans l'aide, sans la confirmation que nous, chrétiens, avons eue de visu grâce à Jésus-Christ. Mais il n'est pas dit non plus qu'à l'instant ultime un chrétien ait le temps d'entrevoir un coin de ciel pur au moment où il prend conscience de l'irréversibilité des choses.

Jésus se met en quatre, en croix pour nous.

– Tout est fini. Tout est verrouillé. On ne pourra pas sortir. On ne pourra pas s'en sortir. On est bloqué là dans l'instant de la fin. Pourquoi ne puis-je dissocier cet horrible instant final de celui qu'ont vécu tant de juifs dans les chambres à gaz ? Pourquoi est-ce que j'assimile automatiquement cette sensation de finalité à cette ultime expérience vécue par tous ces juifs morts à Auschwitz ? Pourtant, je perçois que toutes les finalités sont toutes aussi terrifiantes si la conscience demeure jusqu'à l'instant dernier, l'instant fatal. Sans aucun doute à cause du syllogisme des situations et au sorite des sensations qui se succédaient et que j'étais en train de vivre à un moindre degré bien sûr puisque, moi, j'allais m'en sortir : verrouillage, gazage... Oui, j'étais en train de vivre avant de mourir ce qu'ont subi les juifs dans les chambres à gaz, sauf qu'eux sont réellement morts. Moi pas.

– C'était peut-être votre mission de partager par la compassion ces moments-là avec le peuple juif, bien que votre douleur n'ait pas mené à la mort comme c'était le cas pour tous ces malheureux. Je reprends ici le dialogue avec vous car ce que vous venez d'avancer approche de la vérité.

Auschwitz... l'inadmissible !

– Je sais, moi, que vous avez été conçu pour avoir conscience de la douleur juive qui conduit d'ailleurs à toutes les douleurs. C'est par la douleur du Christ en croix que l'on parvient à l'universalité de la douleur humaine. Mais on ne peut la ressentir pleinement que dans la mesure où l'on fait halte à Auschwitz pour participer au sort de ses victimes, à Auschwitz où elle a atteint son point culminant qui la hausse à la hauteur de la croix de Jésus. Ce que je dis peut peut-être paraître choquant aux yeux des juifs qui n'ont pas encore admis que l'innocence de Jésus, leur frère de sang, rejoignait celles des victimes juives, mais cela devrait paraître évident aux oreilles des chrétiens dignes de ce nom, ceux qui ont saisi que la mise en croix de Dieu n'était que les prémices de l'assassinat de son peuple, de ce peuple, le peuple juif qui, le tout premier, a annoncé au monde la venue du Messie, du Dieu un, du Dieu unique, donc du Dieu pour tous, du Dieu de l'Univers et donc du Dieu universel, de Celui qui est venu sur terre partager les angoisses des créatures qu'Il a créées.

– Comment, des fourrés où j'ai été dépouillé de tout ce que je portais sur moi à part mes vêtements, comment ai-je regagné mon véhicule? Comment l'ai-je retrouvé? Comment ai-je remis la main sur mes clefs de contact? Comment ai-je pu conduire jusqu'au péage suivant de l'autoroute? Autant de questions qui sont toujours demeurées sans réponse puisque je n'ai aucun souvenir de tous ces moments-là.

On m'a volé de vingt à trente minutes de ma vie. Où est donc passée cette demi-heure de ma vie? Il arrive que je m'interroge encore parfois à ce sujet, me considérant comme un lézard amputé d'un morceau de lui-même et qui continue à vivre ainsi. Ayant été en quelque sorte « gazé » par la bombe lacrymogène de mes assaillants, j'en ai subi les effets un laps de temps assez long pour parcourir, tout en conduisant en état second, quelque sept kilomètres d'autoroute qui, de plus, se déroulent à cet endroit en pente si raide que des aires de dégagement sont aménagées pour les conducteurs qui perdraient le contrôle de leur véhicule. C'est enfin parvenu au péage que j'ai été brusquement assailli par la réalité de ce qui venait de se passer. En effet, j'ai lu dans l'étonnement des yeux du préposé au péage, dans son effroi aussi à cause du sang qui dégoulinait sur mon visage, oui là, instantanément, en un clin d'œil, si je puis dire et je ne crois pas si bien dire, j'ai alors subitement déchiffré tout ce qui venait de se passer. Je n'oublierai jamais cette étrange sensation de voir par les yeux d'un autre ce qui me concernait. L'autre est un miroir de soi ! Parce qu'il me voyait dans un état donné, qu'il comprenait que je venais d'être agressé, je saisissais, moi, à mon tour, à travers l'expression de ses yeux, tout ce qui venait de m'advenir. Curieux phénomène de compréhension par autrui interposé ! Ce n'était pas « aime ton prochain comme toi-même », mais plus précisément « comprends ton prochain comme toi-même ».

Une fois ma voiture garée, on me conduisit au poste de gendarmerie du péage de Cassis, le seul d'ailleurs à en compter un dans les environs, et là je fus interrogé sur ce qui venait de se passer et dont je n'avais gardé en mémoire que ce que je viens d'en dire. Je me souvenais de mon nom et de tous mes numéros de téléphone que je déclinais les uns après les autres, tant celui de ma résidence méridionale que celui de mon appartement parisien. Mais j'étais incapable de préciser où je me trouvais, si c'était dans les environs de Paris ou bien dans les alentours de Marseille. On téléphona à ma mère et les gendarmes lui expliquèrent au téléphone bien peu diplomatiquement : « Madame, votre fils ne sait plus où il est. »

Mais deux d'entre eux à moto me suivirent tandis que je conduisais et m'escortèrent jusque chez moi où je parvins vers une heure du matin sans bien m'être rendu compte que je tenais un volant. Je ne me souviens pas avoir conduit. Je ne me souviens plus que de l'affolement de ma mère, de son émotion en me voyant dans l'état où je me trouvais. La fatigue aidant, l'épuisement me permirent de lui faire comprendre que, demain, il ferait jour…

Et en effet, le lendemain, il fit jour. Je puis même dire que la lumière fut. En prenant ma paire de pantalons par les revers pour en secouer la poussière, j'entendis un léger tintement, comme une pièce de monnaie qui venait de glisser sur le sol. Je cherchais la pièce échappée sans doute d'une des poches de mon vêtement, et trouvais sous un meuble où elle avait roulé, non pas une pièce de monnaie, mais une médaille… Il s'agissait de la médaille en or du baptême de mon père que je portais autour du cou depuis sa disparition. Était gravé sur l'une de ses faces le visage d'un ange qui appuyait sa joue droite sur son poignet droit fermé. La médaille de mon père représentait…

– *… un ange gardien!*

– Je la portais la veille autour du cou et, lorsque mes agresseurs me délestèrent de ma chaîne en l'arrachant sans plus de ménagement, la médaille glissa – il s'agit à mes yeux d'une sorte de miracle, de signe en tout cas – et alla se réfugier, se caler, se mettre à l'abri en somme dans un des revers de mes pantalons.

– *Ce qui vous fit alors dire… ou du moins supposer…*

– … que j'avais été non seulement protégé, mais accompagné tout du long de cette triste et curieuse aventure par…

– *… par votre ange gardien, par moi qui me suis montré votre serviteur en l'occurrence, et je me suis vu contraint de conduire sans permis votre véhicule sur l'autoroute – mais il ne faut le dire à personne – pour pouvoir vous tirer de ce faux pas.*

– C'est bel et bien cette idée qui m'est venue à l'esprit quelque temps après cet incident quand je me suis demandé s'il eût été possible de conduire une automobile en l'état où j'étais. Je pris l'habitude de déclarer à qui voulait bien m'entendre : « Je suis persuadé que c'est mon ange qui a pris ce soir-là le relais », et, à force de le dire, je l'ai cru, je le crois plus que jamais et il s'avère que j'ai eu raison d'en être persuadé. Voilà comment j'ai pris conscience de votre présence, de sa réalité et de sa complicité sans faille.

– C'est beau, notre histoire! Elle durera éternellement, soyez-en persuadé.

3

Peut-on se dire véritablement chrétien sans se faire « naturaliser » juif ?

*

Le terrible sentiment d'être inutile.

Connivence avec les juifs.

Le professeur Tomatis et la langue des anges.

Le message magistral de Jean-Paul II.

La multiplication des pains.

« Ignorer les évangiles, c'est ignorer Jésus. »

« Au milieu de vous, il est quelqu'un que vous ne connaissez pas. »

Plus besoin d'Église !

L'arbre et son fruit.

Le terrible sentiment d'être inutile.

– Cher ange qui veillez sur moi, si tous les gens qui nous écoutent (je parle des lecteurs de ce livre) ont tenu le coup jusqu'ici, une nouvelle mise au point s'impose à ce moment du discours.

– *Il convient donc de faire une halte sur le chemin pour faire certains aveux.*

– Comment avez-vous deviné?

– *Je pressens toujours lorsque vous avez le cœur gros.*

– Oui, en effet, vous avez raison, j'ai le cœur gros de tant de chemin parcouru pour rien.

– *Comment pour rien?*

– Oui, pour rien, visiblement pour rien. Il m'arrive d'être parfois anéanti, le mot n'est pas trop fort quand je constate que je suis toujours aux yeux de certains – bien que j'ai fait mille et une choses entre-temps – conforme à l'image qu'ils se faisaient de moi il y a quelque quarante ans à présent. J'ai l'abominable sentiment d'être englué dans mon passé et dans l'idée reçue que les gens s'en font. « **Tout ce que nous faisons et tout ce que nous sommes ne sera donc jamais compté pour rien!** » s'écrie une sœur de Port-Royal dans la pièce du même nom de Montherlant. Je prends ce cri à mon compte même si j'ai l'air de rabâcher et de me plaindre sans cesse du fait que je représente toujours pour les uns et les autres ce que j'étais hier et jamais, au grand jamais, qui je suis aujourd'hui et encore moins ce que je risque de devenir demain. Cela me désespère, même si je cours le risque de perdre au change entre mon image d'hier et celle d'aujourd'hui ou de celle à venir, car c'est la réalité seule que je souhaiterais voir mise au jour.

– Vous n'avez pas peur de lasser vos lecteurs avec vos perpétuelles récriminations concernant l'authenticité de votre identité? Je vais vous parler franchement, mais même moi, votre ange, vous commencez à me fatiguer, à me courir sur les nerfs, dirais-je.

Oui, bon, votre passé vous poursuit, mais cela prouve déjà que vous avez un passé. Tout le monde ne peut pas en dire autant.

– Oui, certes! Je me suis peut-être mal exprimé. En réalité, comme disait le général de Gaulle, « **dans le monde où nous sommes, les choses étant ce qu'elles sont** », je ne peux rien changer aux faits et je l'admets tout à fait. Mais ce n'est pas tellement à propos de mon identité réelle qui n'est guère reconnue que je récrimine, c'est… Oh! c'est difficile à expliquer…

– Bon, ne tournez pas autour du pot. Qu'est-ce qui vous chagrine réellement?

– Faisons abstraction de moi. Après tout, je conçois que je me donne trop d'importance. C'est mon caractère d'enfant gâté, pourri par ses parents, qui prend le dessus, comme Béatrix Dussane le dénonçait du temps où j'étais son élève au Conservatoire de Paris. Ce qui m'inquiète le plus, en réalité, c'est de ne pas savoir, du fait que l'on me confond avec ce que je ne suis pas réellement, si les lecteurs nous suivent véritablement sur le chemin du discours que nous leur proposons. Je n'ai même pas la consolation de savoir si le lecteur qui a mis son nez dans le début de ces pages, nous a suivi jusqu'ici. Et finalement, même s'il nous accompagne et est de tout cœur avec ce que nous nous racontons l'un l'autre, je ne saurais jamais si les idées reçues fausses, tant au sujet de ce dont nous débattons ici qu'à mon propre sujet, ont des chances d'être un jour effacées, ou du moins un tantinet gommées. C'est pourtant le seul but que je m'assigne avec votre collaboration, cher ange : tirer comme au ball-trap sur les idées reçues fausses tant en matière biblique que profane, mais aussi à mon propre sujet. Vaste programme!

– Il me semble que vous n'avez guère le choix. Il vous faut avancer tout simplement. Prenez exemple sur Jésus. Est-ce qu'Il se souciait de savoir…

– Mais Lui Il savait tout.

– C'est vrai. Mais il n'empêche qu'Il faisait comme s'Il ne savait pas et Il ne s'inquiétait pas de savoir si on Le suivait ou pas. Il allait vers son but! la croix! C'est comme Lui qu'Il vous faut agir même si vous êtes humblement convaincu de ne pas être Lui. Faites de même. C'est cela être chrétien : faire comme si on était Lui tout en sachant que l'on n'est pas Lui. Nous les anges faisons bel et bien ainsi.

À la fin de ces pages, vous vous trouverez avec moi qui ne vous quitte jamais à la croisée des chemins, ce qui est une croix en quelque sorte, et elle vous dira, en conclusion de ces pages, comment vous devez agir, réagir. Peut-être la solution à vos problèmes vous sera-t-elle alors donnée… en conclusion. N'est-ce pas dans ce but que vous écrivez? Écrire, c'est chercher à apprendre ce que l'on ne sait pas encore.

– Oui, vous avez raison. D'autant que je suis tout à fait lucide et averti en ce qui concerne les événements qui ont jalonné le cours de mon existence. Il me faut absolument mettre l'accent sur un en particulier qui m'a ouvert le chemin qui conduit aux abords, aux alentours, au voisinage du Seigneur. Sans cet incident survenu dans mon enfance, certaines questions essentielles concernant Jésus n'auraient même pas effleuré mon esprit.

Du fait d'une certaine célébrité qui auréolait ma carrière, du jour où l'on a appris que j'étais croyant, le public a cru que le Bon Dieu m'était tout à coup tombé sur la tête et en a conclu à une conversion.

Je ne me considère pas comme étant un converti et je crois plutôt que Dieu m'avait désigné dès le ventre de ma mère. **« N'est-ce pas moi qui vous ai choisis? »** dit Jésus à ses disciples. Sur le chemin du Christ j'ai cheminé pas à pas, et ce n'est que bien plus tard en me retournant pour voir d'où je venais que j'ai peu à peu pris conscience que la route que j'avais suivie avait été tracée pour moi à mon insu. De toutes les façons, je n'avais guère le choix à cause de ma grand-mère du côté paternel, Marguerite, qui s'adonnait avec ferveur au prosélytisme et qui conduisait de gré ou de force toute la famille à l'église à l'exception de son mari, communiste invétéré. N'était-ce pas la Providence qui l'avait placée à mes côtés ?

Connivence avec les juifs.

– Tout jeune, très vite je me suis senti « à part », à part des autres à cause d'un sérieux embonpoint dont les sucreries de la pâtisserie familiale étaient cause et qui avaient fait du fils de pâtissier que j'étais la risée de ses petits camarades. Je suis né en 1937.

Et voilà qu'un jour de 1943, les nazis « ramassent » deux de nos proches voisins, Simon, le père (quarante-sept ans), et Maurice, le fils (quatorze ans), parce qu'ils étaient juifs, bref, des gens à part… eux aussi. Ceci explique cela. Dès cet instant, je deviens juif dans ma tête ce qui me permet de troquer le comique de mes kilos en trop contre le tragique qui mène – je ne le sais pas encore – à Auschwitz.

Ce petit garçon qui s'appelle Henri Tisot va mettre un certain temps à apprendre que ce Jésus devant qui sa grand-mère le conduit à l'église est juif lui aussi et donc « à part ». Et il en conclura que les nazis n'ont pu le « ramasser » du fait qu'Il était cloué sur la croix.

Toujours est-il que, bien que beaucoup de choses se mélangeassent dans la tête du jeune Henri Tisot que j'étais alors, et qui parvint à Paris à dix-sept ans, le problème soulevé par l'identité juive de ce Jésus qu'il considérait comme étant Dieu n'allait plus jamais le quitter. Et ce, tant à l'époque où j'étais élève de Béatrix Dussane au Conservatoire de Paris, ou bien pensionnaire de la Comédie-Française, ou encore imitateur du général de Gaulle dans les music-halls parisiens, ou alors héros d'un des premiers feuilletons télévisés, *Le Temps des copains*, ou bien encore durant toute ma longue carrière à la fois théâtrale et télévisée.

Le professeur Tomatis et la langue des anges.

– Au cours des multiples avatars de ma vie professionnelle, je consulte donc, pour des problèmes vocaux, le professeur Tomatis, spécialiste de l'écoute humaine. Il a rejoint le Seigneur son Maître le jour de Noël 2001, il était né le 1er janvier 1920. Le professeur Tomatis, comme je vous l'ai dit, me fit prendre conscience de l'absolue nécessité d'éradiquer les idées reçues qui se révèlent fausses. Elles diffusent l'erreur d'une manière endémique et la langue hébraïque considérée comme originelle pourrait en être le contrepoison grâce aux messages de vérités intrinsèques qui font son apanage. Le professeur Tomatis me plongea donc dans les arcanes de cette langue, considérée par les rabbins comme la langue des anges, votre langue, cher ange. Il s'agit, selon moi, d'un baptême auquel feraient bien de se soumettre tous les séminaristes de la terre, dans la mesure où leur amour pour Jésus les incite à pénétrer l'intimité de leur Créateur. Toute ma vie durant et jusqu'à ce jour, ma pensée demeurera hantée et entée sur le fait capital à mes yeux que le Dieu des chrétiens est juif!

Bien plus que de longs discours, cette phrase de Ronald Knox, pasteur anglican, fait la synthèse du délicat problème de la judaïcité de Jésus vis-à-vis des chrétiens : « **S'il est étrange que Dieu ait choisi les juifs, n'est-il pas plus étrange encore que nous, nous ayons choisi le Dieu des juifs tout en rejetant les juifs?** »

– *Mon cher Henri, sans être systématiquement pessimiste, j'ai bel et bien le sentiment que toutes les repentances du monde en ce qui concerne le peuple juif ne peuvent pas résoudre grand-chose tant que l'on ne prendra pas en compte les magistrales déclarations dont le Saint-Père s'est fait le héraut. Pour nous les anges, ces paroles du pape Jean-Paul II symbolisent à elles seules l'authenticité intrinsèque du christianisme. Chaque chrétien devrait les apprendre par cœur. Elles sont aussi une des clefs essentielles pour saisir le message christique. Elles méritent que vous les encadriez de noir dans votre tête afin que vous puissiez en mesurer toute l'amplitude.*

Le message magistral de Jean-Paul II.

> En réalité, on ne peut exprimer pleinement le mystère du Christ sans recourir à l'Ancien Testament (la Torah). L'identité humaine de Jésus se définit à partir de son lien avec le peuple d'Israël, avec la dynastie de David et la descendance d'Abraham. [...] Priver le Christ de son rapport à l'Ancien Testament, c'est donc le détacher de ses racines et vider son mystère de tout sens. En effet, pour être significative, l'incarnation a eu besoin de s'enraciner dans des siècles de préparation. Autrement le Christ aurait été comme un météore tombé accidentellement sur la terre et privé de tout lien avec l'histoire des hommes. [...] L'Église a vu les Écritures juives comme Parole de Dieu éternellement valable, adressée à elle-même comme aux enfants d'Israël. [...]
> Vous êtes appelés à aider les chrétiens à bien comprendre leur identité. Une identité qui se définit avant tout par la foi au Christ, fils de Dieu. Mais cette foi est inséparable du rapport à l'Ancien Testament, du moment que c'est une foi dans le Christ « mort pour nos péchés, selon les Écritures, et ressuscité... selon les Écritures » (1 Co 15, 3-4). Le chrétien doit savoir que, par son adhésion au Christ, il est devenu « descendance d'Abraham » (Ga 3, 29) et qu'il a été greffé sur le bon olivier (cf. Rm 11, 17.24), c'est-à-dire inséré dans le peuple d'Israël pour être « participant de la racine et de la lymphe de l'olivier » (Rm 11, 17). S'il possède cette forte conviction, il ne pourra plus accepter que les juifs en tant que juifs soient méprisés ou, pire, maltraités. [Discours de Jean-Paul II du 11 avril 1997 devant la Commission biblique pontificale.]

– Permettez-moi d'ajouter que cette déclaration du très Saint-Père est à mes yeux la clef – oui la clef! – de toute recherche exégétique digne de ce nom. Sans cette règle édictée par le pape, rien ne peut être saisi.

– Oui, sans aucun doute et on peut regretter que l'Église de France n'ait pas suffisamment diffusé ce message capital, par le fait qu'il eût sans doute fallu qu'elle en ingurgitât elle-même le substrat avant ses fidèles. Si l'Église est et se doit d'être catholique, apostolique et romaine, vous ses fidèles, qui constituez son corps, devez vous mettre en conformité avec cette mission apostolique en vous « naturalisant » juifs. Faut-il rappeler que tous les apôtres étaient juifs?

Jean-Paul II semble bien conscient du problème qui constate au cours du discours que je viens de citer :

> **Cependant, ce qui se vérifie le plus fréquemment, c'est l'ignorance des profonds rapports qui lient le Nouveau Testament à l'Ancien, ignorance d'où découle chez certains l'impression que les chrétiens n'ont rien en commun avec les juifs.**

La multiplication des pains.

– Me permettez-vous de vous faire la démonstration du fait que certains Textes des évangiles ne sont compréhensibles que lorsqu'on les met en rapport... en rapport comme l'a dit le très Saint-Père, avec l'Ancien Testament qui se révèle être le dictionnaire des évangiles. Prenons pour exemple le miracle de « la multiplication des pains » qui est mentionné dans chacun des quatre évangiles et, si vous me le permettez, je souhaite faire ici la démonstration de ce que j'avance. Jésus nourrit la foule évaluée à cinq mille hommes avec seulement cinq pains et deux poissons empruntés à un enfant. Après que tous ont mangé à satiété, on recueille les restes et on remplit encore douze couffins avec les morceaux qui restaient du repas des cinq pains d'orge **« afin que rien ne soit perdu »**, *dit Jésus dans l'évangile de Jean.*

En ma qualité d'ange, je crois au miracle et ma conviction est que, des mains du Seigneur, les pains et les poissons se sont réellement démultipliés, mais ne dois-je pas me demander du même coup à quoi font allusion ces cinq pains (et pas deux, ni trois, ni douze, ni quinze ou vingt), mais cinq, oui cinq, pas un de plus, pas un de moins dont le Seigneur a eu besoin pour accomplir son miracle? Et de même, que sont donc censés représenter les deux poissons qui les accompagnent? Et aussi pourquoi, après que la multiplication a eu lieu, les restes de pains et de poissons s'entassent-ils dans douze couffins pleins à craquer, couffins pouvant être déplacés grâce aux anses qui servent à les porter? Le moindre détail des paraboles a son importance pour celui qui s'y intéresse. À nous d'être fidèles au contenu des paraboles de Jésus qui parle expressément « **aux foules en paraboles, et il ne leur parlait point sans paraboles** » *(Matthieu XIII, 35).*

Mais dans la mesure où l'on est incapable de décrypter ces symboles, et par conséquent d'en découvrir le sens, alors, le Seigneur peut bien s'époumoner et « **debout, lancer à pleine voix : "Si quelqu'un a soif, qu'il vienne à moi et qu'il boive, celui qui croit en moi!" selon le mot de l'Écriture : "De son sein couleront des fleuves d'eau vive"** » *(Jean VII, 37-38), ses objurgations, hélas! ne serviront à rien.*

– Je vous suis entièrement sur ce sujet et peut-être encore bien plus que sur tous les autres. C'est au point que j'en arrive à me demander, en désespoir de cause, pourquoi Jésus qui est Dieu avait besoin de descendre physiquement jusqu'à nous pour accomplir ses miracles? Le pain étant venu à manquer dans telle ou telle région, du haut du ciel, d'un geste de la main, n'aurait-Il pas pu déclencher « la multiplication des pains et des poissons »? Mais pourquoi donc a-t-Il cru bon de « se faire chair » pour venir parmi nous exécuter « la multiplication des pains » à partir de cinq pains et deux poissons détenus par un enfant qui faisait partie de l'assemblée, ce que signale André, le frère de Simon-Pierre, puisque de toutes les façons la plupart des chrétiens ne se posent aucune question concernant le nombre des pains et des poissons qu'Il a multipliés et, disons-le clairement, s'en moquent la plupart du temps comme de leur dernière chemise?

– Ma réponse, c'est que Jésus avait la ferme intention de vous faire saisir certaines choses essentielles à ses yeux, à savoir que les cinq pains en question sont représentatifs des cinq livres de

la Torah qui composent le Premier Testament parfois dénommé Pentateuque (signifiant en grec : cinq rouleaux), et ce, afin que vous vous révéliez, vous chrétiens, en conformité avec le commandement édicté par le Deutéronome qui est le cinquième livre de la Torah : « **L'homme ne se nourrira pas seulement de pain, mais de toute parole qui sort de la bouche de Dieu** » *(Deutéronome VIII, 3).*

Alors, on se réjouira qu'un enfant de l'assemblée qui assiste au miracle de « la multiplication des pains » soit lui-même en possession de ces cinq pains qui représentent la Torah, car cela signifie que tout espoir demeure dans la mesure où un seul enfant au monde tient entre ses mains ces cinq livres, dès lors les générations à venir pourront toujours se nourrir de cette Parole de Dieu qui a déjà rassasié leurs pères depuis deux millénaires au moins avant la venue du Christ.

Quant aux deux poissons, ils sont représentatifs des deux Testaments, le Premier et le Nouveau. Ainsi, dit le Seigneur : « **tout scribe devenu disciple du Royaume des Cieux est semblable à un propriétaire qui tire son trésor du neuf et du vieux** » *(Matthieu XIII, 52). Et dès lors que les deux Testaments sont étudiés et confrontés l'un à l'autre, ils font apparaître, afin de le mettre en exergue, ce fait historique que Jésus proclame Lui-même :* « **N'allez pas croire que je sois venu abolir la Torah (le Premier Testament) ou les Prophètes : je ne suis pas venu abolir, mais accomplir** » *(Matthieu V, 17).*

Les douze couffins pleins de restes de pains (de Parole divine) et de poissons (d'analogies entre les deux Testaments) symbolisent les douze disciples, répliques des douze tribus d'Israël. Les couffins sont en principe munis d'anses pour être déplacés. Ils indiquent aux douze disciples qu'ils vont devoir parcourir les nations pour évangéliser la terre comme le leur recommande Jésus : « **Allez donc, de toutes les nations faites des disciples, les baptisant au nom du Père, du Fils et du Saint-Esprit, et leur apprenant à observer tout ce que je vous ai prescrit. Et moi, je suis avec vous pour toujours, jusqu'à la fin du monde** » *(Matthieu XXVIII, 19-20).*

Chacun des symboles contenus dans la parabole de « la multiplication des pains » démontre avec concision l'ancrage de la mission du Christ dans l'Ancien Testament que je préfère dénommer Premier puisqu'il a toujours cours, et cela prouve, si besoin était, que les paroles du pape Jean-Paul II, citées plus haut, sont en totale adéquation avec la divulgation de ces symboles.

– Doit-on en déduire que l'on est véritablement chrétien seulement si l'on a notion de ce que vous venez d'expliciter? Non, bien sûr. Votre humble serviteur, à qui le Seigneur a fait la grâce d'être mis en présence formelle de son ange gardien afin qu'il lui ouvre l'esprit à la connaissance des paraboles, se sent bien indigne de se déclarer pour autant authentiquement chrétien. En effet, ce n'est pas parce que les paraboles se découvrent à moi par votre entremise que, disons-le, je suis enclin à faire les œuvres qu'elles réclament. Certes, je suis devenu « un pêcheur d'hommes ». C'est ce que Jésus fait de ses disciples : **« Venez à ma suite, et je vous ferai pêcheurs d'hommes »** *(Matthieu IV, 19)*. Mais je dois bien avouer que les œuvres que je fais, ou plutôt que je ne fais pas, ne sont guère en rapport avec mes découvertes en ce qui concerne les Textes évangéliques. Serais-je un exégète plus qu'un croyant ?

En fait, je suis ce que le Seigneur a bien voulu faire de moi et je me garderai donc de m'interposer en donneur de leçons. En revanche, que l'on me permette de dire que, si l'on ne s'intéresse pas vraiment aux évangiles et aux paroles édictées par Jésus, tout au long de son parcours terrestre, je me demande bien alors pourquoi Il est descendu parmi nous, **« a souffert sous Ponce Pilate, a été crucifié, est mort et a été enseveli; est descendu aux enfers, le troisième jour est ressuscité des morts; est monté aux cieux, est assis à la droite de Dieu le Père tout-puissant, d'où il viendra juger les vivants et les morts »**, comme me l'a inculqué le *Credo* de la religion chrétienne que ma grand-mère m'a transmis ?

« Ignorer les évangiles, c'est ignorer Jésus. »

– Et j'ose crier **« Ignorer les évangiles c'est ignorer Jésus! »** du même ton impérieux que saint Jérôme a dû employer après avoir traduit la Bible de l'hébreu au latin : la Vulgate. Il a affirmé : « **Ignorer les Écritures c'est ignorer le Christ! la Bible est chair et sang du Christ.** » *(Lettres.)*

Alors, une question se pose, la seule à mes yeux, en ce qui concerne la véracité du christianisme voulu par Jésus : peut-on être vraiment chrétien sans se faire « naturaliser » juif?

Ma réponse est catégorique, c'est non! Mais qu'importe aux yeux du monde, et même de la majorité des chrétiens, ma pauvre certitude? Il faudrait que je sois bien prétentieux, ce que le Christ m'interdit d'être, pour croire que ce que j'énonce puisse avoir de l'effet. Le pape lui-même n'est pas à même de convaincre une bonne partie de ceux qui devraient hiérarchiquement le suivre. Mieux vaut – cela ne dérange personne – en rester où nous en sommes.

Cependant, je me pose cette insidieuse question car elle détient tout l'avenir de l'Église et je tiens à la développer avec une honnête impartialité.

En effet, parmi ceux que l'on assimile à de vrais chrétiens et qui en donnent la preuve éclatante en se conduisant comme tels, nombreux sont ceux qui ne connaissent ni A ni B des Écritures. Nonobstant, quitte à paraître excessif et injuste, si je m'en réfère à mon intime conviction, j'ose avancer qu'ils ne sont en fait que les adeptes d'un nouveau veau d'or qu'ils osent dénommer Christ, lequel, forgé de toutes pièces par l'imagination bonimenteuse de chrétiens ignorants, se trouve à présent enseveli par des siècles de dit-on alluvionnaires et englués dans la guimauve comme un pauvre oiseau dans le mazout. « Mais puisque ces gens-là font le bien, me rétorque-t-on, que veut-on de plus? »

– Me permettez-vous de répondre à votre place puisque je sais d'avance ce qui vous brûle les lèvres : mais à quoi sert alors que le Seigneur Jésus se soit fait chair pour venir nous confier ses paraboles, si ce n'est dans le but que nous les divulguions?

Et, s'il vous plaît, pourquoi donc le Seigneur aurait-Il choisi douze disciples dont trois ont transcrit ce qu'ils ont vu et entendu, alors qu'un quatrième a consigné tout ce qu'on lui a assuré concernant le Seigneur? Oui, à quoi servent donc les quatre évangiles s'ils ne sont pas lus et étudiés afin d'être divul-

gués et médités ? Oui, à quoi bon tout cela ? À quoi bon la venue sur terre de Jésus et toutes les souffrances qu'Il a subies parmi vous et pour vous, puisqu'il n'est absolument pas nécessaire de connaître ni sa trajectoire, ni ses gestes, ni ses paroles, ni les Mystères qu'Il a confiés à son Église, et que, selon ce que certains semblent soutenir, l'on peut tout à fait être chrétien sans rien connaître des Écritures, la foi étant suffisante, nous dit-on, pour susciter les œuvres ? Mais la foi en qui ? En quoi ? En quelqu'un que l'on ne connaît pas et que l'on ne cherche pas à connaître ?

« Au milieu de vous, il est quelqu'un que vous ne connaissez pas. »

– Comment oublier ce cri de Jean le Baptiste au tout début de l'évangile de Jean : **« Au milieu de vous, il est quelqu'un que vous ne connaissez pas »** *(Jean I, 26). C'était véridique du temps du Christ, est-ce que cela ne l'est pas davantage de « vos » jours ?*

Ce qui est certain, c'est que l'on n'oserait certes pas se déclarer médecin sans avoir étudié la médecine. De même on ne pourrait se définir comme étant mathématicien si l'on ne s'intéressait pas aux chiffres. Mais en revanche l'on peut se proclamer chrétien sans avoir aucune connaissance des Écritures. Plus besoin des Écritures pour être chrétien, puisque pour l'être il suffit d'accomplir les œuvres...

– Mais alors... Mais alors, dites donc, s'il en est ainsi :

Plus besoin d'Église !

– Plus besoin de l'Église ! Il pourrait en fait n'être plus question du tout de l'Église mais seulement d'humanisme ! d'humanisme tout simplement ! C'est bien suffisant pour accomplir les œuvres. Plus besoin des Églises de n'importe quelle obédience qu'elle soit, plus besoin de l'Église chrétienne, apostolique et romaine ! Non, plus besoin du tout.

– Eh bien, voilà! Voilà où le bât blesse. Et c'est cela précisément que tant de gens souhaitent, alléguant les erreurs passées de l'Église pour mieux faire oublier les leurs. Plus besoin d'Église pour faire le bien, plus besoin de personne et même pas du Christ! Voilà ce que veut le monde et ce à quoi il parvient, aidé en cela par certains chrétiens qui ne se rendent même pas compte que le monde travaille à les supprimer. Tous ces gens-là ignorent que c'est l'Écriture Sainte dont les évangiles font partie intégrante qui maintiennent l'Église debout et la garderont toujours, même s'il ne devait y avoir plus qu'un seul, oui, un seul petit enfant, comme lors de la multiplication des pains, qui soit en possession de la Bible.

Car c'est bel et bien grâce à la Torah, le Premier Testament, que le peuple juif est toujours vivant, même si au bout du compte très peu de juifs, comparativement à ce qui devrait être, étudient les Textes. Un commentaire juif signale que, tant que des écoles pleines d'enfants s'adonneront à la lecture de la Torah, nul au monde ne pourra rien contre Israël. Prions Dieu pour qu'il en soit également ainsi en ce qui concerne le christianisme.

L'arbre et son fruit.

– Oui, et spécifions bien qu'il ne faut surtout pas confondre le christianisme avec son résultat, son fruit, à savoir cet humanisme qui n'est que le fruit de deux mille ans de travaux élaborés à la suite du christianisme. Ils ont parfois été couronnés de succès ; ils ont capoté parfois, ils se sont quelquefois édifiés en accord avec les dogmes de l'Église, sont allés d'autres fois à son encontre, mais toujours est-il que le résultat est là, cet humanisme aussi respectable qu'il soit, n'est en fait qu'un fruit, le fruit d'un arbre dont le nom est christianisme! François Taillandier dans son livre *Les Parents lâcheurs* (aux Éditions du Rocher), définit ainsi le christianisme : « **Matrice culturelle, principe constituant de notre civilisation, même traduit en termes laïcs, il est à la source de tout ce que nous pensons sur l'être humain. Je n'affirme pas ici une quelconque supériorité du chris-**

tianisme. Je dis que c'est ce que j'ai reçu, moi, d'une expérience humaine bimillénaire : c'est la contribution à l'humanité moderne qui a été déposée entre mes mains. »

Le christianisme est l'arbre qui a donné naissance à ce fruit qui a pour nom « humanisme » et qui ne doit pas avoir le front de se prendre pour l'arbre lui-même.

D'où l'absolue nécessité de se référer aux Écritures qui ont arrosé l'arbre pour lui permettre de s'élever de terre dans les airs et nous indiquer ainsi la direction du ciel et dont il faut avoir une impérative connaissance pour accomplir les œuvres dont nous sommes redevables à l'arbre, l'arbre de la croix, l'arbre de la Vie : Jésus le Christ!

Et si l'on ne veut pas que ses œuvres soient confondues avec celles de l'humanisme, il faudra bien que nous, chrétiens, fassions la distinction entre le christianisme, l'arbre, et son fruit, l'humanisme.

– *Oui, ce n'est qu'à ce prix que l'Église perdurera dans les siècles à venir, ce dont, dans sa mansuétude, elle ne semble pas avoir pris véritablement conscience. Sinon, elle inviterait ses ouailles à se plonger... se plonger! dans les paroles que rapportent tant le Premier que le Nouveau Testament, afin qu'elles prennent réellement connaissance par ce baptême revigorant de ce qu'est intrinsèquement leur religion : le christianisme.*

– Il me semble judicieux, cher ange, de citer ici la réflexion du cardinal Lustiger dans son livre, *La Promesse* (Paris, Parole et Silence, Essais de l'École cathédrale, 2002, p. 81) : **« Le péché auquel ont succombé les pagano-chrétiens, que ce soit les hommes d'Église ou les princes ou les peuples, fut de s'emparer du Christ en le défigurant, puis de faire leur dieu de cette défiguration. »**

4

La faute d'Adam et en aucun cas celle d'Ève

*

Pas question du mot « fruit » dans la bouche de Dieu.

Ève accusée à tort.

Le péché originel, c'est la mauvaise transmission.

Pas de pommier en Éden.

Sur les traces... de Paul Ricœur.

Une autre interprétation de nos origines.

L'ADN : témoignage de justice.

Une erreur de saint Thomas d'Aquin.

Qui me cherche me trouve!

Mon avocat, c'est mon ange.

– Nous venons de faire, cher Henri, et ce, de concert, la distinction entre l'arbre et son fruit et mis l'accent sur le fait que l'un et l'autre ne devaient pas être confondus. Cela nous ramène à un discours que vous fîtes et que j'ai voulu absolument garder en mémoire.

Il s'agit de cette conférence magistrale, de l'avis de beaucoup, faite à la Sorbonne, salle Descartes, s'il vous plaît, et où vous fûtes convié sur les instances du Collège des études juives, dirigé par Shmuel Trigano.

Il serait bien venu que vous fassiez ici part à vos lecteurs de la thèse que vous avez soutenue qui est qu'il n'y a qu'un seul péché et je vous suis sur ce terrain, et ce péché, c'est la mauvaise transmission. C'est à partir de ce péché-là et pas un autre que s'ensuivent tous les autres péchés. Quand une opération est fausse dès le départ, elle ne peut pas être juste à l'arrivée.

Et si, comme vous le dites, le péché capital est la mauvaise transmission, en sont coupables aussi bien les adeptes du mal qui, en s'appuyant sur ce qu'on leur a inculqué, répercutent des horreurs, que les prétendus thuriféraires du bien qui, imbus des idées reçues trimbalées de siècle en siècle, les répandent à qui mieux mieux dans leurs cercles devenus vicieux par leur faute.

Soumettez-nous donc le texte de cette conférence.

Je me souviens que l'amphithéâtre de la Sorbonne était plein à craquer et moi, votre ange gardien, je m'étais installé dans un coin de corniche au plafond. Je m'étais tout bonnement calé sur une des volutes en stuc qui ornent les coins de la salle et j'avais de là vue sur tout l'ensemble. Ainsi, dominant la situation, je pouvais guetter les moindres réactions. Pour ceux qui ignorent votre travail exégétique, il est évident qu'ils avaient grand mal à admettre que l'ancien imitateur du général de Gaulle des années 1961 à 1970 puisse leur tenir le discours qui suit quelque trente ans après. Redites, s'il vous plaît, les choses ici comme vous les avez dites alors, et notamment que : **« Le mystère est à l'origine de toute vraie science »** *(Albert Einstein).*

– Puisque tel est votre désir, je vais répéter ce que j'ai dit lors de cette conférence :

Elle n'est vraiment pas confortable la position de celui qui s'inscrit en faux par rapport à presque tout ce qui a été dit au fil des siècles en ce qui concerne le texte de la création de l'homme dans le jardin d'Éden (chapitres II et III du livre de la Genèse). Et si Shmuel Trigano ne m'avait pas soutenu que mes thèses étaient semblables à celles des rabbins, thèses retenues par la Tradition, je n'aurais jamais eu le courage de m'attaquer à cette faute dite originelle implantée à tout jamais dans les esprits et qui, à mes yeux, ne peut pas en être une.

Le fruit défendu a été de tout temps analogiquement rattaché à la sexualité, et même si la présence du serpent, symbole phallique par excellence, nous engage à nous enferrer dans ce sujet, je pense que nous faisons fausse route ici. La faute sexuelle ou sensuelle qui vient tout de suite à l'esprit à cause du mot Éden qui signifie en hébreu « délice-volupté » d'où « jardin des délices », et que les millénaires ont colportée, a permis aux censeurs de toutes sortes d'empoisonner nos existences. Je me refuse à croire que mon Créateur m'aurait donné des yeux pour ne pas voir, des oreilles pour ne pas entendre et le reste pour le laisser en sommeil. Ce serait l'imaginer capable de perversité alors que c'est grâce à l'éveil de ce reste que mes parents m'ont conçu et que je me trouve ici, de même que vous vous trouvez là vous aussi pour la même raison, et il n'y a pas lieu de s'en plaindre.

Pas question du mot « fruit » dans la bouche de Dieu.

– Tentons donc de mettre en exergue et en lumière dans le texte ce qu'il me paraît juste de dénoncer comme étant la faute primordiale : « **L'Éternel-Dieu donna un ordre à l'homme, en disant : "Tous les arbres du jardin, tu peux t'en nourrir, mais l'arbre de la connaissance du bien et du mal, tu n'en mangeras point; car, du jour où tu en mangeras, tu dois mourir!"** »

Plus loin, le serpent se mettant de la partie dira à Ève : « **Bien que Dieu ait dit : "Vous ne mangerez rien de tous les arbres du jardin..."** » Soulignons au passage que le serpent dit ici l'inverse de ce que Dieu a prescrit, à savoir qu'il est permis de se nourrir de tous les arbres sauf d'un. Et Ève s'empresse hélas! de répondre : « **Les fruits des arbres du jardin, nous pouvons en manger; mais quant au fruit de l'arbre qui est au milieu du jardin, Dieu dit : "Vous n'en mangerez pas, vous n'y toucherez point, sous peine de mourir."** » Il ne vous aura pas échappé qu'il y a ici aussi falsification, détournement de la Parole de Dieu qui parle d'arbre, le serpent aussi, alors qu'Ève seule parle de fruit. Il aura suffi d'un mot. Tous les maux vont suivre!

On pensera bien évidemment que je joue sur les mots moi aussi et l'on prétextera que, dans l'arbre, le fruit seul est mangeable. Faux, disent les rabbins! La Tradition soutient que, dans l'arbre du jardin d'Éden, tout était consommable, de la racine aux branches, aux fruits, jusqu'aux feuilles. Cela dit, je n'ai pas en l'occurrence à justifier mon discours. Je ne suis pas plus grand que Dieu, je n'ai donc pas à discuter les termes de sa parole. Étudiant un texte, il ne serait guère convenable que je l'organise en fonction de ce qui m'arrange. Dieu ayant dit : « **Tous les arbres du jardin tu peux t'en nourrir** », du simple fait qu'Il ne parle absolument pas de fruit, je n'ai pas à discutailler, je n'ai plus qu'à entériner. Et si, comme cela arrive parfois, certains objectent : « Oui, mais les textes, ils ont été arrangés... », je répondrais que c'est bien mal connaître le monde juif puisque la moindre faute d'un scribe dans une copie de la Torah, du Premier Testament donc, oblige à considérer caduque la copie de la Torah tout entière.

Il ne vous reste donc plus qu'à constater en rentrant chez vous que, dans n'importe laquelle des traductions de la Bible, Dieu parle d'arbre et Ève de fruit. Seule la Bible de Lemaître de Sacy est infidèle au texte original hébreu et met le mot fruit dans la bouche de Dieu, ce qui me rend cette Bible suspecte à tout jamais, même si elle peut, pour d'autres raisons que la fidélité au texte original hébreu, paraître littérairement séduisante à certains. Je ne parlerai même pas de ces Bibles en français courant qui me font courir bien loin d'elles.

Ève accusée à tort.

– Mais la question qui se pose alors, c'est celle-ci qui est capitale : qu'est-il passé par la tête d'Ève pour qu'elle parle de fruit et non pas d'arbre et détourne ainsi la Parole divine? S'agit-il d'une faute d'inattention? A-t-elle mal entendu, perçu l'ordre divin, mal retenu la recommandation, sachant pourtant que sa vie était en jeu? La peur est-elle cause de l'extrapolation?

En vérité, s'il m'a fallu quelque dix ans pour me rendre compte de cette inversion arbre-fruit, ce n'est encore qu'après quelque dix années supplémentaires que j'ai tout à coup pris conscience du fait que j'accusais moi aussi cette pauvre Ève à tort, et cela pour une raison rédhibitoire et évidente qui ne saute pas aux yeux tout de suite car l'évidence est ce qui se cache le mieux. En vérité, je pense à présent avec conviction que le texte est programmé de telle sorte que la chute du lecteur, bien plus que celle d'Adam et d'Ève, est inexorablement prévue, car le malheureux lecteur est mis en état de ne pas voir ce qu'on lui montre, ou pire!, de lire ce qui n'est pas écrit. Ainsi, la terrible phrase d'Isaïe que reprend Jésus en Matthieu XIII donne ici tout son relief : « **Je leur donnerai des yeux pour qu'ils ne voient pas, des oreilles pour qu'ils n'entendent pas, de peur qu'ils ne se convertissent et que je ne les guérisse.** » Quant au codicille que Jésus énonce à la suite, il pourrait paraître terrifiant si on ne l'analysait pas : « **Car à celui qui a l'on donnera et il aura du surplus, mais à celui qui**

n'a pas, on enlèvera même ce qu'il a. » Qui n'a pas quoi me direz-vous? Je réponds : « Qui n'a pas la curiosité de pousser plus loin son introspection. » J'ai été de ceux-là, et c'est bien parce que j'ai moi-même été victime, comme tout lecteur du texte du jardin d'Éden, de cet aveuglement spécifique dont sont cause les idées reçues fausses que petit à petit, subrepticement, à force d'interroger le texte, j'ai pu me désengluer de l'interprétation convenue qui est devenue si conventionnelle et si définitivement établie qu'elle demeure inamovible pour les siècles des siècles. Elle a même été choisie pour titre et chapeauter le débat d'aujourd'hui : la faute d'Ève. Nous en sommes toujours là. On s'est déchargé *ad vitam aeternam* sur les frêles épaules d'Ève de la faute originelle qui accable depuis toutes les femmes de la terre, lesquelles en subissent les injustes conséquences et en paient le lourd tribut au prix fort. Ainsi, accusées d'avoir mangé le fruit défendu et de l'avoir fait ingurgiter à l'homme, les femmes ont été de tous temps mises au ban de la société, considérées comme étant inférieures à l'homme, ce qui perdure de nos jours puisque, à travail égal, elles sont moins rétribuées que les hommes. Le sexe féminin demeure toujours le bouc émissaire du péché originel.

C'est ici que pèse de tout son poids l'embargo décrété par Dieu sur l'arbre de la connaissance du bien et du mal dont il nous était enjoint de ne pas manger, car Dieu seul peut juger de ce qui est bien et de ce qui est mal. J'en veux pour preuve le fait que les hommes ont assimilé le mal à un acte qui leur donnait la vie, l'acte sexuel! Tandis qu'ils ont ignoré et fermé les yeux sur la faute authentique qui leur a valu la mort.

Ève, donc, parle de fruit et surajoute qu'il ne faut pas y toucher, ce que Dieu n'a jamais stipulé. Mais ce que l'on oublie, c'est qu'elle se trouvait dans l'impossibilité matérielle d'avoir entendu de ses propres oreilles l'injonction de Dieu et ne peut en aucun cas être accusée de l'avoir mal rapportée, pour la bonne et simple raison qu'elle n'était pas encore créée quand Dieu a édicté sa recommandation. C'est à Adam que le message a été confié, lequel l'a mal transmis alors qu'il était capital de le propager strictement puisqu'il pouvait entraîner la peine capitale si l'on ne s'y conformait pas. Et c'est ainsi que l'humanité tout entière s'est trouvée condamnée à mort par la faute d'un seul : Adam qui est inexcusable se taira et n'interviendra même pas lorsque Ève dissertera sur le sujet avec le serpent. Alors, il m'est apparu comme inévitable, une fois ma démonstration faite, de substituer au titre initial de notre rencontre « la faute d'Ève », celui plus juste et plus adéquat de « la faute d'Adam ». Les femmes de l'assistance m'en sauront gré je présume, ainsi que celles des siècles à venir. Je n'en réclame pas moins.

Le péché originel, c'est la mauvaise transmission.

– J'en conclus pour notre gouverne que le péché, le seul péché qui soit au monde, il n'en existe pas d'autres puisque c'est de lui que découlent tous les autres qui sont greffés sur lui, le péché des péchés c'est la mauvaise transmission. Rien n'est pire en effet que d'inculquer à un enfant que deux et deux font cinq, car à partir de cela tous ses calculs se révéleront faux.

Ève se trouve être l'instrument de cette mauvaise transmission imputable à Adam, ainsi qu'à nous-mêmes puisque nous avons laissé Ève accusée à tort au fil de tous ces siècles qui ont roulé dans les millénaires, et avons été de surcroît incapables de déceler où se situait la faute intolérable et impardonnable aux yeux de Dieu : laisser se perpétuer un discours qu'Il n'a jamais tenu. Nous sommes assimilables à ces pharisiens à qui Jésus dit : **« Si vous étiez des aveugles, vous seriez sans péché ; mais vous dites : "Nous voyons !" Votre péché demeure »** (Jean IX, 41).

Le mot hébreu *aroum* désigne tout aussi bien quelqu'un d'**« éveillé »** ou bien de **« rusé »** tel le serpent. Et aussi le fait d'être **« nus »** *erom*, *aroumim* au pluriel comme l'homme et la femme qui, étant nus dans le jardin d'Éden, n'en éprouvaient point de honte jusqu'à ce qu'ils aient goûté au fruit défendu. Quant au mot hébreu *IVeR* qui signifie « aveugle », il a la même racine que le mot *AROUM* qui veut dire « éveillé ». Un mot hébreu peut parfois signifier son contraire. Cela oblige à l'humilité. Pour ma part, si je me montre éveillé et rusé en ce qui concerne certains points du texte du jardin d'Éden, il n'est pas dit que je ne sois aveugle sur d'autres. Pour preuve le fait que je n'aurais certainement pas su développer tout ce qui l'a été depuis ce matin au cours de ce dialogue biblique, et inversement, d'autres n'ont sans doute pas abordé les points que j'ai tenté d'appréhender. Le champ est laissé libre à de multiples et enrichissantes interprétations et le libre arbitre guidera votre choix dans la multiplicité des vérités intrinsèques. Retenons que les mots se comportent différemment selon les langues qui les véhiculent et parfois, en français, ils ne nous montrent leur sens véritable qu'à la condition qu'on les inverse. Ainsi être nu équivaut sans doute à être un, c'est-à-dire en même temps « rusé, éveillé tout en étant aveugle ». C'est ce que je crois être.

L'humanité, au cours de sa carrière dans le temps, et dès le moment où elle a su lire et a été apte à pénétrer dans le Livre des livres, la Bible, la Torah, l'humanité a donc été mise en garde par le truchement de ce texte du jardin d'Éden, contre ce redoutable péché qu'est la mauvaise transmission associée inévitable du mensonge. Il nous sera bien indiqué à la toute fin de la Bible – bien trop tard malheureusement – dans l'épilogue de l'Apocalypse de Jean : **« Qui oserait y faire des surcharges, Dieu le chargera de tous les fléaux décrits dans ce livre ! Et qui oserait retrancher aux paroles de ce livre prophétique, Dieu retranchera son lot de l'arbre de Vie et de la Cité Sainte, décrits dans ce livre ! »** (Apocalypse XXII, 18-19.) En matière d'exégèse biblique, les maîtres qui nous ont précédés savaient bien qu'aucune discussion ne s'avérerait possible si la fidélité au texte original hébreu n'était pas respectée et si, dans une réunion comme la nôtre, on devait mettre en doute les termes exacts du texte original hébreu, il n'y aurait plus qu'à tirer le rideau. Nous réitérerions alors la faute originelle qui d'ailleurs perdure dans le monde du fait qu'elle n'a jamais été dénoncée. Le mensonge dès lors y est plus que jamais de mise. Il est le prince de ce monde. Lui aussi ne peut pas masquer son endroit si on le lit à l'envers : monde – démon ! Le prince de ce monde est prince des démons !

Ma foi en la vérité intrinsèque que recèle la langue hébraïque demeure pour moi inébranlable, ainsi qu'en les traces indélébiles qu'elle nous a transmises par le truchement du peuple juif qui a su la préserver, la garder et la cultiver. C'est bien pour cela que Dieu a créé Adam : « **L'Éternel-Dieu prit l'homme et l'établit dans le jardin d'Éden pour le garder et pour le cultiver** » (Genèse II, 15). Le peuple juif n'a pas failli à sa mission de gardiennage de sa langue que tant de rabbins ont su cultiver. Ainsi ont-ils consigné dans le livre du Talmud : « **Dieu voile, pour que l'homme dévoile.** »

Toute sa vie durant, un exégète sera sans cesse interpellé par ce texte du jardin d'Éden qui lui échappera toujours... ce qui le contraint à y revenir sans cesse. Plusieurs vies seraient nécessaires pour en déceler tous les mystères et il faut raison garder pour ne pas tomber dans toutes les chausse-trapes dissimulées dans les replis des mots.

Les textes de la Torah, du Premier Testament donc, de même que ceux des évangiles, ne divulguent leurs mystères qu'à la condition qu'on les fréquente avec assiduité. Ils sont comme ces filles qui ne se donnent qu'après le mariage. Et si l'on n'a pas la patience d'attendre, ces textes ne vous donneront que le tout-venant poussiéreux qui vous aveuglera au lieu de vous ouvrir les yeux. C'est ce qui est advenu avec ce texte de la création de l'homme dans le jardin d'Éden qui a suscité nombre d'erreurs d'interprétation, d'idées reçues et fausses, et enfin pour couronner le tout d'extrapolations pures et simples que les siècles ont colportées avec une outrecuidance telle que personne jamais n'a osé s'interposer pour tenter de faire table rase du tout.

Pas de pommier en Éden.

– Aussi comment ne tenterais-je pas de déraciner à tout jamais ce pommier qui a fait florès, fournissant au cours des millénaires des pommes à l'humanité tout entière et laissant du coup supposer que le jardin d'Éden aurait pu se situer en Normandie *(sic)*. Tout cela parce que le texte original hébreu étant traduit en grec puis en latin, la tentation de faire un bon mot a été la plus forte et que l'on a assimilé le « mal » à la « pomme » puisque le mot latin *malum* désigne aussi bien l'un que l'autre. Et l'on a oublié de prendre en considération que l'arbre de la connaissance du bien et du mal ne pouvait être qu'un figuier puisque c'est le seul arbre auquel il est fait référence dans le texte original hébreu après que le fruit défendu eut été ingurgité : « **Ils connurent qu'ils étaient nus; ils cousirent des feuilles de figuier et s'en firent des pagnes.** » Saint Jérôme qui a traduit au ve siècle la Bible hébraïque en latin, la Vulgate, avait pourtant bien écrit **folium ficus**. Quelle importance me direz-vous qu'il s'agisse d'un pommier ou d'un figuier ?

Elle est fondamentale à mes yeux car, lorsque Jésus disserte sur le figuier dans les évangiles, on perd totalement de vue qu'Il fait allusion à la Torah, à savoir à l'arbre de la connaissance du bien et du mal, comme par exemple dans l'évangile de Jean quand Il dit à Nathanaël : « **Quand tu étais sous le figuier, je t'ai vu** » (Jean I, 48). Et Nathanaël de s'écrier : « **Rabbi, tu es vraiment le fils de Dieu, tu es le roi d'Israël** » (Jean I, 49). Nathanaël serait donc un tannaïm, c'est-à-dire un maître en matière de Torah qui passe le plus clair de son temps sous le figuier dans la vigne : les alignements de ceps de vigne dans un champ représentant métaphoriquement les sillons de l'Écriture et le figuier au beau milieu, la maison d'études. De plus, le nom Nathanaël – *NaTaNaEL* – étant l'anagramme du mot « figuier », *TéENaH* en hébreu, il n'est plus interdit d'émettre l'hypothèse que l'évangile de Jean a pu être conçu en hébreu avant d'être restitué en grec puisque la coïncidence anagrammatique n'est visible qu'en hébreu.

Sur les traces de... Paul Ricœur.

– Paul Ricœur, qui a préfacé mon livre *Le Rendez-Vous d'amour* (aux Éditions du Cerf), a raison de décréter : « **Nous n'avons aucun autre accès au passé que des traces.** » C'est à la recherche de ces traces qui sont empreintes dans l'écrit que l'exégète doit se mettre en quête. L'exégèse étant une science par traces, l'erreur vient, selon Platon, de l'effacement des traces. Toute recherche est une chasse. Paul Ricœur écrit dans la préface de mon livre : **« un animal est passé par là ; il a disparu ; mais il a laissé sa trace ; il appartient à l'habileté du chasseur de la suivre et, de là, remonter jusqu'à son origine. Toute l'habileté du chasseur est d'accorder son savoir sur les animaux à la lecture de l'empreinte laissée ; le chasseur heureux est celui dont la chasse est couronnée par la prise. »**

L'exégèse réclame donc la même attention que l'art de la chasse, la cynégétique, à la condition que l'inscription, autrement dit que l'empreinte, au cas où il s'agit d'une traduction, soit aussi fidèle au texte original hébreu que la trace que l'animal laisse derrière lui. Mais, dans le cas où l'on a affaire au texte original hébreu, c'est comme si l'on traquait l'animal lui-même.

Et me vient tout à coup à l'esprit que, si le mot « arbre » auquel l'Éternel-Dieu fait référence est traduit par Ève par la locution « fruit de l'arbre », cela invite à supposer que l'arbre de la connaissance du bien et du mal pourrait représenter symboliquement le texte original hébreu de la Torah, alors que le fruit de l'arbre auquel Ève se réfère symbolise, lui, la traduction du texte original hébreu. Toute traduction est le fruit d'un texte initial. Hélas, les fruits des arbres, les multiples traductions dans toutes les langues de la terre aboutissent souvent à de piètres résultats dont la cause est résumée par l'aphorisme italien : **« Traduttore, traditore » (traducteur, traître)**. Ainsi, en ce qui concerne la Torah, il n'y aurait pas, aux yeux des Sages d'Israël, de plus grande catastrophe après celle du « veau d'or », que la première traduction à Alexandrie, au IIIe siècle avant l'ère chrétienne, de la Bible hébraïque en grec dénommée la Septante en référence aux soixante-dix ou soixante-douze rabbins qui y ont travaillé.

Alors, puisque tout nous invite à ne pas nous fier aux fruits, aux traductions donc, abritons-nous comme Adam et Ève derrière les feuilles de figuier dont ils se parent. Ces feuilles pourraient être symboliques des enrichissants commentaires directement tirés de l'arbre et consignés dans les deux Talmuds par les rabbins de tous les temps. C'est, pour ma part, ce que j'ai trouvé de mieux à faire pour masquer ma nudité, c'est-à-dire un certain manque de savoir : me « voiler » dans les « dévoilements » de l'arbre.

Une autre interprétation de nos origines.

– Et j'en arrive à un nouveau face-à-face avec le texte hébreu du jardin d'Éden, à une nouvelle introspection, laquelle nécessite pour le coup de faire fi de tout ce que l'on a établi jusqu'alors. Il s'agit d'une entreprise comparable à la gestuelle kaléidoscopique. On bouge l'appareil et l'on a une tout autre vision qui n'a plus rien à voir avec la précédente. Voilà pourquoi je vous demande à cette heure de vous dégager, de vous désenclaver du clivage homme-femme convenu jusqu'ici et dans lequel on a séquestré Adam et Ève, car il est tout à fait plausible d'envisager qu'Adam et Ève ne sont que les deux parties d'un seul et même être humain. J'émets cette hypothèse avec une certaine assurance, parce que je m'appuie sur le début du chapitre V de la Genèse qui signale, de peur que nous ne passions à côté du problème : « Le jour où Dieu créa ADaM, il le fit à la ressemblance de Dieu. Il les créa mâle et femelle, les bénit et les appela l'homme-ADaM, le jour de leur création. » Le mot *ADaM* désignerait donc aussi bien l'homme que la femme, l'être humain donc. Nous savons aujourd'hui que la paire de chromosomes sexuels composée du gros chromosome X et d'un autre plus petit et courtaud, le chromosome Y détermine la masculinité, alors que la féminité est établie par la possession de deux chromosomes X : **« Dieu les créa mâle** (XY) **et femelle** (XX). »

Le nom d'Ève n'apparaît d'ailleurs pas dans le texte original hébreu. Il sera question à la sortie du jardin de RaVaH – la vivante – **« parce qu'elle fut la mère de tous les vivants »**, et tout de suite après, Dieu dit : **« Voilà l'homme devenu comme l'un de nous... »**, et plus loin : **« il chassa l'homme... »** Mais où serait donc alors passée Ève?

Revenons, si vous le voulez bien et me suivez toujours, au début de la création de l'homme dans le jardin d'Éden et, surtout, remontons aux traces premières et hébraïques du texte : « **L'Éternel-Dieu forma l'homme** (ADaM) – **poussière de la terre** (HADaMaH) – **insuffla dans sa face un esprit de vie, et l'homme** (ADaM) **devint une âme vivante** », en hébreu *NéFéCH RaIaH*.

Il semble donc bien qu'avec Adam soit créée en premier l'âme de l'être humain dont nous sommes tous porteurs sans distinction de sexe. Malencontreusement, la Bible de Jérusalem qui est tout de même ma Bible, traduit : « **Dieu modela l'homme avec la glaise du sol, il insuffla dans ses narines une haleine de vie et l'homme devint un être vivant.** » On pourrait n'avoir rien à dire si ce n'est que dans la simplification de la traduction on a perdu le mot âme. Le mot *NéFéCH* est certes parfois apparenté au mot « vie », mais ici, en l'occurrence et c'est inévitable, c'est le mot *RaIaH* qui désigne la « vie ». On ne peut donc entendre par *NéFéCH RaIaH* qu'âme vivante. On voit bien ici que la Torah une fois traduite dans n'importe qu'elle langue n'offre plus que le sens premier, le sens obvie. Il s'agit presque d'une sorte de revanche à l'infidélité à l'hébreu, la langue des anges. Et que va-t-il se passer? Tout simplement que l'on va alors perdre de vue les diverses phases de la création de l'être humain composé d'une âme, d'un corps où s'agitent les sens et pour finir de la peau qui enveloppe le tout. Pourtant, si l'on se penche avec attention sur le texte original ou originel hébreu, nous découvrirons tout le processus créatif de l'être humain qui est bel et bien décrit dans le texte du jardin d'Éden. Mais cela demeure voilé à qui ne veut pas voir.

Retenons donc qu'Adam a été créé par l'Éternel-Dieu âme vivante, et qu'à la suite il ne sera pas trouvé d'aide apte à cheminer à ses côtés. Le Créateur va alors faire peser une torpeur sur l'homme qui s'endort aussitôt, ce qui pourrait bien être considéré comme étant la toute première anesthésie générale. À la suite de quoi, de son côté ou de son ombre selon le sens hébreu, va être tiré d'Adam ce que tout un chacun depuis des millénaires a dénommé Ève, mais qu'en réalité Adam va, dès qu'il est réveillé de sa torpeur, désigner par ces mots : « **Cette fois-ci, voilà l'os de mes os et la chair de ma chair.** » Adam ne fait alors plus qu'un avec ce que nous avons dénommé Ève :

l'âme rejoint son corps. Il me paraît juste d'envisager ici l'idée qu'Adam-l'âme est ici mis en présence de son corps-Ève dont il se trouvait démuni jusqu'ici. Il sera spécifié que l'un et l'autre s'unissent et deviennent une seule chair. Voilà donc l'âme ayant investi, intégré son corps. Intervient à la suite le serpent, en hébreu *NaHaCH* (prononcer NaRaCH), mot qui désigne aussi un devin, celui qui pressent, qui devine. Et si l'on décompose le mot *NaHaCH*, on obtient *NaH* le guide, *HouCH* des sens : celui qui guide, qui régit les sens, tout aussi bien les cinq sens, me semble-t-il, que les sens si divers que nous offre le texte, je m'empresse de le dire. Le serpent est celui qui, posant la première question à l'humanité fait en même temps la première objection : **« Bien que Dieu ait dit : vous ne mangerez pas de tous les arbres du jardin... »** Il pose le premier point d'interrogation, ce point d'interrogation qui, une fois dessiné, représente bel et bien un serpent qui s'élève et nous offre en même temps l'image d'une oreille humaine.

Voilà donc que petit à petit s'est constitué l'être humain : Adam est l'âme qui habite, qui a choisi pour habitacle le corps fait d'os et de chair et dans lequel serpentent tous nos sens, lesquels tentent de nous tracer les sentiers de la raison, y parvenant parfois mais échouant plus souvent qu'à leur tour. Il faut faire avec les moyens du bord : **« Mes sens par la raison ne sont plus gouvernés »**, s'écrie le Misanthrope de Molière trompé par Célimène, son aimée.

Et enfin, après l'absorption par Adam et sa femme, autant dire par l'âme et le corps du fruit défendu, la faute est consommée, faute que le christianisme désignera à juste titre comme étant la *felix culpa*, la « faute bienheureuse » inévitable selon ses dogmes. On est invité à prendre conscience que le bien ne nous apparaît qu'à la lumière, oui, à la lumière du mal. Enfin, avant de quitter le jardin d'Éden l'homme et sa femme seront revêtus de « tuniques de peau » et il faut être véritablement inepte pour imaginer qu'il puisse s'agir de peaux de bêtes comme cela a été colporté. C'est bien mal remercier le Créateur que d'en faire un simple peaussier de manteaux de fourrure, Lui qui a donné à l'homme, au travers de tous les dons dont Il l'a pourvu, la machine la plus fabuleuse et la plus inouïe qui se puisse imaginer. L'être humain est capable de penser, de parler, de voir, d'entendre, de toucher, de goûter, de sentir toutes choses qui, si on les exploite, feront que « **à celui qui a l'on donnera et il aura du surplus, mais à celui qui n'a pas on enlèvera même ce qu'il a** ». C'est justice!

L'ADN : témoignage de justice.

– En outre, dans le mot *ADaM* lui-même se trouve le mot *DaM* qui désigne en hébreu le sang. Mais soulignons que le verbe hébreu *DaMoH* signifie « ressembler » et que nous avons tous été créés à la ressemblance de Dieu, dans la ressemblance – *Bi* (dans) – *DéMOUTH* (la ressemblance). Or, le livre du Lévitique nous révèle au chapitre XVII, verset 11 que : « **L'âme-NéFéCH de toute chair est dans son sang-DaM.** » « **Car l'âme-NéFéCH de toute chair, c'est son sang qui est dans son corps** » (XVII, 14). De là vient l'interdiction pour les juifs d'absorber le sang d'aucune créature. Tout porte donc à croire que c'est par l'âme que notre ressemblance avec Dieu est la plus significative et que Dieu a donc créé en tout premier lieu Adam-le sang qui détient l'âme, qu'Il l'a assigné à résidence dans le corps humain fait de chair et d'os que l'on a assimilé à Ève, et le tout est soumis aux sens dont le serpent est la métaphore.

Jésus nous met en garde dans l'évangile de Jean (VI, 63) : « **C'est l'esprit qui vivifie, – la chair ne sert de rien.** » Et Il dit dans l'évangile de Matthieu (XXVI, 41) : « **Veillez et priez pour ne pas entrer en tentation : l'esprit est ardent, mais la chair est faible.** »

L'âme et le sang, sont l'un comme l'autre la partie invisible de l'être humain. La chair seule est visible et témoigne de leurs existences à tous deux. Elle s'appuie et s'accroche sur les os, sur cette ossature qui maintient le tout debout. Ne serait-ce pas cela l'arbre de vie que Dieu situe au milieu du jardin?

De plus, il est dit : **« Et il planta l'Éternel-Dieu un jardin en Éden, à l'Orient, et il plaça là Adam qu'il avait formé »** (Genèse II, 8).

Fort du fait avéré qu'Adam pourrait être le représentant du sang humain, le mot *DaM*, je le répète, signifiant « sang », on peut donc entendre que le sang a été placé dans le jardin d'Éden.

« Jardin d'Éden » se dit en hébreu *GaN EDeN*. Éden s'écrit en hébreu avec trois lettres qui sont ayin, daleth et noun, lesquelles traduites avec des lettres de l'alphabet français donnent : ADN ce qui ne peut pas laisser indifférent en matière de sang dont il est ici question. Ces trois lettres ADN sont les initiales qui désignent l'Acide DésoxyriboNucléique. Il s'agit d'un acide organique constituant des noyaux cellulaires dont dépendent les caractères géniques des chromosomes. On pourra bien me dire que la terminologie anglo-saxonne qui semble prendre le pas sur tout désigne l'Acide DésoxyriboNucléique par l'abréviation DNA.

Je répondrai sans broncher que certains idiomes sont à mes yeux allergiques aux révélations et peu me chaut que le mot *God*, « Dieu » en anglais puisse, à l'envers, donner le mot « chien », *dog*. On appréciera!

Le mot « jardin » quant à lui se dit *GaN* en hébreu. Et le mot « gène », qui est issu du grec *genos*, désigne l'origine, le commencement, la genèse des choses, ce dont il s'agit ici.

Ainsi l'expression « jardin d'Éden », pourrait se lire, du fait qu'Éden fait allusion à l'ADN : *GaN EdeN*, « gènes de l'ADN ». Et alors, la phrase : **« Dieu planta un jardin en Éden, et il plaça là Adam qu'il avait formé »** pourrait, devrait se lire : **« Dieu planta les gènes dans l'ADN et y plaça ADaM-le sang qu'il avait formé. »** Étant profane en la matière, je me suis tout de suite interrogé : est-ce que c'est le sang qui compose les gènes de l'ADN ou bien est-ce que ce sont les gènes de l'ADN qui composent le sang? Renseignements pris auprès des spécialistes, il s'est avéré que la Torah ne s'est pas trompée et que c'est bel et bien le sang qui est placé dans les gènes de l'ADN répartis dans les chromosomes qui déterminent les caractères héréditaires. Ce ne sont en aucun cas les gènes de l'ADN qui sont placés dans le sang.

Et l'étymologie du mot hébreu *EDeN* confirme ma soutenance depuis que la justice se sert de l'ADN pour prouver la culpabilité des individus accusés de crimes ou autres méfaits. En effet, le mot hébreu *EDeN* décomposé s'écrit nous l'avons vu avec trois lettres ayin-daleth-noun. Or, les deux premières lettres ayin-daleth forment le mot *ED* qui signifie « témoin-témoignage ». Quant à daleth-noun, la deuxième lettre associée à la troisième, elles désignent *DiN*, la « justice ». Le mot *EDeN* décomposé signifie donc « témoignage de justice », ce qui n'a jamais été plus vrai : *EDeN* = ADN = « témoignage de justice ». Encore fallait-il, pour que ce sens apparaisse, parvenir à l'aube du troisième millénaire.

L'Éternel-Dieu, cela n'étonnera guère, a bien opéré : « Il a planté les gènes dans l'ADN et y a placé le sang qu'il avait formé. » Qu'Il en soit ici sincèrement remercié, ainsi que du fait de nous avoir permis d'accéder à nouveau dans ce jardin d'Éden dont Il nous avait pourtant interdit l'accès. Mais grâce aux dons humains dont Il nous a tous pourvus, nous avons pu prendre connaissance de certaines révélations encloses dans le verger du commencement. Je finis par croire qu'Il nous en avait chassé « pour rire », et que la porte était laissée entrebâillée pour tous ceux qui ont le désir sincère de remonter à la source, aux origines des mots. Cela réclame une immersion dans cette logique secrète spécifique à la langue hébraïque, ce qui consiste à se plonger dans le texte hébreu. C'est peut-être cela le baptême de Jean le Baptiste auquel même Jésus, le Verbe qui s'est fait chair, se soumet. Séminaristes, à vos plongeoirs! Ainsi, comme l'a dit Michel Foucault : **« L'homme loge sa pensée dans les plis d'un langage tellement plus vieux que lui qu'il n'en peut maîtriser les significations ranimées pourtant par l'insistance de sa parole. »**

Une erreur de saint Thomas d'Aquin.

– Me référant donc à l'hébreu, ce langage tellement plus vieux que nous tous, j'affirme aujourd'hui que Dieu a créé en Adam, le sang, l'âme, en tout premier lieu, et que c'est à partir du sang, de l'âme donc, que la chair a été tirée. L'un et l'autre sont par conséquent inamovibles, inséparables sur terre, non séparables pour employer un terme de mécanique quantique. Cela me met bien sûr en porte à faux avec d'illustres penseurs auxquels je n'oserai certes pas me mesurer dont Aristote pour commencer pour qui la vie biologique ne requérait aucun principe spirituel. Bien plus tard, il sera suivi sur ce terrain par Descartes qui, avec certitude, a séparé le corps et l'esprit et affirmé que substances matérielles et substances spirituelles n'ont rien en commun. Nul n'est parfait! Pas même le Docteur angélique qui, tout saint Thomas d'Aquin qu'il était, reprendra entre-temps la pensée d'Aristote et soutiendra que l'âme humaine n'est pas présente à la conception, mais à quarante jours pour les garçons et à quatre-vingts pour les filles, ce qui va totalement à l'encontre de ce qu'indique la Torah. Il écrit : **« Nous croyons que les âmes des hommes n'existent pas au point de départ parmi les autres natures intellectuelles, ni qu'elles sont créées en même temps comme Origène l'a posé »** (*De potentia*, q. 3, a. 9, c.). Faut-il souligner ici qu'Origène comme par hasard se référait, lui, à la Torah? Mais comment ne pas rappeler alors le fameux texte extrait d'un des plus vieux *midrachim*, le *Midrach Tanḇouma, section Pikkude III*, qui faisait référence à l'ange de l'oubli et par lequel ce livre a débuté? Il confirme ma thèse et contredit celle du Docteur angélique à qui il oppose un cinglant démenti, dès l'énoncé de sa première phrase : **« Toutes les âmes furent créées les six premiers jours de la création. »**

Selon la Tradition qui m'enchante, l'ange de l'oubli donne sa chiquenaude au-dessus de la lèvre supérieure de l'enfant en disant : « Chut! » Pour preuve, la légère incurvation que nous portons tous.

Qui me cherche me trouve !

– En conclusion, me vient à l'esprit qu'au cours des différentes phases de ma vie me sont apparues, à propos du jardin d'Éden, des visions et des versions différentes des choses. Chaque fois, j'ai cru, avec une prétention affichée, atteindre un conceptualisme analogue à mes yeux à de la conscience pure, et rien ne dit que je ne tombe pas dans ce travers en ce moment même. Nous avons tendance, lorsqu'il nous est donné d'avoir conscience de quelque chose, de nous surestimer et de croire que nous avoisinons notre Créateur dont nous oublions toujours la recommandation, qui, dans notre temps, prévaut plus que jamais : « **Tous les arbres du jardin, tu peux t'en nourrir, mais l'arbre de la connaissance du bien et du mal, tu n'en mangeras point.** »

Certes, toute conscience est conscience de quelque chose, mais je sais aujourd'hui que la seule conscience dont nous sommes en droit d'avoir réellement conscience sur cette terre, c'est d'avoir conscience que nous ne savons rien. Il y a dans la conscience des degrés comparables aux échelons de l'échelle de Jacob sur lesquels les anges vont et viennent. C'est par ces degrés de conscience que nous sommes conviés, invités, priés, de tenter de rejoindre le sommet de l'échelle où se trouve ce que d'aucuns appellent Dieu, Adonaï, Jésus, Allah, d'autres le Grand Architecte, d'autres la conscience tout court, d'autres le génie humain. Cependant, si l'on veut, quoi qu'il arrive, s'approcher le plus possible du Créateur qui nous tend ses bras – que les bras de l'échelle sur laquelle s'accrochent les échelons pourraient symboliser –, il convient de se laisser orienter par ceux qui nous impressionnent dans le vrai sens du terme, ceux dont les traces, les empreintes s'impriment dans notre cortex. Ils sont la rampe sur laquelle on s'appuie. Et j'ai pris conscience qu'un mot prononcé par l'un, une phrase écrite par un autre vont clignoter comme des vers luisants sur le chemin de la connaissance pour me frayer un passage dans les broussailles de mes pensées. Je m'engage alors dans ces sentes avec le désir profond d'aplanir le chemin du Seigneur et de rendre droits ses sentiers sans trop chercher à comprendre exceptionnellement. C'est une question de confiance, de foi. Si l'on nous guide, c'est sans doute que l'on nous veut du bien.

À nous d'interpréter, sur les pistes, les traces qui sont les signes laissés par l'Esprit Saint. Quant au doute qui sans cesse nous taraude, il est bénéfique et de bon augure si la foi en l'Esprit Saint prévaut.

Mgr Lustiger dit que « **la foi, c'est quand le chercheur sent qu'il est cherché** ». Jésus nous exhorte : « **Cherchez et vous trouverez !** » Pascal ajoute faisant référence à Dieu : « **Vous ne le chercheriez pas s'il ne vous avait pas déjà trouvé.** »

Que l'on me permette alors de m'écrier : « **Qui me cherche, me trouve !** » Amen.

Mon avocat, c'est mon ange.

– *Bravo, cher Henri ! J'ai réécouté votre conférence avec un plaisir non dissimulé. Croyez bien que ce n'est pas de la flagornerie de ma part, mais je suis aux anges, c'est le cas de le dire, lorsque je constate que l'on démystifie les idées reçues et fausses qui ont fait leur chemin depuis un si long temps dans la tête des hommes.*

Cela dit, ne vous faites aucune illusion, ce n'est pas encore vous qui anéantirez ces trop fameuses idées reçues qui sont fausses. Ne serait-ce que pour prendre l'exemple de la pomme et du pommier du jardin d'Éden, point n'est besoin d'avoir des capacités de voyance (dont je suis pourvu de toutes les façons), en prophétisant que l'humanité entière continuera de s'acheminer vers son destin avec, dans « les vastes palais de sa mémoire » chers à saint Augustin, des champs de pommiers indéracinables attenant à ces palais tels des engrammes inamovibles. C'est ainsi pour l'éternité. Un faux pli a peu de chance de s'estomper.

Quant au fameux texte concernant l'ange de l'oubli, je ne me lasse pas de le réentendre. Cela doit provenir d'une déformation professionnelle.

En outre, du haut de ma corniche, j'ai été heureux de constater l'hilarité que vous avez suscitée, au point même que je voyais, à l'expression de votre visage, combien cela vous désarçonnait en quelque sorte. Je puis vous dire d'après la force des applaudissements que, pour les trois quarts du public, il s'agissait d'admiration approbative. Mais pour le quart restant, il y avait un conglomérat de sentiments, tous intéressants à analyser d'ailleurs. Les uns n'adhéraient pas à vos thèses tout simplement parce qu'ils n'arrivaient pas à détacher de leur esprit votre ancienne image et que, celle-ci brouillant leur entendement, ils ne pouvaient sauter l'obstacle. On les groupera sous l'intitulé : « conventionnels à tout crin ».

Ensuite, viennent les incrédules, surtout en ce qui concerne votre thèse à propos de l'ADN. Parodiant Jean Cocteau qui disait : « Comme ces événements nous dépassent, feignons d'en être les organisateurs », *je dirais « comme ces thèses nous dépassent, feignons d'en être les désorganisateurs ». Souvent quand les uns et les autres n'ont pas la possibilité de répliquer à la suite d'une proposition, ils y répondent par la moquerie, ou bien par le mépris, ou encore par la violence. Ignorez-les ! Les chiens aboient, la caravane passe. Ce sont ceux que je classe sous la dénomination « esprits forts ». Ce sont souvent les pires.*

Puis, vous avez ceux qui, furieux contre eux-mêmes de ne pas avoir su dégager des Textes tout ce que vous avez, vous, réussi à exhumer avec un certain talent, se font alors la gueule à eux-mêmes, si je puis dire, et la font du même coup à toute la salle. Ce sont « les mal baisés », mais je ne l'entends pas comme vous l'entendez, vous humains : je pense qu'ils n'ont pas obtenu du Seigneur tout ce qu'ils en attendaient et sont jaloux que cela ait pu être distribué à d'autres.

Mon petit Henri, vous n'avez pas fini de rire, croyez-moi ! Bon courage !

Toujours est-il que tous ces esprits critiques qui s'en tiennent à l'interprétation des Textes sacrés que leur esprit a congelés feraient bien de méditer les paroles du philosophe Jean-Bernard Noël qui parle d'or quand il considère que le sens ouvre la porte qui conduit vers l'infini :

Il faut en finir avec l'idée que le sens serait explicatif. L'explication n'est bonne qu'à domestiquer ce qui nous entoure. Le sens ne saurait être le complice de cette appropriation généralisée qui transforme la réalité en nomenclature. Il est au contraire ce qui nous interdit de nous rendre maître des choses, car il n'a pas de fin.
Le sens est une relation qui produit du sens : il est vivacité et non pas fixation; il transforme et matérialise. À quoi mène cette transformation? Elle est infinie, c'est-à-dire interminable. »
[Jean-Bernard Noël, *Magritte*, Flammarion, 1976, p. 40.]

– Pour ma part, cher ange, faisant fi de toute fausse modestie, je considère que j'ai, lors de cette conférence à la Sorbonne, mis l'accent sur des sens inattendus, mais je demeure lucide et bien persuadé, terriblement convaincu même, que les sens que j'ai eu l'heur de mettre en exergue ne sont rien que des poussières de sens par rapport à tous les sens qui, depuis la nuit des temps, demeurent cachés, ensevelis, en sommeil, en attente dans le corps et l'âme de ce fameux texte original hébreu du jardin d'Éden. Les générations à venir dévoileront, j'en suis sûr, des pans entiers du Texte qui obstruent pour l'heure la route de notre entendement du moment.

– Peut-on l'espérer? Rien n'est moins sûr. Cependant, si c'est le cas, c'est à la stricte condition que l'on ne perde pas de vue le Texte original et originel de la Bible, c'est-à-dire le Texte du Premier Testament en hébreu, la langue des anges comme vous l'avez si bien stipulé. Sans quoi il ne sera jamais question que d'extrapolations et par conséquent de mauvaise transmission. Mais il y a pire…

5

L'archange Ouriel accuse l'Église catholique de France qui fait fi des déclarations de Jean-Paul II

*

La Torah, c'est le figuier des Écritures.

La fleur du figuier.

Message du cardinal Roger Etchegaray.

Nathanaël de Cana en Galilée.

Jésus se fait échelle pour l'humanité entière.

Congélation de l'Église catholique.

Les prêtres si peu curieux de leur Maître.

Périssent les Textes sacrés plutôt que la puissance de l'Église.

Les aumôneries ineptes.

« On ne les nomme que parce qu'il n'y a aucun risque. »

« Je suis la lumière du monde. »

L'étude est une prière.

Les laïcs sont l'Église.

La lumière corpusculaire et ondulatoire.

Analogie entre Nathanaël et l'ânesse de Balaam.

« Voici venir ton roi, monté sur le petit d'une ânesse. »

« L'homme n'est ni ange ni bête » selon Pascal.

La Torah, c'est le figuier des Écritures.

– *Henri, vous avez mis en exergue au cours de votre conférence le fait que* le figuier *représentait* la Torah – l'arbre de la connaissance du bien et du mal. *Puis-je vous rappeler la parabole du figuier desséché :*

> **Comme Jésus rentrait en ville de bon matin, il eut faim. Apercevant un figuier près du chemin, il s'en approcha, mais n'y trouva que des feuilles. Il dit alors : « Jamais plus tu ne porteras de fruit ! » Et à l'instant même le figuier devint sec. À cette vue les disciples dirent tout étonnés : « Comment en un instant, le figuier est-il devenu sec ? »** [Matthieu XXI, 18-20.]

Si je m'en réfère à votre interprétation, j'en conclus que, si la Torah ne donne plus de fruit et seulement des feuilles, c'est-à-dire selon ce que vous en avez dit des commentaires talmudiques ou autres déjà révélés, la Torah n'a plus de raison d'être et ne mérite plus d'épuiser le sol comme il est dit dans l'évangile de Luc où on lui laisse pourtant un sursis : **« Maître, laisse cette année encore, le temps que je creuse tout autour et que j'y mette du fumier. Peut-être donnera-t-il des fruits à l'avenir. Sinon, tu le couperas »** *(Luc XIII, 8-9).*

Le mot hébreu qui désigne le fumier, l'engrais, est DoMeN, *dans lequel se trouve la racine* DaM, « sang ». *À se demander si ce n'est pas une invite à « suer sang et eau » pour tirer de la Torah le meilleur d'elle-même.*

– Dans Luc que vous venez de citer, il est spécifié : « **Un homme avait un figuier planté dans une vigne.** » Cette vigne peut représenter métaphoriquement, je l'ai dit lors de ma conférence, avec ses alignements de ceps, l'Écriture, certes, mais aussi la religion qui se réfère à l'Écriture. Noé, dès qu'il sort de l'arche avec ses trois fils, plante une vigne avant de se livrer à d'autres labeurs. Il crée, en plantant cette vigne, la religion, ou du moins le terrain sur lequel elle s'imposera. Et il faudra attendre la venue de Notre-Seigneur pour que, grâce au pain et au vin, par l'institution de l'eucharistie, le Mystère s'accomplisse du fait que le Seigneur « **prenant une coupe, rendit grâces et la leur donna en disant : "Buvez-en tous; car ceci est mon sang, le sang de l'alliance, qui va être répandu pour une multitude en rémission des péchés"** » (Matthieu XXVI, 27-28).

– Et comment interprétez-vous le fait que Noé se soit enivré après avoir planté sa vigne?

– Certains s'enivrent avec du vin, mais il arrive à d'autres dont je fais partie d'être soûls de bonheur et de joie lorsqu'ils étudient les Textes sacrés. L'Esprit Saint grise! C'est à mon humble avis ce qui est advenu à Noé. Après avoir navigué sur l'eau qui avait tout submergé lors du Déluge et s'en être abondamment abreuvé, prenant alors conscience qu'il gagnait au change avec le vin de sa vigne, il a rattrapé le temps perdu en forçant un peu la dose. Le Christ, lors de la Cène, ne nous invite-t-Il pas à faire comme Noé? Ne souhaite-t-Il pas que, durant l'eucharistie, nous nous mettions à nu devant Lui, comme Noé le fit devant son fils Cham – « le chaud »?

Quant au figuier, il est à mon sens la Torah et en même temps la maison d'études où l'on approfondit tout précisément la Torah, la synagogue donc – l'église pour les catholiques, le temple pour les protestants, la mosquée pour les musulmans.

– Et si Jésus en vient, comme vous l'avez vu dans les évangiles, à dessécher d'un geste le figuier stérile, c'est qu'un jour peut-être...

– Il anéantira également d'un simple geste toute synagogue, toute église, tout temple, toute mosquée qui ne donne plus de fruit, mais ne fournit plus que des feuilles, c'est-à-dire la répétition de ce qui a déjà été dit.

La fleur du figuier.

– Et à propos, cher Henri, vous qui avez su imprimer à ces pages votre compréhension des métaphores concernant l'arbre et son fruit, n'oubliez tout de même pas que la fleur est directement issue de l'arbre, et ce, bien avant son fruit, lequel en résulte.

Tout cela pour vous dire que vous avez omis de parler de la fleur.

– Je ne vous en ai pas parlé jusqu'ici, tout bonnement parce que je voulais garder pour la bonne bouche ce fait mystérieux que le figuier, qui symbolise à mes yeux la Torah, offre, lui seul, parmi tous les arbres de la Création, cette spécificité de donner une fleur qui est fruit ou un fruit qui est fleur. Le figuier développe ses fleurs à l'intérieur de son propre fruit, la figue donc, et ce n'est pas un de ses moindres mystères. C'est un peu comme si le figuier voulait toujours nous réserver au fond de lui-même une zone d'ombre pour nous inciter à l'éclairer.

Effectivement, je ne vous ai pas parlé de la fleur du figuier tout simplement parce que je n'ai pas la réponse à cette énigme.

– Comme vous en avez fait la démonstration lors de votre conférence à la Sorbonne sur « La faute d'Adam », Dieu ne parle jamais de fruit mais d'arbre au sujet de l'arbre de la connaissance du bien et du mal dont nous avons dit qu'il s'agissait d'un figuier. Cela prend d'autant plus de relief du fait que nous savons que le figuier ne comporte pas de fruit mais fait naître à la place une fleur.

Message du cardinal Roger Etchegaray.

– Mais vous, cher ange, n'avez-vous pas omis de me parler d'un autre phénomène aussi important ? Son Éminence le cardinal Roger Etchegaray va vous rappeler à l'ordre depuis Rome d'où il a personnellement répondu à mes vœux par cette magnifique lettre qui concerne un de vos confrères, un ange romain pourrait-on dire :

> **À Henri Tisot. Noël 2001-Nouvel An 2002.**
>
> **Une nuit, j'ai rêvé qu'une boutique nouvelle s'ouvrait à Noël dans mon quartier du Trastévère. J'y suis allé, un bel ange était au comptoir. Je lui demandais ce qu'il vendait : « Tout ce que désire votre cœur », me répondit-il. « Alors je voudrais la justice, la paix, le pardon pour tous les hommes et tous les peuples, comme le souhaite Jean-Paul II dans son message du Nouvel An. » « Arrêtez, me dit l'ange... Ici, nous ne vendons pas des fruits, mais des graines »...**
> **Soyons de bons semeurs et de bons jardiniers... sous le soleil de Dieu! Avec l'assurance de ma prière fidèle.**
>
> **Cardinal Roger Etchegaray.**

Me permettez-vous, après ces paroles si originales, de vous conseiller d'en prendre de la graine, cher ange?

Et pour revenir à notre figuier, sachez qu'il est doté d'un système racinaire extrêmement puissant, de sorte qu'il peut tout à fait pousser sur des sols rocailleux puisque ses racines peuvent plonger profondément dans la terre et se frayer un passage entre les fissures des rochers pour parvenir à trouver l'eau qui lui est nécessaire.

L'eau, nous l'expliquerons plus loin, est symbole de spiritualité. Et de la même façon que les racines du figuier savent plonger au plus profond de la terre pour se nourrir et s'imbiber en vue de produire plus tard, feuilles, fleurs et figues, grâce à la sève nourricière dont il inonde son ensemble, la Torah, elle, est capable de plonger au plus profond des êtres pour en tirer le substrat intellectuel dont elle se sustente tout en inondant de cette spiritualité celui qui la consulte. Et j'ose en conclure que même ceux qui sont le plus dépourvus de dons en matière spirituelle et sont donc comparables au sol rocailleux sur lequel parvient tout de même à pousser le figuier, même ceux-là réussiront à s'épanouir dès l'instant où ils étudieront les Textes sacrés de la Torah, du Premier Testament comme du Nouveau qui lui fait suite. Les Textes iront à lui dès l'instant où il fera le geste d'aller vers eux.

– D'ailleurs, de nombreux récits font état d'une ancienne tradition selon laquelle l'Ange de la mort se trouve dans l'impossibilité de prendre avec lui une personne qui est en train de toucher la Torah ou mieux, d'étudier ce qui est inscrit sur ses rouleaux. C'est ainsi que, chaque sabbat, le roi David s'adonnait à l'étude de la Torah pour tenter d'échapper à l'Ange de la mort.

Saint Bernard, quant à lui, a magistralement résumé les bienfaits de la fréquentation des Textes sacrés : **« Si tu gardes la Parole de Dieu, la Parole de Dieu te gardera ! »**

– Toujours est-il que le figuier est présent dans la Bible dès le chapitre II de la Genèse qui narre l'histoire d'Adam et d'Ève dans le jardin d'Éden. Adam comme Ève cachent leur nudité derrière ses feuilles après avoir ingurgité le fruit défendu, et il convient de signaler que le figuier demeure omniprésent dans la symbolique de diverses religions et de nombreuses cultures des quatre coins du monde.

Ainsi, c'est au pied d'un figuier qui croissait au beau milieu du Forum que la louve allaitait Remus et Romulus, les fondateurs de Rome. C'est un figuier, l'arbre sacré de Vishnu et de Shiva en Inde, qui est chargé de relier la terre au ciel. Enfin, c'est sous un figuier que Bouddha a connu l'illumination.

C'est dire l'importance capitale en matière exégétique du symbolisme du figuier sur toute la surface de la planète Terre.

Nathanaël de Cana en Galilée.

– Est-il possible alors de passer sous silence l'allusion faite au figuier par Jésus lors de sa rencontre avec Nathanaël, dès les prémices de l'évangile de Jean ? Nathanaël est, dans l'évangile johannique, le quatrième disciple enrôlé par le Seigneur. Il est conduit vers Jésus par Philippe et le Maître l'accueille par ces mots si laudatifs :

> **Jésus vit venir Nathanaël et dit de lui : « Voici un véritable Israélite, un homme sans artifice. » « D'où me connais-tu? » lui dit Nathanaël. – « Avant que Philippe t'appelât, reprit Jésus, quand tu étais sous LE FIGUIER, je t'ai vu. » Nathanaël lui répondit : « Rabbi, tu es le fils de Dieu, le roi d'Israël. » Jésus repartit : « Parce que je t'ai dit : Je t'ai vu sous LE FIGUIER, tu crois! Tu verras mieux encore. » Et il lui dit : « En vérité, en vérité, je vous le dis, vous verrez le ciel ouvert et les anges de Dieu monter et descendre au-dessus du Fils de l'homme. »** [Jean I, 47-51.]

– Il y aurait bien des choses à dire à propos de ce texte. Cela fera peut-être l'objet d'un nouvel ouvrage que nous traiterons ensemble.

– Peut-être, cher ange. Mais vous en avez trop dit ou pas assez, de telle sorte que nous ne pouvons pas quitter ainsi les lecteurs qui nous ont suivis jusqu'ici et sont donc devenus de véritables amis. Aussi, nous leur confierons encore ceci : nombre d'exégètes s'accordent à penser que ce Nathanaël dont il vient d'être question dans le passage sus-nommé de l'évangile de Jean serait en fait Barthélemy selon les listes des Douze que fournissent les trois autres évangiles regroupés sous la dénomination de Synoptiques, du grec *sunoptikos* qui signifie « que l'on peut embrasser d'un seul coup d'œil » du fait que les plans des trois premiers évangiles sont comparables. On trouve aussi le nom de Barthélemy dans la liste qui est consignée dans les Actes des apôtres. Nathanaël et Barthélemy serait donc un seul et même homme. Le nom Barthélemy, tiré de l'araméen Bar Tolmaï, signifie « fils de Tolmaï – fils du sillon ». On peut donc supposer qu'il marche droit puisqu'il suit le sillon, de là la remarque de Jésus : **« Voici un véritable Israélite, un homme sans tromperie. »**

Mais une question se pose, me semble-t-il : pourquoi Jean a-t-il débaptisé Barthélemy pour le dénommer Nathanaël? Nathanaël signifie : « don de Dieu » ou « Dieu donne » ou encore, et j'aime tout particulièrement ce sens, « qui s'adonne à Dieu ».

– Me permettrez-vous de vous soumettre ce qui a fait que Jean a dénommé Barthélemy, Nathanaël, cher Henri, outre le fait bien

sûr que le nom de Barthélemy est une réminiscence du prénom de votre grand-mère qui, elle, s'est débaptisée de son propre chef pour s'appeler Marguerite? Vous me permettrez ce petit clin d'œil.

– Mais oui, bien sûr, d'autant que je ne saurais rien dire de plus moi-même qui ajoute à l'exégèse du texte de Jean.

– *Moi, en revanche, je vais vous faire part d'une curieuse observation qui va faire la preuve par neuf que l'affirmation de Jean-Paul II concernant tout ce qui relie l'Ancien et le Nouveau Testament devrait véritablement être la clef de voûte de toute introspection dans les Textes sacrés.*

L'apôtre Jean a dénommé Barthélemy Nathanaël, car il voulait relier d'une manière anagrammatique le nom de Nathanaël avec le mot figuier. En effet, le mot « figuier » en hébreu se dit et s'écrit (rappelons que les lettres minuscules sont les voyelles qui se disent mais ne s'inscrivent pas dans le mot hébreu) : figuier = TéENaH. *Or, le nom de Nathanaël comporte les mêmes lettres :* NéTANé-EL *(El : Dieu).*

Mais alors, à partir de là, par déduction, une conclusion évidente s'impose : si l'apôtre Jean a volontairement fait correspondre le nom de Nathanaël, le quatrième disciple de Jésus dans l'évangile de Jean, avec le mot « figuier » – ce qui n'est possible qu'en hébreu – c'est que l'évangile de Jean, contrairement à toutes les idées reçues et admises qui prétendent que cet évangile a été écrit en grec, l'a été initialement en hébreu, la langue des anges, pour être par la suite traduit en grec.

Ce n'est pas, à mon humble avis, une évidence exégétique à prendre à la légère et je souhaite que plus d'un s'interroge dans l'avenir à ce propos. Il semble que toute chose retourne à sa source même si tout est entrepris pour l'en détourner. Cela met du baume au cœur! De même, je trouve si déterminant le fait que les choses se relient avec tant d'insistance.

Une autre déduction s'insinue obligatoirement dans l'esprit de celui qui, comme moi, est au fait de l'historicité rabbinique.

Le nom hébreu NéTANéEL, *nous induit, nous invite obligatoirement à faire, par son biais, un autre lien, un autre arrimage et non des moindres.*

Voilà que l'on trouve, dans ce nom, les mêmes lettres que le mot TANAH, *qui au pluriel* – TANAHIM – *désigne les maîtres de la loi orale durant une période d'activité qui s'étendit de – 20 avant notre ère jusqu'à environ 200 de l'ère chrétienne. Ce sont ces maîtres, les tannaïm, qui sont les premiers rédacteurs des six traités du Talmud.*

– Pour ma part, j'ai lu dans le *Dictionnaire encyclopédique du judaïsme* (Éditions du Cerf-Robert Laffont) que : « **Les tannaïm se présentaient à la fois comme des maîtres et des érudits. Ils exposaient la loi et l'enseignaient dans les académies et dans les synagogues. Ils exhortaient les gens du peuple à s'élever, du point de vue éthique, tout en les encourageant à suivre la Halakhah.** »

– Il faut savoir que la Halakhah, mot qu'il convient de prononcer « Halarah », désigne la jurisprudence rabbinique. Ce mot contient le verbe hébreu « marcher », halakh, *et pour aller au plus court, il désigne par conséquent « la bonne marche des choses rabbiniques ».*

Ce verbe « marcher », halakh, *est évoqué par le mot « roi », ce qui implique qu'un roi est roi pour faire marcher les affaires d'un royaume – et on le trouve aussi, vous l'avez vous-même découvert, dans le mot « ange », qui signifie « qui marche ». Vous voyez que tout ce qui concerne la Halakhah m'est en quelque sorte familier.*

– Et aussi, ce qui concerne les tannaïm, dont il est également stipulé qu'« **ils n'hésitaient pas à plaider la cause d'Israël devant les autorités civiles romaines. Allant jusqu'à Rome en cas de besoin, ils s'investirent tout autant dans le domaine social et politique que sur le plan spirituel.** »

– Leur dénomination de tannaïm est tirée du verbe hébreu tanah *qui signifie « répéter » dans le sens précis de répéter en vue d'enseigner. Les tannaïm se consacraient à l'approfondissement des mystères de la Torah. Il n'est donc guère étonnant que Jésus confie à Nathanaël qu'Il l'a vu sous le figuier, c'est-à-dire à l'ombre de la Torah qu'il méditait. Et comme cela n'était tout de même pas écrit sur sa figure, on peut comprendre la stupéfaction de Nathanaël à qui le Christ promet encore plus :* « **Vous verrez le ciel ouvert et les anges de Dieu monter et descendre au-dessus du Fils de l'homme.** »

Il est certes évident que, tel qu'il se présente, le discours de Jésus déjà si prometteur pourrait se suffire à lui-même. Néanmoins, il serait bien dommage, et dommageable pour l'exégèse, que l'on ne mette pas en relief ce à quoi les paroles du Seigneur font véritablement allusion.

– J'ai véritablement soif de l'apprendre.

– *Ce que dit le Seigneur ne vous rappelle rien?*

– Non, pardonnez-moi.

Jésus se fait échelle pour l'humanité entière.

– *Reportez-vous au chapitre XXVIII de la Genèse lorsque Jacob fait un rêve :* **« Il eut un rêve que voici : une échelle était dressée sur la terre, son sommet atteignait le ciel et des anges divins montaient et descendaient le long de cette échelle »** *(Genèse XXVIII, 12).*

J'en conclus que, lorsque Jésus affirme à Nathanaël : **« Tu verras mieux encore... Vous verrez le ciel ouvert et les anges de Dieu monter et descendre au-dessus du Fils de l'homme... »**, *l'on se doit d'épiloguer pour affirmer que Jésus s'est volontairement pour vous tous, les humains, fait* **« échelle »** *si l'on peut dire, afin de vous aider à vous hisser spirituellement pour vous présenter au Père et L'appréhender comme nous seuls, les anges de la Face, étions en mesure de le faire jusqu'ici. Quel faramineux cadeau! Quel privilège Jésus vous a octroyé, mon Dieu!*

Mais cette grâce ineffable qui vous est offerte ici, auriez-vous pu en être conscient si je n'avais mis le doigt sur ce rapport qui lie indéfectiblement l'Ancien Testament au Nouveau? Je ne le pense pas.

Ce fait donne donc entièrement raison à Jean-Paul II qui a su porter l'attention de l'Église sur cette règle exégétique. Je me délecte de la resservir à tous vos frères et sœurs pour qu'ils la gravent dans leur esprit, d'autant plus qu'ils ne peuvent compter sur les instances ecclésiales pour le faire puisqu'elles semblent être passées à côté du message : **« En réalité, on ne peut exprimer pleinement le mystère du Christ sans recourir à l'Ancien**

Testament. [...] Priver le Christ de son rapport à l'Ancien Testament, c'est donc le détacher de ses racines et vider son mystère de tout sens. »

« Ces anges divins qui montaient et descendaient le long de l'échelle de Jacob » *sont bel et bien les mêmes que ceux* **« qui montent et descendent au-dessus du Fils de l'homme ».** *J'en atteste devant Dieu car j'ai moi-même fait partie, aussi bien du temps de Jacob que du temps du Christ, de ces cohortes d'anges appelés à faire le va-et-vient entre la terre et le ciel.*

– À vos yeux donc, cher ange, Christ s'est fait « échelle » pour aider l'humanité à s'élever et rejoindre le Père. Et comme vous venez de le souligner, cela ne peut apparaître qu'aux yeux de ceux qui, entendant ce que le Seigneur dit dans le Nouveau Testament, mettent son discours en rapport avec ce qui a été dit dans l'Ancien Testament.

C'est ainsi que Paul Ricœur proclame qu'**« il n'y a pas de parole première »**, à l'exception bien sûr de celle du Créateur lorsqu'Il s'écrie : **« "Que la lumière soit !" Et la lumière fut. »**

Ainsi, à la lumière de ce qui vient d'être dit, la Parole de Jésus prend ici tout son relief : **« Car à celui qui a** [connaissance de l'Ancien Testament] **l'on donnera et il aura du surplus** [à savoir le sens réel et profond du Nouveau Testament], **mais à celui qui n'a pas on enlèvera même ce qu'il a** [l'aptitude à toute compréhension] » (Matthieu XIII, 12).

Faut-il en conclure, mon ange, qu'un savoir ne peut s'appuyer que sur un savoir antérieur ? Ainsi, l'erreur pourrait ne pas être intrinsèquement considérée comme une faute, mais sans doute serait-il plus juste de prendre en compte le fait qu'il n'y a que des vérités appelées à être absorbées par des vérités plus profondes qu'elles comme l'a exprimé Pascal : **« Le contraire d'une vérité profonde n'est pas une erreur, c'est une autre vérité profonde. »**

Toujours est-il que je ne suis pas mécontent, je l'avoue, qu'apparaisse ici ce fait inouï que Jésus s'est fait « échelle » pour l'humanité. Ne s'agit-il pas d'une invite faite à chacun de nous à s'élever au-delà de nous-mêmes, sans oublier bien sûr Henri, son serviteur à qui Il a crié un jour : **« Il ne faut pas quitter le chemin du Christ »** ?

C'est sur les degrés de cette échelle que nous sommes tous invités à nous mouvoir, à cheminer vers le ciel grâce à la divine présence de Celui qui s'est présenté comme étant « **le chemin, la vérité et la vie** » (Jean XIV, 5), et qui nous a assuré : « **Et moi, je suis avec vous pour toujours, jusqu'à la fin du monde** » (Matthieu XXVIII, 20).

– *Pour ma part, Henri, je pense que, si nous ne parvenons pas à convaincre ceux qui nous lisent, eh bien, c'est qu'ils n'ont pas à l'être, et je respecte infiniment leur choix. Henri, faites de même !*

Mais qu'ils sachent que nous, les anges, nous sommes sans cesse auprès d'eux pour leur fournir aide et secours. Ne sommes-nous pas, nous les anges, ainsi que vous l'a confié l'apôtre Paul voilà deux millénaires à présent « **des esprits chargés d'un ministère, envoyés en service pour ceux qui doivent hériter du salut** » *(Hébreux I, 14)?*

Nous sommes des serviteurs envoyés pour le salut des hommes, et chaque être humain ne fera jamais appel en vain à son ange dès l'instant où il appellera par son nom celui qui est chargé de l'aider, de le guider et de le conduire. Au moindre signe, nous accourons, dès l'instant où est manifesté avec sincérité le profond désir de se hisser sur les degrés de cette échelle que Jésus-Christ a mise à disposition en s'incarnant sur cette terre :

> **Après avoir, à maintes reprises et sous maintes formes, parlé jadis aux Pères par les prophètes, Dieu, en ces jours qui sont les derniers, nous a parlé par le Fils, qu'il a établi héritier de toutes choses, par qui aussi il a fait les siècles.**
> **Resplendissement de sa gloire, effigie de sa substance, ce Fils qui soutient l'univers par sa parole puissante, ayant accompli la purification des péchés, s'est assis à la droite de la Majesté dans les hauteurs, devenu d'autant supérieur aux anges que le nom qu'il a reçu en héritage est incomparable au leur.** [Hébreux I, 1-4.]

Que chacun se réfère donc à la toute fin de cet ouvrage à la liste qui comprend les noms de tous mes confrères qui ont en charge l'humanité tout entière. Chacun d'eux est imparti à un groupe d'humains bien défini. Ils attendent votre appel ! Que chacun de ceux qui nous ont fidèlement suivis jusqu'ici s'y reporte donc afin de mémoriser le nom de l'ange chargé de son salut.

Congélation de l'Église catholique.

– En tout cas je puis prophétiser à coup sûr, cher Henri, que si votre Église, l'Église catholique, apostolique et romaine s'en tient, comme elle le fait à présent, à une congélation de son message, elle n'est plus bonne qu'à se trouver non pas desséchée comme le figuier stérile, mais congelée en vue d'être consommée plus tard, ou pire fossilisée si elle refuse d'admettre ce que dit son Maître : « Les paroles que je vous ai dites sont esprit et elles sont vie » *(Jean VI, 63).*

Et si, selon Voltaire « l'immutabilité n'appartient point aux hommes », *la vie en revanche est à tout jamais immuablement vie. Nul ne peut l'emprisonner dans l'immobilisme glacé de la congélation, même s'il est commun aujourd'hui de congeler des fœtus qui sont vie.*

Si, comme l'a révélé le Christ, ses Paroles sont esprit et sont vie, personne au monde, et surtout pas l'Église catholique, ne peut prétendre en arrêter le cheminement dans la pensée des hommes.

Oh ! et puis zut, zut et rezut ! Ça suffit. Je vais enfin vous dévoiler le fond de ma pensée : oui, vous avez mis le doigt sur l'inéluctabilité du péché dès qu'il y a mauvaise transmission des choses, mais le pire de tout, c'est encore la non-transmission des choses. Et c'est bien ce que je reproche au Nom du Seigneur à l'Église d'aujourd'hui.

Les prêtres si peu curieux de leur Maître.

– Je vous ai dévoilé plus avant le symbolisme de « la multiplication des pains ». Y a-t-il, je vous le demande, dans l'Église chrétienne d'aujourd'hui, beaucoup de prêtres capables de faire de même, alors que cette approche est élémentaire ? Les serviteurs

de l'Église se posent-ils des questions sur le sens symbolique que détiennent ces cinq pains, ces deux poissons, ces douze couffins... pour ne citer que cela? Si peu parmi eux... il y en a certes, mais on peut les compter... qui ont assez de curiosité du Christ pour tenter de dévoiler les mystères que recèle le Texte évangélique. Pourtant, tant de choses dans les évangiles crient pour que l'on s'intéresse à elles, pour qu'en fin de parcours on les découvre et les transmette aux fidèles. Mais la triste vérité c'est que la majorité des fidèles n'a pas soif du Seigneur. Et je n'ai pas peur de dire, pas seulement les fidèles, mais aussi hélas! tous ceux qui devraient être les plus assoiffés et qui, à cause de cela, ont pour sacerdoce de communiquer leur désir d'être désaltérés, aux fidèles précisément. La Voix de Jésus me parvient sans cesse et me mobilise à chacun des battements de mes pauvres ailes :

> Jésus, debout, lança à pleine voix : « Si quelqu'un a soif, qu'il vienne à moi et qu'il boive, celui qui croit en moi! » selon le mot de l'Écriture : de son sein couleront des fleuves d'eau vive. Il parlait de l'Esprit que devaient recevoir ceux qui croient en lui; car il n'y avait pas encore d'Esprit, parce que Jésus n'avait pas encore été glorifié. » [Jean VII, 37-39.]

Eh bien, que ma déclaration fasse scandale s'il le faut, mais je n'ai qu'un seul but, faire chorus avec le Christ : à présent, l'Esprit est là sur terre parce que Jésus a été glorifié à la suite de sa crucifixion, mais ce n'est pas parce que les chrétiens psalmodient de dix à vingt fois durant les messes : « Et avec votre Esprit... et avec votre Esprit... et avec votre Esprit... » *que pour autant ils sont investis de l'Esprit Saint.*

L'Esprit Saint n'aime pas les demi-chrétiens. Qu'avez-vous à rire?

Périssent les Textes sacrés plutôt que la puissance de l'Église.

– Cher ange, pardonnez-moi, mais vous venez, sans l'avoir fait exprès je suppose, de citer une réplique de *Port-Royal*, la si belle pièce de Montherlant dans laquelle je jouais le rôle du premier aumônier du temps où j'étais pensionnaire de la Comédie-Française. Certaines répliques de cette pièce se sont gravées en moi, et notamment ce passage de la pièce où l'archevêque laisse éclater sa colère vis-à-vis des sœurs de Port-Royal, et ce que dit l'archevêque de Paris aux sœurs pourrait bien s'appliquer à nous-mêmes, cher ange. Il leur dit :

> **– L'ARCHEVÈQUE : L'Église, c'est vous et vous seuls ! N'est-ce pas là encore des paroles inouïes ! Voilà le plus grand orgueil de fille que j'aie jamais connu. Mais M. de Saint-Cyran n'a-t-il pas dit : « Il y a six cents ans qu'il n'y a plus d'Église » ? Cela est pour nous. De là cette rigueur qui enfle la présomption, nourrit le dédain, entretient un chagrin superbe et un esprit de fastueuse singularité, fait apparaître au monde la vertu trop pesante, l'Évangile excessif, le christianisme impossible. Le monde est déjà si près de trouver le christianisme trop austère, – et vous y ajoutez ! Que deviendrons-nous quand tous se détourneront d'une religion rendue impraticable ?**
> **– LA SŒUR FRANÇOISE : Vous voulez le nombre ; nous voulons la pureté. Nous n'aimons pas les demi-chrétiens.**
> **– L'ARCHEVÈQUE : Nous ne voulons pas le nombre. Nous voulons seulement continuer d'exister.**
> **– LA SŒUR FRANÇOISE : Les puissants veulent continuer d'exister, et au prix de n'importe quelles compromissions ; périssent les principes plutôt que leur puissance. C'est pourquoi ils sont contre nous, et c'est pourquoi nous sommes condamnés.**

– Et elles le furent effectivement et l'abbaye de Port-Royal fut même rasée pour qu'il ne reste plus trace de rien ni de personne, mais demeurent toutefois les traces de l'histoire. Toujours est-il qu'effectivement ce texte semble s'adresser à nous deux, mon pauvre Henri, qui blâmons les prêtres d'être plus enclins à défendre l'Église que les Textes : **« Périssent les Textes sacrés plutôt que la puissance de l'Église. »**

– Comme je suis ému, cher ange de partager avec vous ces émotions qui nous relient jusqu'à nous réunir afin que nous ne fassions plus qu'un, vous et moi. Pour nous deux, l'Église ne peut tenir et n'a de raison d'être que par les Textes. Mais l'Église, elle, est finalement si optimiste qu'elle pense être assez forte et courageuse pour subvenir dans l'avenir sans les Textes. Pense-t-elle qu'une maison sans fondation a des chances de s'implanter? L'Église souffre-t-elle de la maladie d'Alzheimer pour avoir oublié ces paroles du Christ :

> **Pourquoi m'appelez-vous « Seigneur, Seigneur », et ne faites-vous pas ce que je dis? Quiconque vient à moi, écoute mes paroles et les met en pratique, je vais vous montrer à qui il ressemble. Il ressemble à un homme qui, bâtissant une maison, a creusé, creusé profond et posé les fondations sur le roc. La crue survenant, le torrent s'est rué sur cette maison, mais il n'a pu l'ébranler, car elle était bien bâtie.** [Luc VI, 46-48.]

– *En vérité, l'Église ne peut perdurer que si elle s'appuie sur les Textes sacrés, tant du Premier que du Nouveau Testament. Ils constituent les fondations mêmes qui soutiennent le bâtiment de l'Église.*

Les aumôneries ineptes.

– Me revient en mémoire – c'est un souvenir cuisant à mes yeux – ce rendez-vous que j'eus avec les jeunes d'une aumônerie parisienne. Ils arrivèrent tous en retard, ce qui me mit la puce à l'oreille sur le peu de soif qu'ils avaient de converser avec moi à propos des évangiles qui nous mettent en relation directe avec le Seigneur. Je m'enquis : « Quelles sont vos occupations en aumônerie? » Il me fut répondu : « Nous faisons du théâtre – nous éditons un petit journal de l'aumônerie... » J'en vins à ce qui est essentiel à mes yeux : « Et quand étudiez-vous les évangiles? »

– *Je devine qu'il vous a été répondu qu'il n'y avait aucun temps de réflexion concernant les évangiles.*

– Exactement. Et j'osais alors demander : « Mais sur quoi établissez-vous votre croyance en Christ? » Ce à quoi, la gueule enfarinée, il me fut dit : « Nous avons la foi, cela suffit! » Je suis resté si penaud, si quinaud, que je n'ai rien su répondre. J'aurais pu, en me levant et en m'en allant, leur faire la réponse de la sœur Françoise : **« Nous n'aimons pas les demi-chrétiens. »** Mais, à mes yeux, il ne s'agissait pas de demi-chrétiens, mais de païens tout simplement.

Ça n'est que bien plus tard, après m'être interrogé, que j'ai trouvé ce que j'aurais dû dire : « Vous avez la foi en quelqu'un que vous ne connaissez même pas, dont vous avez vaguement entendu parler par des on-dit traditionnels et souvent faux la plupart du temps. Vous croyez donc à ce Christ « roudoudou » que l'on vient sucer à l'église?

Les Allemands aussi avaient foi en quelqu'un qu'ils ne connaissaient pas réellement et qui s'appelait Adolf Hitler. Voyez où ça les a conduits. Vous ne risquez certes pas la même chose avec le Christ « roudoudou », mais cela ne vous empêchera pas de vous perdre d'une façon plus douce dans les méandres de la…

– *Allez, lâchez le mot, je vous y autorise.*

– Les méandres de la connerie.

– *Bravo.*

– Et dire que bon nombre de tous ces jeunes qui se prétendent être l'Église d'aujourd'hui, ces millions de jeunes…

– *Magnifiques par ailleurs.*

– Oui, ces millions de jeunes qui ont grossi les rangs des Journées mondiales de la jeunesse à Paris, et qui ont été exemplaires en tous points, sont tous à l'image des jeunes de l'aumônerie dont je viens de parler, ils sont pleins de bons sentiments, mais ils ne connaissent rien ou peu de chose de ce qu'il est nécessaire de connaître en tant que chrétiens. Jean-Paul II les a pourtant exhortés à concourir à l'Incarnation de notre foi et à travailler à implanter la civilisation de l'amour.

– *Ce qui évidemment ne peut se faire sans la connaissance des Textes où se trouvent édictés les desiderata du Christ qui aboutissent à l'éclosion de cet amour tant recherché par ailleurs et partout, mais auquel un chrétien ne peut avoir accès qu'à la stricte condition de suivre le chemin du Christ.*

– Mais hélas! tous les chrétiens qui prétendent l'être et l'être par science infuse, sans l'aide des paroles de Jésus auxquelles ils ne se réfèrent pas, n'ont pas soif du Seigneur me semble-t-il. Tandis que Lui sur sa croix dit : « **J'ai soif !** », car Lui a terriblement soif de nous qui n'avons pas soif de Lui.

– « **Vous voulez le nombre, nous voulons la pureté.** » *La sœur Françoise avait raison.*

Dans Port-Royal *vous interprétiez le rôle du premier aumônier...*

– Oui, il avait une seule phrase à dire, mais elle valait la peine d'être dite. Il devait glisser en catimini à la mère abbesse : « **Tenez bon, ma mère. Il y en a ici qui vous admirent.** » C'était prophétique.

– *C'est le monde à l'envers : vous qui jouiez au théâtre le rôle du premier aumônier avez fini par le devenir, quant à l'aumônier de cette aumônerie parisienne dans laquelle ils font tout, théâtre, journal... sauf ce qu'ils devraient faire, étudier les évangiles, cet aumônier, voyant votre étonnement contrit, n'a, j'en suis sûr, rien dû vous objecter.*

– Rien. Ça avait l'air de lui paraître normal que l'on n'étudie pas les évangiles. Peut-être, s'il avait eu quelques lettres, aurait-il pu me faire une réflexion similaire à celle que fait l'archevêque de Paris aux sœurs de *Port-Royal* : « **Vous n'aimez pas les demi-chrétiens. Nous n'aimons pas les demi-savantes. Dans les communautés bien réglées, on ne donne jamais les charges aux filles qui ont de l'esprit. On laisse les filles à leurs cellules, car on sait bien que les personnes intelligentes brouillent toujours quelque chose dans une communauté.** » Vraisemblablement, je serai demeuré coi car je ne suis après tout, je l'admets aisément, qu'un demi-savant.

« On ne les nomme que parce qu'il n'y a aucun risque. »

– Cette tirade de Montherlant me fait irrésistiblement penser à une réflexion d'un ami dominicain qui m'a un jour confié à propos des prélats ou de ceux appelés à avancer hiérarchiquement dans l'Église : « **On ne les nomme que parce qu'il n'y a aucun risque !** »

– *La patience du Seigneur Jésus n'a pas de limites, nous le savons. Moi, la mienne en a, et c'est pourquoi, dès à présent, j'ose accuser! Oui, j'accuse l'Église catholique, apostolique et romaine de ne pas faire son travail! Je parodie Zola, mais c'est encore pour prendre les parts d'un juif, et quel juif : Jésus de Nazareth, roi des juifs!*

Je citerai saint Ambroise qui fut un grand liturgiste au IVe *siècle de votre ère, et qui baptisa saint Augustin. Il a su mettre véritablement les points sur les « i » en une seule phrase :*

> **Celui qui, pouvant enseigner, ne communique pas aux ignorants les biens de son savoir, est coupable comme un riche qui refuserait aux pauvres d'avoir part à ses biens.**

Je n'ai donc aucun complexe à accuser votre Église qui le mérite grandement puisqu'elle admet (parce que ça l'arrange!) que l'on peut être chrétien sans étude, par science infuse donc, comme ça, d'un claquement de doigts, par la grâce de la foi. Mais quelle foi? La foi en un certain Jésus-Christ dont il est question dans quatre évangiles qui n'intéressent pas les chrétiens qui se gardent bien de les lire. Assez! Oui assez de cette mascarade du christianisme. Et vous Henri, prêtez-moi main-forte!

– Vous savez, cher ange, je n'ai plus guère le choix. C'est bien ce que j'ai écrit auparavant dans ce livre qui a fini par susciter votre intervention musclée. De toutes les façons, nul ne peut imaginer à quel point nos pensées communient, sont en osmose. Si bien que, n'ayant certes pas la prétention d'être prophète, je sais par avance, que tout ce qui nous est commun en pensée va finir par me retomber dessus. N'ayant pas le pouvoir d'attaquer les anges, ils s'en prendront tout naturellement à moi qu'ils accuseront tout bonnement d'avoir mis dans la bouche de mon ange ce qui déborde de ma propre bouche. Mais je prends mes responsabilités. Et c'est ainsi qu'ils ont laissé les choses à l'abandon en se mettant eux-mêmes en jachère comme on fait pour la terre. Ce qui est un alibi pour mieux « roupiller ». Car l'Église roupille! Saint Paul a dit qu'il fallait parler à temps et à contretemps mais l'Église ne court pas ce risque. Sans revenir sur les silences de Pie XII, c'est pour ses silences d'aujourd'hui qu'il faudrait la fustiger.

« Je suis la lumière du monde. »

– Mais n'ayez crainte, j'assumerai si tout me retombe dessus, car je n'ai absolument pas le désir de pactiser avec ceux qui maintiennent leurs ouailles dans l'ignorance. Je veux être le serviteur de Celui qui a décrété :

> **Je suis la lumière du monde; qui me suit ne marchera pas dans les ténèbres, mais aura la lumière de la vie.** [Jean VIII, 12.]

Me vient une idée à l'esprit : j'en arrive à me demander si notre voyage sur terre n'est pas à l'image de ce cheminement dans le tunnel vaginal dont j'ai eu la vision lors de cet accouchement sonique dont je vous ai confié les images? Ce voyage fait pas à pas avec pour seul objectif le petit grain de lumière infinitésimal aperçu au bout du tunnel me paraît tout à fait métaphorique du trajet terrestre quand il est accompli à bon escient. Pour ma part, je n'ai qu'un seul et même but, atteindre ce grain de lumière là-bas, au bout, loin, encore loin, toujours trop loin, toujours plus loin. En même temps j'éprouve une certaine angoisse à l'idée que je puisse l'atteindre puisqu'il s'agit tout autant de ce que nous, pauvres humains, assimilons aussi bien à la mort qu'à une nouvelle naissance à laquelle j'aspire, certes, mais non sans quelque appréhension.

Je partage dès lors cette peur de l'humanité à chercher à en savoir plus. De là, le succès d'une Église qui s'en tient aux chants, aux salamalecs et à tout ce qui a pour but de noyer le poisson.

– Quand nous en viendrons à parler du symbolisme du poisson dans les évangiles, votre discours prendra un relief tout particulier et véritablement adapté à votre propos.

En attendant comme j'aimerais que, faisant fi de tout désir de conformité en ce qui concerne la manière de vous exprimer, vous vous laissiez aller à dire – en prenant même le risque d'être vulgaire – pourquoi ce qui vous semble essentiel dans cette « suivance » (c'est un terme de Paul Ricœur) du Christ, c'est la Lumière qui est en Lui.

Cette Lumière est à vos yeux ce qu'il y a de plus précieux en Lui, et c'est bien à cause de cette Lumière qu'il vous semble primordial de Le suivre, n'est-ce pas?

– Puisque vous me poussez à parler cru si j'ai bien compris, eh bien, c'est dans le but d'être moins con qu'il me semble crucial de suivre Jésus, oui, crucial (comme ce mot me semble apparenté au Christ Jésus)! Et je puis assurer, même si certains me considèrent comme un imbécile, que je le suis sans aucun doute infiniment moins que je ne l'étais auparavant, avant de me mettre dans le sillage de Jésus. Et, en conclusion, je dirai, aussi paradoxal que cela puisse paraître, que c'est grâce aux carences de l'Église elle-même que je suis devenu moins con.

– Ah non... restons-en là, s'il vous plaît. Vous ne savez pas vous arrêter.

– Permettez-moi d'user de certains termes, ils réveillent!

Pour revenir à notre discussion, en effet, c'est bien parce que les prêtres que j'interrogeais n'ont pas su répondre aux questions que je leur soumettais, que je me suis attelé à la charrue et que j'ai creusé le sillon pour y semer mes questions. Et petit à petit, à force de cultiver mon champ bien plus que mon jardin comme Voltaire, des plantes, des arbres bons à manger en totalité ont poussé et m'ont nourri.

L'étude est une prière.

– Emmanuel Levinas disait : « **L'étude est une sorte de prière.** » *D'ailleurs, cette notion d'étude qui ne prévaut pas parmi les chrétiens est de rigueur dans le judaïsme. Oui, l'étude est une prière. Les croyants de ce monde devraient méditer cela. Si Jésus se dit la lumière du monde, c'est qu'Il souhaite éclairer ceux qui Le suivent afin qu'ils ne marchent pas dans les ténèbres car Il considère l'ignorance comme le fléau de votre planète. Cette lumière dont il est question ici n'est due qu'à la souveraine et constante Présence de Jésus dans chaque être humain, que ce dernier l'admette ou non. Le Christ éclaire tout homme. C'est Lui qui*

alimente la petite lumière posée dans le ventre des mères. Quant à moi, je suis mandaté comme mon nom Ouriel – « Lumière de Dieu » – l'indique, pour mettre la Lumière en lumière si je puis dire. Ma tâche est ardue et mes moissons bien peu convaincantes, il faut le dire. Il est pourtant si évident que, comme le Seigneur vous l'a dit : **« On n'allume pas une lampe pour la mettre sous le boisseau, mais bien sur le lampadaire, où elle brille pour tous ceux qui sont dans la maison. Ainsi votre lumière doit-elle briller aux yeux des hommes pour que, voyant vos bonnes œuvres, ils en rendent gloire à votre Père qui est dans les cieux »** *(Matthieu V, 15-16).*

Les laïcs sont l'Église.

– Chez les chrétiens il est sans aucun doute un peu trop courant de croire que les ecclésiastiques doivent penser pour nous et que c'est à eux de nous soumettre le fruit de leurs réflexions que nous devons alors assimiler. C'est pratique. Alors que le *Catéchisme de l'Église catholique* nous intronise, nous les laïcs (n° 897) :

> **Sous le nom de laïcs, on entend ici l'ensemble des chrétiens excepté les membres de l'ordre sacré et de l'état religieux reconnu par l'Église, c'est-à-dire les chrétiens qui, étant incorporés dans le Baptême, intégrés au Peuple de Dieu, faits participants à leur manière de la fonction sacerdotale, prophétique et royale du Christ, exercent pour leur part, dans l'Église et dans le monde, la mission qui est celle de tout le peuple chrétien.** [LG 31.]

– *Cela vous donne un certain pouvoir, mon cher Henri.*

– Ce que je consigne ici à la suite, extrait également du *Catéchisme de l'Église catholique* (n° 899), pourrait me donner aussi certaines prétentions si je n'étais conscient des énormes difficultés que je rencontrerais si j'avais des velléités de vouloir l'imposer. Il faudrait pour cela que je croie que l'homme cherche son bien, alors que je constate sans cesse qu'il cherche son mal :

> **L'initiative des chrétiens laïcs est particulièrement nécessaire lorsqu'il s'agit de découvrir, d'inventer des moyens pour imprégner les réalités sociales, politiques, économiques, les exigences de la doctrine et de la vie chrétiennes. Cette initiative est un élément normal de la vie de l'Église : « Les fidèles laïcs se trouvent sur la ligne la plus avancée de la vie de l'Église ; par eux, l'Église est le principe vital de la société. C'est pourquoi eux surtout doivent avoir une conscience toujours plus claire, non seulement d'appartenir à l'Église, c'est-à-dire la communauté des fidèles sur la terre sous la conduite du chef commun, le Pape, et des évêques en communion avec lui. Ils sont l'Église.** [Pie XII, discours du 20 février 1946 ; cité par Jean-Paul II, CL 9.] »

– *Et que se passe-t-il quand le pape n'est suivi que par une poignée d'évêques et un sac de fidèles en matière d'exégèse. Nous n'allons pas rappeler à nouveau sa déclaration du 11 avril 1997 dont nous inondons ce livre. Que reste-t-il à faire, je vous le demande ?*

– Eh bien, il reste à écrire un livre, c'est ce que nous faisons tous les deux, cher ange. Ensuite, remettons les choses dans les mains de Dieu. Le fait d'écrire un livre ne fait-il pas partie de ce que je considère comme folie ? Il suffit de se promener dans une grande librairie pour constater le nombre colossal de livres qui ne cessent d'être édités dans ce pays, pour que vienne à votre esprit l'idée que l'on est totalement fou, cinglé dirais-je, d'ajouter quelques notes au concert qui a lieu. Il doit y avoir aujourd'hui bien plus de livres édités que de lecteurs. Quel paradoxe !

– *Vous avez raison. Alors faisons en sorte que les chrétiens ne perdent pas de vue non plus cette déclaration du* Catéchisme de l'Église catholique *(n° 2105) :*

> **En évangélisant sans cesse les hommes, l'Église travaille à ce qu'ils puissent « pénétrer d'esprit chrétien les mentalités et les**

mœurs, les lois et les structures de la communauté où ils vivent » (AA 13). Le devoir social des chrétiens est de respecter et d'éveiller en chaque homme l'amour du vrai et du bien. Il leur demande de faire connaître le culte de l'unique vraie religion qui subsiste dans l'Église catholique et apostolique (cf. DH 1). LES CHRÉTIENS SONT APPELÉS À ÊTRE LA LUMIÈRE DU MONDE (cf. AA 13). L'Église manifeste ainsi la royauté du Christ sur toute la création et en particulier sur les sociétés humaines. [Cf. Léon XIII, enc. *Immortale Dei*; Pie XI, enc. *Quas primas*.]

La lumière corpusculaire et ondulatoire.

– Oui, nous sommes appelés nous aussi à être « lumière du monde » et à nous montrer à l'image de cette lumière dont les savants d'aujourd'hui nous expliquent avec honnêteté qu'ils ne savent pas dire si cette lumière est corpusculaire ou ondulatoire. Ils en concluent qu'elle est les deux, c'est-à-dire, pour prendre une comparaison, qu'elle est comme le sable qui coule dans nos mains. Il est véritablement ondulatoire lui aussi, puisque, ne pouvant le retenir, il coule, tandis qu'on en sent les grains qui nous paraissent corpusculaires pendant qu'ils s'échappent de nos mains.

– Est-ce que cette lumière définie par vos savants comme étant tout à la fois corpusculaire et ondulatoire ne vous invite pas à une autre comparaison qui nous conduit dans le monde du sacré?

– Pardonnez-moi de ne pas parvenir à vous suivre.

– Peut-être avez-vous peur que l'on vous accuse de concordisme.

– Assurément non, puisque je ne sais même pas ce qu'est le concordisme.

– Le concordisme est un système d'exégèse qui s'est développé surtout au XIX*e siècle, et qui consiste à interpréter la Bible de façon à la mettre en accord avec les résultats des sciences. Même si les résultats de la science sont forcément temporaires eu égard au temps, il n'en demeure pas moins vrai que, comme l'a écrit*

Pascal : **« Le contraire d'une vérité profonde n'est pas une erreur, c'est une autre vérité profonde. »**

Pour ma part, j'ose prétendre être concordiste sachant que le Christ l'a forcément été, Lui qui n'est pas venu abolir mais accomplir. Accomplir en fonction de ce qui avait déjà été énoncé donc, afin que cela soit compréhensible par les êtres humains à hauteur de leur savoir du moment.

Toujours est-il que la définition actuelle par les savants d'aujourd'hui de la lumière qui est tout à la fois corpusculaire et ondulatoire n'aurait en aucun cas pu être saisie par les douze disciples assis autour de Jésus lors de la Cène où fut établi le principe de la transsubstantiation, qui est comme chacun sait le changement complet d'une substance en une autre : l'eucharistie, en osmose avec la définition de la lumière édifiée par vos savants :

> **Or, tandis qu'ils mangeaient, Jésus prit du pain [corpusculaire] et, après avoir prononcé la bénédiction, il le rompit et le donna à ses disciples en disant : « Prenez et mangez, ceci est mon corps. » Puis, prenant une coupe, il rendit grâces et la leur donna en disant : « Buvez-en tous ; car ceci est mon sang [ondulatoire], le sang de l'alliance, qui va être répandu pour une multitude en rémission des péchés. »** [Matthieu XXVI, 26-28.]

– Je demeure stupéfait de l'analogie que vous faites entre « le pain corpusculaire et le vin ondulatoire » qui ont tous deux rapport avec la lumière. J'y vois ce désir du Christ de nous situer, en nous demandant de communier à sa chair et à son sang, à même égale distance entre le matériel et le spirituel auxquels l'homme est obligatoirement soumis.

– Connaissez-vous ce passage d'un sermon de Jean Damascène (mort vers 754) : **« Car si l'homme qui tient le milieu entre l'esprit et la matière est le lien de toute la Création visible et invisible, la Parole créatrice de Dieu, en s'unissant à la nature humaine, s'est unie par elle à la création tout entière »** ?

– Pascal dans tous les cas a bien perçu cela qui soutient qu'en n'étant ni ange ni bête, l'homme se situe entre les deux, il est ange et il est bête. Par son organisation biologique, il peut être apparenté aux animaux et particulièrement à certains primates, mais par ses facultés hors du commun…

Analogie entre Nathanaël et l'ânesse de Balaam.

– Oui, par son âme, disaient les Anciens, il pourrait être assimilable aux anges. Vous voyez, Henri, une partie de vous est moi. Mais il n'empêche qu'à cause d'une certaine équivalence biologique avec certains animaux l'homme a à voir avec eux.

Et c'est, me semble-t-il, ce que cherche à vous faire comprendre le Texte si complexe qui concerne l'ânesse de Balaam. Résumons-le : Balaam est un prophète non juif. Il lui est demandé par Balaq, roi de Môâb, de maudire le peuple juif devenu trop nombreux. Le roi échoue après une première tentative auprès de Balaam, mais Balaam finit par accepter et s'en va en compagnie des princes de Môâb.

> **Mais Dieu était irrité de ce qu'il partît et un ange du Seigneur se mit sur son chemin pour lui faire obstacle.** [Nombres XXII, 22.]

Toute l'histoire va se jouer entre Balaam, son ânesse qui le porte et l'ange du Seigneur, l'épée à la main, que Dieu poste sur leur chemin pour faire obstacle à Balaam perché sur son ânesse. Or, l'ânesse voit l'ange que Balaam n'aperçoit pas et elle se détourne de sa route pour s'écarter, à travers champs, de sa trajectoire. Et plus tard, même situation dans un chemin creux entre les vignes, clôture deçà, clôture delà. Du coup, le pied de Balaam se trouve froissé en raclant contre le mur. Enfin et en dernier, voilà Balaam sur son ânesse dans un lieu étroit d'où l'on ne pouvait plus se détourner. Alors, à la vue de l'ange, l'épée à la main, et que Balaam, tout prophète qu'il est, ne voit toujours pas, l'ânesse se couche et ne veut plus bouger. Balaam la bat comme plâtre, de telle sorte que Dieu ouvre la bouche de l'ânesse. La bouche de l'ânesse fait partie, d'après la

Tradition juive, des dix choses précréées avant la fondation du monde :

> **Alors le Seigneur ouvrit la bouche de l'ânesse, qui dit à Balaam : « Que t'ai-je fait, pour que tu m'aies frappée ainsi à trois reprises? » Balaam répondit à l'ânesse : « Parce que tu te joues de moi! Si je tenais une épée à portée de ma main, certes, je te tuerais sur l'heure! » Et l'ânesse dit à Balaam : « NE SUIS-JE PAS TON ÂNESSE, que tu as toujours montée jusqu'à ce jour? Avais-je accoutumé d'agir ainsi avec toi? » Et il répondit : « Non. »**
> **Le Seigneur dessilla les yeux de Balaam, et il vit l'ange du Seigneur debout sur la route, l'épée nue à la main; il s'inclina et se prosterna sur sa face.** [Nombres XXII, 28-31.]

Ce que je vais vous révéler à présent est, à mon avis, un joyau de l'Écriture. Mais cela n'est pas sans poser problème et il faut toute la connaissance hébraïque dont on m'a investi pour répondre à la complexité des détails de ce Texte. Encore une fois, sans l'appréhension de l'hébreu, la langue des anges, on a toutes les chances de passer, comme Balaam, à côté des choses sans les voir alors que l'ânesse, elle, a conscience de tout.

Ce Texte ne peut donc s'adresser qu'à ceux qui donnent la prééminence à l'hébreu. Lorsque l'ânesse demande à Balaam : « Ne suis-je pas ton ânesse? », c'est-à-dire en hébreu « ton ânesse » = AToNKah (*prononcer* AToNRah), *nous voilà en présence d'un mot de quatre lettres : aleph, tav, noun, kaf final.*

Et, aussi troublant que cela puisse paraître – je pense d'ailleurs que peu de rabbins ont à ma connaissance vu la chose –, si on utilise ces quatre lettres comme initiales de quatre mots, voilà que l'on se trouve en présence du contenu du canon juif, à savoir des vingt-quatre livres qu'il compte. Je vous révélerai plus loin le moyen mnémotechnique de vous souvenir de ce nombre.

Ainsi, prises comme initiales, les quatre lettres qui forment le mot AToNKah, *« ton ânesse » –, c'est-à-dire aleph, tav, noun, kaf final – vont nous donner les quatre séries de livres du canon juif, excepté aleph qui semble ouvrir ici la marche de l'Écriture sainte. Viennent alors :*

Tav	*la Torah (le Pentateuque)*
Noun	*les Neviim (les prophètes)*
Kaf	*les Kétouvim (les hagiographes)*

Ces trois lettres – tav, noun, kaf – vont dès lors former un mot qui est, lui, familier aux juifs qui étudient : le mot TaNaK. *On le trouve dans Sanh 101 a – Qid 49 a – MQ 21 a. Mais peu connaissent l'origine de ce mot qui, comme je viens de l'expliquer, prend sa source, si je puis dire, dans le livre des Nombres (chapitre XXII), qui fait partie des cinq livres de la Torah, le Pentateuque, et où l'on trouve le terme* AToNKah, *« ton ânesse ».*

« Voici venir ton roi, monté sur le petit d'une ânesse. »

– Ce qui me frappe ici, c'est le fait qu'une ânesse soit en quelque sorte la métaphore du canon juif. Il est troublant que ce soit une ânesse qui le représente.

– Oui, effectivement. Cela pose problème. Si ce n'est que, s'il est fait référence à cette ânesse dans chacun des quatre évangiles, c'est qu'il y a vraisemblablement des choses à découvrir à ce sujet :

> **Quand ils furent proches de Jérusalem et arrivés en vue de Bethphagé, au mont des Oliviers, alors Jésus envoya deux disciples en leur disant : « Allez au village qui est en face de vous ; et aussitôt, vous trouverez à l'attache une ânesse avec son ânon près d'elle ; détachez-la et amenez-les-moi. Et si l'on vous dit quelque chose, vous répondrez : "Le Seigneur en a besoin, mais aussitôt il les renverra." » Ceci advint pour accomplir l'oracle du prophète : « Dites à la fille de Sion : Voici que ton Roi vient à toi – modeste, il monte une ânesse et un ânon, petit d'une bête de somme. »** [Matthieu XXI, 1-5.]

Les évangiles de Marc et de Luc stipulent qu'il s'agit d'un ânon que personne jusqu'alors n'avait encore monté. L'évangile de Jean parle lui aussi d'un ânon sur lequel monte Jésus faisant ainsi référence à l'oracle de Zacharie IX, 9 :

> **Jésus, trouvant un ânon, monta dessus, selon le mot de l'Écriture : « Sois sans crainte, fille de Sion : Voici venir ton roi, monté sur le petit d'une ânesse. »**
> **Ses disciples ne comprirent pas cela tout d'abord; mais, quand Jésus eut été glorifié, ils se souvinrent que cela avait été écrit de lui et que c'était bien ce qu'on lui avait fait.** [Jean XII, 14-16.]

Le prophète Zacharie dans le Premier Testament, détaille avec insistance qu'il s'agit d'un âne : « **Voici que ton roi vient à toi : il est juste et victorieux, humble et monté sur un âne, sur un ânon, petit d'une ânesse** » (Zacharie IX, 9).

Jésus entre donc dans Jérusalem, acclamé par une grande foule.

Ainsi ce jour où s'accomplit la prophétie de Zacharie va devenir pour le monde chrétien le jour des Rameaux qui précède d'une semaine la Pâque chrétienne, parce que la foule a jonché le chemin du Messie, soit de manteaux, soit des branches qu'elle est allée couper aux arbres.

– Cela ne me dit toujours pas à quoi peut bien correspondre le choix d'une ânesse pour définir le canon juif des Écritures.

– *Déjà, je me permettrai, cher Henri, de vous signifier que, si Jésus réclame un ânon qui n'a jamais été monté pour accomplir son entrée dans Jérusalem, cela nous laisse entendre que cet ânon qui n'a jamais été monté auparavant correspond sans doute à cette partie de l'Écriture qui va s'écrire mais ne l'est pas encore, du moins tant que le Seigneur* « **monté sur le petit d'une ânesse** » *n'est pas entré dans Jérusalem. Voilà une bonne chose de réglée.*

En outre, je me permets de vous rappeler que, si le mot « âne » se dit en hébreu H̲aMOR, *le mot qui désigne la matière, le matériel, se dit lui* H̲oMeR. *Aussi l'âne devient-il le symbole de la matière créée. Le* midrach *(commentaire rabbinique – mot issu de la racine hébraïque* DaRoCH *qui signifie « rechercher, étudier ») va donc se servir du symbolisme de l'âne pour montrer comment peut s'opérer le passage du profane au sacré qui est en somme l'idée première de la matière.*

De telle sorte que le Christ qui entre dans Jérusalem, monté sur le petit d'une ânesse, représente le divin qui investit la matière.

Quant à Balaam sur son ânesse, il fait la démonstration que la matière, à savoir l'ânesse, voit plus loin que le bout du nez de Balaam. Elle a conscience de la présence de l'ange posté à l'extrémité de l'allée, ce qui l'oblige à rebrousser chemin, précisément parce que Balaam son maître la contraint à faire fausse route. En effet, « **Dieu était irrité de ce qu'il partît...** *».*

Peut-être, ce Texte veut-il vous laisser entrevoir que parfois, la matière, la chair donc, sent mieux les choses qui se présentent à vous que tout le savoir que vous avez accumulé dans ce que vous pensez être votre esprit. Cet esprit n'est en fait que de la matière composant votre cerveau. Vous l'appelez d'ailleurs la matière grise, qui évoque l'âne gris et elle n'est qu'illusoirement placée plus haut que le reste de votre corps. Rien ne dit qu'elle soit supérieure au reste du corps. En langage aristotélicien, il n'est aucune matière à laquelle ne corresponde une forme divine.

L'ânesse de Balaam représente donc le canon juif qui, au moment où le livre des Nombres a été écrit, n'est pas encore constitué, ce qui a laissé supposer que ce Texte n'avait pas pu être rédigé par Moïse comme le reste de la Torah. En effet, selon le professeur James L. Kugel, le canon des livres juifs n'aurait été constitué en totalité que deux siècles avant l'ère chrétienne.

L'ânesse de Balaam est donc la métaphore de tout le canon juif, elle est la représentante du rassemblement de tous les livres juifs au nombre de vingt-quatre.

– Et par-dessus tout, du fait que l'ânesse ne se laisse pas mener, conduire où Balaam veut l'entraîner, cela démontre que l'on ne peut pas faire dire à l'Écriture, au canon juif, tout et n'importe quoi. L'ânesse suit son bonhomme de chemin, fidèle à la Parole de Dieu. Dès lors, Balaam qui a le pied froissé en raclant le mur ne pourra plus marcher droit.

– Quant à Nathanaël, il est lui le représentant de celui qui étudie sous le figuier, qui étudie la Torah donc. L'un et l'autre, l'ânesse comme Nathanaël, ont donc en commun la fréquentation des livres sacrés.

Or, n'est-il pas troublant que le mot « figuier » et le mot « ânesse » contiennent, en hébreu, les mêmes lettres, semblant vouloir nous dire que nous avons raison de les rassembler puisqu'ils se ressemblent : « figuier » = TéENaH ; *« ânesse »* = ATON. *On trouve dans l'un comme dans l'autre mot les deux mêmes lettres noun et tav, du verbe NaTaN = « donner ».*

Mais l'ânesse de Balaam pourrait en tout cas être tout à fait prophétique et représentative de ce divin qui se fera chair plus tard en la Personne de Jésus, le Verbe qui se fait chair pour rendre véritablement clair le Texte de Zacharie :

> **Voici que ton roi vient à toi : il est juste et victorieux, humble et monté sur un âne, un ânon, petit d'une ânesse.**

Vous les humains, n'êtes-vous pas cet âne, cet ânon, ce petit d'une ânesse, vous qui devez porter le Christ, votre Seigneur qui, dès lors qu'il vous investit, vous rend comme Lui, justes et victorieux, et humbles tout à la fois ?

« L'homme n'est ni ange ni bête » selon Pascal.

– Oui, Pascal a magistralement défini les choses : **« L'homme n'est ni ange ni bête, et qui veut faire l'ange fait la bête. »**

– Puisque nous en revenons à Pascal, comme je suis heureux que l'on m'ait fait étudier à l'école laïque ses *Pensées*. Comment pourrait-on mieux définir l'être humain qu'il ne l'a fait dans de ce texte :

> **Quelle chimère est-ce donc que l'homme ? Quelle nouveauté, quel monstre, quel chaos, quel sujet de contradiction, quel prodige ! Juge de toutes choses, imbécile ver de terre ; dépositaire du vrai, cloaque d'incertitude et d'erreur ; gloire et rebut de l'univers. Qui démêlera cet embrouillement ? [...]**

> Les hommes sont si nécessairement fous, que ce serait être fou, par un autre tour de folie, de n'être pas fou. [...]
> C'est donc un malheur que de douter; mais c'est un devoir indispensable de chercher dans le doute. Et ainsi, celui qui doute et qui ne cherche pas est tout ensemble malheureux et injuste. Que s'il est avec cela gai et présomptueux, je n'ai point de termes pour qualifier une si extravagante créature. [...]
> Nous souhaitons la vérité, et ne trouvons en nous qu'incertitude. Nous cherchons le bonheur, et ne trouvons que misère et mort. Nous sommes incapables de ne pas souhaiter la vérité et le bonheur, et sommes incapables ni de certitude ni de bonheur.

Ce texte me tire les larmes.

– Il vous invite plus que jamais à adopter, pour les suivre, les Pensées *de Pascal, et tout particulièrement celle qui dit :* « **Travailler à bien penser voilà le principe de la morale.** »

6

La couronne d'épines

*

L'aval de Paul Ricœur.

Le buisson ardent de Moïse.

La couronne d'épines du Christ.

« Salut, roi des juifs ! »

Fraternité du buisson de Moïse et de la couronne d'épines de Jésus.

Le buisson épineux de Moïse symbole de tout le cosmos.

Emmanuel Levinas et l'infini.

L'appel de Dieu.

L'aval de Paul Ricœur.

– *Mon cher Henri, je suis malheureux comme les pierres de vous désigner sans le vouloir à la vindicte ecclésiale du fait que vous avez découvert des trésors épistolaires issus des Textes sacrés, qui étaient à la vue de tous, et qui font de vous un véritable épistémologue. Comment ne pas en vouloir à un malheureux laïc qui semble voir plus clair que les clercs? Vous avez vu ce qui aurait dû crever les yeux des ecclésiastiques.*

– Oui, il est assez étrange qu'un pauvre imbécile voie ce que des spécialistes ne voient pas. Comment ne pas citer cette action de grâces du Seigneur à l'égard de son Père : « **Je te bénis, Père, Seigneur du ciel et de la terre, d'avoir caché cela aux sages et aux habiles et de l'avoir révélé aux tout-petits. Oui, Père, car tel était ton bon plaisir** » (Matthieu XI, 25-26)?

– *J'ose espérer que les gens d'Église ne vous feront pas payer leur cécité. En tout cas, votre livre* Le Rendez-vous d'amour *dévoile une des choses les plus fondamentales et primordiales qui soient et qui était donc passée inaperçue durant les deux millénaires qui nous séparent de la crucifixion du Seigneur. Cela n'a pas échappé au philosophe Paul Ricœur qui écrit à la suite de votre « révélation », le mot n'est pas trop fort, dans la préface qu'il a faite à votre livre :*

> **Permettez-moi, cher Henri Tisot, d'extraire de votre ouvrage une allusion qui donne à chercher : c'est le rapprochement que vous faites entre les épines du buisson ardent de Moïse et les épines de la couronne du Christ humilié. Ces épines joignent le Premier et le Deuxième Testament ; elles disent aussi le caractère « épineux » du chemin de la suivance du Christ.**

– Oui, pareil discours, cher ange, venant d'un personnage tel que Paul Ricœur dont la réputation est mondiale, a de quoi me laisser supposer que je ne fais pas fausse route. C'est au-delà de toute gloriole car, ce qui compte par-dessus tout à mes yeux, c'est de ne pas égarer mes lecteurs dans des chemins plus broussailleux qu'épineux.

Le buisson ardent de Moïse.

– Le Christ se trouve ainsi, lors de sa crucifixion, couronné de ce buisson depuis lequel Dieu a parlé à Moïse pour lui révéler son Nom en lui disant : **« Je suis qui je suis » ou plus exactement : « Je serai qui je serai »** (Exode III, 14). *Il est d'ailleurs spécifié à la toute fin du cinquième livre de la Torah, le Deutéronome, que le buisson est la résidence de Dieu.*

Il s'agit du testament de Moïse, lequel prophétise et révèle ce qui adviendra, vous donnant, cher Henri, raison en totalité – est-ce que vous vous rendez compte que la Torah vous donne l'aval de Moïse en ce qui concerne votre affirmation que la couronne d'épines du Christ n'est autre que le buisson épineux de Moïse ? Moïse donc proclame cette bénédiction qui sera très exactement exaucée lors de la crucifixion de Notre Seigneur :

> **Que la faveur de CELUI QUI RÉSIDE DANS LE BUISSON vienne sur la tête de Joseph, ainsi que sur celle de L'ÉLU, DU CONSACRÉ PARMI SES FRÈRES.** [Deutéronome XXXIII, 16.]

– Je ne vous cache pas que je trouve très étrange que personne jamais n'ait fait le lien jusqu'ici entre le buisson ardent de Moïse et la couronne dont on affuble Jésus par dérision. J'en demeure d'autant plus troublé que c'est une évidence qui saute aux yeux, qui crève les yeux. Et loin d'être fier d'être celui qui l'a vu le premier, je suis presque choqué que... – ne croyez pas que je fasse ici de la fausse modestie, je vous en supplie – mais je suis offusqué et presque scandalisé qu'il faille un pauvre en esprit comme moi pour voir ce que tout le monde aurait dû voir avant moi, ce que nul parmi les chrétiens n'aurait jamais dû ignorer. Cela aurait dû sauter aux yeux de...

– *Vous semblez avoir oublié ces paroles du Christ si sévères :*

> **C'est pour cela que je leur parle en paraboles : parce qu'ils voient sans voir et entendent sans entendre ni comprendre. Ainsi s'accomplit pour eux la prophétie d'Isaïe : « Vous aurez beau entendre, vous ne comprendrez pas; vous aurez beau voir, vous n'apercevrez pas. »** [Matthieu XIII, 13-14.]

Restons donc dans Matthieu si vous le voulez bien et souvenez-vous du récit où il est question du couronnement du Christ.

La couronne d'épines du Christ.

– Je peux citer de mémoire ce passage si éprouvant pour un chrétien, où la soldatesque romaine s'en donne à cœur joie tentant de ridiculiser Notre-Seigneur et que l'on peut lire en Matthieu XXVII (28-31) :

> **L'ayant dévêtu, ils lui mirent une chlamyde écarlate, puis, ayant tressé UNE COURONNE AVEC DES ÉPINES, ils la placèrent sur sa tête, avec UN ROSEAU DANS SA MAIN DROITE. Et, ployant le genou devant lui, ils se moquèrent de lui en disant : « SALUT, roi des juifs! » et, crachant sur lui, ils prenaient le roseau et en frappaient sa tête. Puis, quand ils se furent moqués de lui, ils lui ôtèrent la chlamyde, lui remirent ses vêtements et l'emmenèrent pour le crucifier.**

Jésus n'avait certes pas une importance capitale aux yeux des Romains et, en le crucifiant, ils ne faisaient qu'ajouter une victime de plus à la longue liste de martyrs dont ils étaient responsables. Mais ce que l'on n'a pas su voir, c'est que les Romains voulaient, à travers Jésus, tourner en dérision ce judaïsme qui interdisait à ses adeptes de ne jamais se prosterner devant rien d'autre que devant Dieu seul. C'est ce que Jésus, juif parmi les juifs, rappelle au diable lorsque ce dernier tente de faire miroiter au Seigneur la gloire de ce monde :

> **Le diable l'emmène encore sur une très haute montagne, lui montre tous les royaumes du monde avec leur gloire et lui dit : « Tout cela, je te le donnerai si tu tombes à mes pieds et m'adores. » Alors Jésus lui dit : « Retire-toi, Satan ! Car il est écrit : C'est le Seigneur ton Dieu que tu adoreras, c'est à lui seul que tu rendras un culte. »**
> **Alors le diable le quitte. Et voici que des anges s'approchèrent, et ils le servaient.** [Matthieu IV, 8-11.]

– *Nous les anges, nous n'étions pas inquiets bien sûr, car nous étions sûr que Jésus trouverait la parade. Je me souviens tout à fait de ce moment où tout aurait pu basculer si Christ n'avait pas eu l'à-propos de se référer aux Écritures :* **« Car il est écrit... »**, *dit-Il. Si donc Jésus a besoin de l'Écriture pour faire en sorte que le diable le quitte, qu'en sera-t-il des chrétiens qui font fi des Textes ?*

– Toujours est-il que, du fait que les juifs ne se prosternent que devant Dieu seul, il n'était donc pas question de se prosterner devant un empereur romain pour lui rendre hommage, César fût-il divin d'après ses dires. Les soldats ne se gênent d'ailleurs pas pour plier le genou devant Jésus, voulant ainsi montrer aux juifs qu'eux, soldats romains, se prosternaient devant qui ils l'entendaient.

« Salut, roi des juifs ! »

– Mais paradoxe des paradoxes, c'est précisément devant Dieu qu'ils se prosternent sans le savoir en criant : **« Salut, roi des juifs ! »** Ils ne croient d'ailleurs pas si bien dire puisque « salut » se dit en hébreu *iechouah,* et *Iéchouah* est le nom hébreu du Christ. C'est ce nom qui est devenu Jésus en français.

– On est véritablement là dans une situation inouïe qui se retourne contre ceux qui l'ont déclenchée : voulant fouler aux pieds le religieux, car c'est dans ce seul but que les Romains ont organisé la crucifixion, ils se heurtent alors à la contradiction la plus éclatante. S'étant à leur insu faits juifs sans l'avoir aucunement voulu, ils se prosternent sans le savoir et comme les juifs devant Dieu. Et de plus, ils donnent, sans en être conscients, son véritable titre à Celui dont ils se moquent : « **Salut – Jésus, roi des juifs** ! » *Tel est pris en dérision celui qui croyait prendre.*

– Oui, si le moment en question n'était pas aussi tragique, on pourrait presque rire du fait que la situation s'est retournée à ce point contre les Romains. Je considère comme une carence véritable que cela n'ait jamais été pris en compte par les Églises chrétiennes, qu'elles soient catholique, protestante ou orthodoxe et que cela n'ait jamais été mis en relief dans aucune homélie à ma connaissance. Et ce qui est à mes yeux impardonnable, en dépit de toutes les repentances du monde, c'est d'avoir fait peser sur les juifs la culpabilité de la crucifixion seule imputable aux Romains. Mais bon sang! qui a planté les clous ?

Fraternité du buisson, de Moïse et de la couronne d'épines de Jésus.

– Eh oui... Mais revenons-en à la couronne d'épines de Jésus qui n'est autre que le buisson épineux de Moïse qu'on appelle le buisson ardent.

À mon tour, Henri, de vous montrer un sens que vous n'avez pas vu et qui concerne le buisson épineux de Moïse qu'on appelle le plus souvent « le buisson ardent ». Une révélation en entraîne toujours une autre. L'on pénètre ainsi dans l'infini de la Torah et du Verbe. Et comme l'a signalé Rachi : « **Les paroles de la Torah sont comme un marteau qui brise la roche (Jérémie XXIII, 29), elles sont susceptibles de se partager en maintes explications.** »

Sur ce buisson dont il est question au chapitre III de l'Exode, j'en connais un bout si vous me passez cette expression, car n'oubliez surtout pas que celui qui parle à Moïse depuis le milieu du buisson est un ange et qu'en tant qu'ange moi-même j'ai accès à tout ce qui, de près ou de loin, concerne les missions angéliques. Il est écrit :

> **Moïse était parvenu à la montagne de Dieu, à l'Horeb. Un ange du Seigneur lui apparut dans une flamme de feu du milieu du buisson. Et voici que le buisson était en feu et cependant le buisson ne se consumait point. Moïse dit : « Je veux m'écarter et voir ce grand phénomène : pourquoi le buisson ne brûle pas. »** [Exode III, 1-3.]

Est-ce que vous savez pourquoi le buisson ne brûle pas?

– Non, mais je voudrais bien le savoir.

– *C'est pourtant simple.*

– C'est sûrement simple pour vous, les anges, mais pas pour nous, pauvres humains.

– *Quand je vous l'aurai dit, vous serez étonné de voir à quel point la réponse était simpliste. D'autant plus que vous avez déjà réuni, relié, rassemblé, bref marié, serait-il plus juste de dire, le buisson épineux et ardent de Moïse et la couronne d'épines du Christ. Mais il faut aller par-delà, au-delà, c'est le cas de le dire.*

Que représentent réellement ce buisson et cette couronne, tous deux en feu et que le feu n'anéantit cependant pas? Voyons, ce ne peut être...

– Quoi? Dites!

Le buisson épineux de Moïse symbole de tout le cosmos.

– *Mais le cosmos tout simplement. Moïse n'a-t-il pas choisi ce buisson en tant que métaphore du cosmos tout entier? Ainsi le buisson du livre de l'Exode devient à lui tout seul le symbole qui rapetisse sans le réduire cet univers parsemé, constellé et criblé d'étoiles jusqu'à en être saupoudré. On obtiendra alors, en substituant le mot « cosmos » ou bien le mot « firmament » à celui de « buisson » du Texte original, la clef de l'énigme, à savoir que* **« le cosmos était en feu et cependant le firmament ne se consumait point »**. *Ce qui ne doit pas empêcher cependant Moïse et nous-mêmes à sa suite de* **« s'écarter et voir ce grand phénomène : pourquoi le cosmos tout entier ne se consume-t-il pas ? »**

– Je pense, cher ange, que vous avez mis là le doigt sur le fait qu'aucune affirmation, aucun raisonnement et a fortiori du même coup aucun résonnement n'est désormais possible et plausible au point d'apparaître tous illusoires et totalement dérisoires, tant qu'il n'est pas admis et posé comme prémisses à tout discours émis par des êtres terrestres que leurs tergiversations ont lieu sous un soleil qui, tout colossal qu'il puisse paraître dans la voûte céleste, n'est nonobstant qu'une simple étoile plongée dans une galaxie spirale, la Voie lactée. Plusieurs millions d'étoiles y scintillent qui sont situées dans la région centrale du disque galactique, à une dizaine de milliers d'années-lumière de notre soleil. Or, on estime pour l'heure, en l'an 2002, le nombre total d'étoiles de cette seule Voie lactée à plus de mille milliards… Cela invite à l'humilité !

Croyez-moi, cher ange, bien que pressentant tout ce que le ciel contient, détient, maintient au-dessus de ma tête, cela rabaisse considérablement mon caquet, soyez-en sûr. Peu que nous sommes : des rien-du-tout. Pourtant notre prétention naturelle nous rend inguérissables car Dieu nous a quand même mis en tête que, tout rien-du-tout que nous sommes, nous avons tout de même la faculté de considérer ce tout ou du moins d'en avoir une certaine conscience. Oui, Seigneur Dieu tout-puissant, nous sommes des riens qui font partie du tout : donc des riens… du tout ! Ce n'est pas rien !

– Non, ce n'est pas rien puisque vous êtes tout à fait apte à mesurer, ou du moins à prendre en compte, tout rien-du-tout que vous êtes, l'infinité des choses. Ainsi, après avoir fait le lien entre la couronne d'épines du Christ et le buisson épineux à travers lequel Dieu s'adresse à Moïse par l'entremise d'un ange, vous voilà appelé à considérer que Jésus sur la croix a été cou-

ronné de la création tout entière, cette création qu'Il a Lui-même créée. Ainsi, c'est non seulement le roi des juifs qui a été crucifié mais en même temps le Créateur de toutes choses, le Maître de l'Univers, Dieu en chair et en os. Mais si le buisson de Moïse symbolise à lui tout seul ce cosmos tout entier dont on a chapeauté Jésus son Créateur, j'ose vous suggérer que le roseau mis dans sa main en guise de sceptre évoque à lui tout seul une sorte de rallonge à ce cosmos qui vous entoure ; il prolonge, si faire se peut, l'immensité sidérale puisqu'il est symbolique de l'infini.

– De l'infini ? Expliquez-moi cela, je vous en prie. Par la même occasion, cher ange, donnez-moi s'il vous plaît une idée même vague de ce qu'il faut entendre par ce mot « infini » qui implique l'idée que rien n'est jamais fini.

Emmanuel Levinas et l'infini.

– Peut-être ces quelques lignes d'Emmanuel Levinas vous éclaireront-elles. Elles sont tirées de son livre Éthique et infini *que cite votre ami Édouard Valdman dans son essai* Le Retour du Saint *(Éditions Biblieurope, p. 87) :*

> Je pars de l'idée cartésienne de l'infini, où l'*ideatum* de cette idée, c'est-à-dire ce que cette pensée vise, est infiniment plus grand que l'acte même par lequel on pense. Il y a disproportion entre l'acte et ce à quoi l'acte fait accéder. Pour Descartes, c'est là une des preuves de l'existence de Dieu : la pensée n'a pas pu produire quelque chose qui la dépasse ; il fallait que cette chose fût mise en nous. Il faut donc admettre un Dieu infini qui a mis en nous l'idée de l'Infini. Mais ce n'est pas la preuve recherchée par Descartes qui m'intéresse ici. Je réfléchis ici dans l'étonnement à cette disproportion entre ce qu'il appelle la « réalité objective » et la « réalité formelle » de l'idée de Dieu, au paradoxe même – si anti-grec – d'une idée « mise » en moi, alors que Socrate nous a appris qu'il est impossible de mettre une idée dans une pensée sans l'y avoir déjà trouvée.

– Ce texte me submerge infiniment, telle une vague qui me noie et m'entraîne vers cet infini que je ne puis tout à fait concevoir.

> **Comme une goutte d'eau dans l'Océan versée**
> **L'infini dans son sein absorbe ma pensée.**
> [Lamartine, *Les Méditations poétiques* I, 28.]

Ce qui me déconcerte le plus c'est que l'idée de cet infini qui ne finit pas, qui ne finit jamais, bien qu'elle soit impossible à définir réellement, puisse cependant prendre place dans ma pensée. Le paradoxe vient de ce qu'il me paraît convenable d'admettre que ma pensée est délimitée par les frontières de mon savoir grand ou petit, mais que l'infini, qui déborde obligatoirement ces limites, parvient pourtant à être objectif à mes yeux. Je puis le concevoir bien qu'il ne puisse prendre place dans ma pensée, étant donné qu'il y prendrait trop de place. Comment mon esprit peut-il prendre en considération ce qui le déborde infiniment ?

– *À la lueur, si j'ose dire, de tout ce que nous venons d'évoquer, vous et moi, et qui devrait être banal pour tous les chrétiens, vous mesurez à quel point le monde chrétien a été tenu dans l'ignorance par son Église. Je ne veux pourtant pas l'accabler car je l'aime avec fidélité et ferveur et je sais aussi reconnaître tant et tant de choses qu'elle a faites pour faire avancer l'humanité malgré les carences de son enseignement.*

– Cher ange, ayez pitié de tous ces chrétiens à qui l'on n'a pas appris à lire les Textes sacrés. Pourrait-on véritablement en vouloir à des élèves qui ne savent pas lire de ne pas lire de livres? La lecture des Textes sacrés réclame des bases pour pouvoir les appréhender.

– *Mais vous, Henri…*

– Moi, je crois que Dieu m'a pourvu de ce don de lire entre les lignes, au travers des mots, et de débusquer derrière le Texte lui-même ce qu'il me cache pour mieux me le révéler.

– *C'est bien que vous ayez conscience que vous n'avez que le mérite de vous obstiner à comprendre, à saisir. Pour le reste, cela vous a été donné.*

– Quel cadeau faramineux!

L'appel de Dieu.

– Je ne puis que vous répéter ce qu'a si magistralement expliqué saint Paul :

> Considérez, frères, qui vous êtes, vous qui avez reçu l'appel de Dieu : il n'y a parmi vous ni beaucoup de sages aux yeux des hommes, ni beaucoup de puissants, ni de gens de noble origine. Mais ce qui est folie dans le monde, Dieu l'a choisi pour confondre les sages ; ce qui est faible dans le monde, Dieu l'a choisi pour confondre ce qui est fort ; ce qui dans le monde est vil et méprisé, ce qui n'est rien, Dieu l'a choisi pour réduire à néant ce qui est, afin qu'aucune créature ne puisse s'enorgueillir devant Dieu. C'est par lui que vous êtes dans le Christ Jésus, qui est devenu pour nous sagesse venant de Dieu, justice, sanctification et délivrance, afin, comme dit l'Écriture, que « celui qui s'enorgueillit, s'enorgueillisse dans le Seigneur ». [1 Corinthiens I, 26-31.]

Vous savez, Henri, que si je sais, par moments, reprendre les traits de votre caractère qui ne sont pas toujours exemplaires, je sais aussi reconnaître que vous êtes dépourvu d'orgueil. Je tenais tout de même, au regard de ce magnifique cadeau que Dieu vous a fait, de savoir d'une façon innée lire entre les lignes des Textes sacrés, vous faire moi aussi, une fois n'est pas coutume, ce petit cadeau de reconnaître que vous n'êtes pas orgueilleux.

– Quel ange vous faites !

7

Le roseau

*

Un roseau en guise de sceptre.

Recours obligatoire à la Torah selon Jean-Paul II.

La Septante, la plus grande catastrophe exégétique selon les rabbins.

Le judaïsme visé à travers la personne de Jésus.

La mer des Roseaux.

Joseph, fils de Jacob – Joseph, père terrestre de Jésus.

L'accession à l'infini lors du passage de la mer des Roseaux.

La philosophie, le soufisme...

« Non, les anges ne sont pas des hirondelles... »

« Paqod yphqod! »

La Pâque chrétienne issue de la Pâque juive.

Le faramineux cadeau de la Résurrection.

Un roseau en guise de sceptre.

– Quant au roseau mis dans la main droite de Jésus en guise de sceptre et dont on s'est aussi servi pour le frapper, ce roseau fait directement allusion au miracle de la mer des Roseaux qui s'ouvre sur un geste de Moïse, bref autant d'événements que les Romains ont tenté de ridiculiser, de piétiner avant de clouer Jésus sur la croix : le roseau mis dans les mains de Jésus en guise de sceptre est une allusion directe au passage de la mer des Roseaux ou mer des Joncs dite mer Rouge.

Je fais à nouveau référence à ces extraordinaires paroles du pape Jean-Paul II prononcées devant la Commission biblique pontificale, le 11 avril 1997. Et si je cours le risque d'être accusé de redondance, c'est parce que je suis véritablement conscient du fait que ce texte est tout précisément une clef de lecture des évangiles : une des clefs de saint Pierre, dirons-nous ! Et si les chrétiens se rédiment et veulent pousser plus loin leur étude des Textes évangéliques, c'est bien à cette déclaration du pape Jean-Paul II qu'ils doivent se référer. Car l'imprécation que j'ai lancée à l'égard de l'Église catholique ne vise en aucun cas le pape Jean-Paul II.

Effectivement, le très Saint-Père a tout saisi et l'Église ne me paraît guère le suivre du point de vue exégétique. Je ne voudrais pas accabler les gens d'Église, mais avez-vous beaucoup entendu parler de cette déclaration qui résume tout et que vous comme moi ne cessons de rabâcher? Faut-il rappeler – bien sûr qu'il le faut! – qu'elle a été éditée en 1991? Y a-t-il quelque chose de changé depuis?

– Non, on ne peut pas dire qu'on ait pu la lire au fronton des églises et elle n'a pas non plus été beaucoup colportée lors des homélies.

– *Mais alors, comment est-elle tombée entre vos mains?*

– Allez, ne soyons pas timide, modeste ou honteux des grâces dont on m'inonde. Je vous répondrai, cher ange, que la déclaration du pape Jean-Paul II m'est tombée entre les mains... par l'opération du Saint-Esprit. Et le plus fort, c'est que je le crois fermement. Je me retrouve comme Jacob qui dit à Dieu : « **Je suis trop petit pour toutes les grâces et toutes les vérités que tu as témoignées à ton serviteur** » (Genèse XXXII, 11).

Vous avez vous-même fait la démonstration que l'on ne peut pas saisir pleinement la parabole de « la multiplication des pains » sans la connaissance de l'Ancien Testament, et il en est de même pour la totalité des Textes évangéliques et des symboles qui sont enchâssés comme des perles dans toutes les paroles concernant le Christ.

Ce texte on ne le diffusera, répétera jamais assez pour rattraper le temps perdu du fait que...

– *Que le travail n'a pas été fait par ceux qui auraient dû l'accomplir.*

Recours obligatoire à la Torah selon Jean-Paul II.

– Je répète donc avec délectation la déclaration du pape qui est la clef qui ouvre la porte du christianisme :

> **En réalité, on ne peut exprimer pleinement le mystère du Christ sans recourir à l'Ancien Testament [LA TORAH]. [...] Priver le Christ de son rapport à l'Ancien Testament, c'est donc le détacher de ses racines et vider son mystère de tout sens.**

L'Église a vu les Écritures juives comme Parole de Dieu éternellement valable, adressée à elle-même comme aux enfants d'Israël.

Et nous, chrétiens dont je suis, n'avons pas su voir tout ce qui reliait le Christ à la religion juive et par conséquent à l'Ancien Testament qu'Il n'est pas venu abolir mais accomplir comme Il l'a affirmé. Et par le peu d'attention que nous, chrétiens, avons porté aux juifs, nous avons estompé, par notre ignorance, les arrière-pensées des Romains et nous avons cloué Jésus une seconde fois au pilori.

– Oui, sans doute. Le christianisme, à force de ressasser pendant deux millénaires que les juifs avaient tué le Christ, a ainsi détourné l'attention du monde des véritables coupables qui étaient les Romains, même si une poignée de juifs, faisant partie du Sanhédrin, était à mettre dans le même sac que les Romains. Mais avant d'accuser un peuple entier, encore faut-il avoir certaines connaissances historiques et prendre en compte que dix pour cent seulement de la population juive se trouvait à l'époque en Palestine. Le reste, disséminé en diaspora, vivait sur les pourtours de la Méditerranée. L'historien Wittemeyer-Baron confirme tout cela dans ses écrits.

On ne s'est, du coup, pas rendu compte à quel point les Romains avaient en tête d'atteindre le judaïsme jusqu'au cœur de son message, au point que, quelques décennies plus tard, ils iront jusqu'à raser le Temple après l'avoir profané.

Et ils ont attenté au Temple du corps du Christ avant même d'anéantir le Temple de pierres. Mais ils n'ont pu prévoir ce que Jésus avait prédit : « **Détruisez ce sanctuaire ; en trois jours je le relèverai** » *(Jean II, 19).*

– En fait, dès le début de son existence, l'Église s'est dite la continuation d'Israël jusqu'à se prétendre le nouvel Israël en agissant comme si le vrai Israël avait cessé d'exister. L'Église a certes adopté comme il convenait les livres sacrés de la religion juive, mais elle s'est gardée de les utiliser dans leur langue initiale, originale, l'hébreu, et ainsi elle a perdu en chemin l'essentiel, oui, l'essentiel ! du Message divin…

– Et aujourd'hui encore, j'ose l'affirmer, elle n'est pas prête à le récupérer dans sa totalité, dans son entité, dans son identité, serais-je tenté de dire, car l'Église a eu le tort d'utiliser pour sa gouverne la traduction en grec de la Torah dite des Septante faite deux siècles avant notre ère par soixante-dix ou soixante-douze rabbins (d'où son nom : la Septante) à Alexandrie, dans la diaspora donc. Ce qu'elle ne savait pas, c'est que lors du passage de l'hébreu au grec, au cours de ce périlleux voyage du transfert d'une langue dans une autre, beaucoup de choses essentielles sont alors restées sur le bord de la route. Les rabbins considèrent d'ailleurs qu'après le drame du veau d'or cette traduction grecque de la Torah est la plus grande catastrophe exégétique.

– Et je n'en veux pour exemple que celui de la mer des Roseaux qui s'est ouverte avec l'aide de Dieu sur un simple geste de Moïse. C'est ce qui a permis au peuple juif de la traverser à pied sec alors que les chars égyptiens s'étaient lancés à sa poursuite.

La Septante, la plus grande catastrophe exégétique selon les rabbins.

– Or, la mer des Roseaux a été débaptisée par les auteurs de la Septante et a été dénommée « mer Rouge » pour rendre géographiquement les choses plus claires pour les Grecs. Dès lors, toute allusion aux roseaux dans les Textes et notamment dans les évangiles demeure dénuée de sens. À telle enseigne que ce que je soutiens n'a jamais été soutenu jusqu'ici par personne d'autre que moi et, sans vouloir me vanter, il me semble que c'est dommageable pour la bonne compréhension du Message christique.

– Je vous écoute.

– Si l'on perd de vue, cher Ouriel, la symbolique de la couronne d'épines enfoncée sur le crâne de Jésus et du roseau mis dans sa main droite en guise de sceptre, Jésus se trouve alors déguisé en roi de pacotille par les Romains, ridiculisé et rien de plus. À cette occasion, on peut s'interroger sur l'imagination débordante de cette soldatesque romaine à qui, tout à coup, il vient à l'esprit de tresser une couronne d'épines et de se servir d'un roseau en guise de sceptre. Je demeure en outre étonné qu'un roseau traîne dans le prétoire alors que je ne pense pas qu'il en pousse à Jérusalem. Ce récit est cousu de fil blanc et il faut être bien naïf pour ne pas comprendre que tout cela s'est fait sur ordre. À moins que les soldats romains n'aient eu des dons innés de mise en scène.

Le judaïsme visé à travers la personne de Jésus.

– En fait, les arrière-pensées du pouvoir romain nous échappent du simple fait que la symbolique de la couronne d'épines ainsi que celle du roseau demeurent lettre morte pour le monde chrétien.

En ignorant cette symbolique essentielle, l'Église a permis durant deux millénaires que soit détournée la culpabilité de la crucifixion de Jésus sur les juifs alors qu'elle pèse presque de tout son poids, si lourd, sur les Romains. En effet, les Romains n'avaient pas grand-chose à faire de Jésus, si ce n'est, tout en Le crucifiant, de bafouer du même coup le judaïsme et de le tourner en dérision en se servant de ce qu'il a de plus précieux symboliquement : le buisson ardent de Moïse et le passage de la mer des Roseaux.

– Si vous saviez comme votre discours m'émeut. Il semble répondre, tel un écho, à ce que je m'apprête à vous expliciter par le truchement de la Torah.

Mais revenons au roseau mis dans la main du Seigneur en guise de sceptre. Ce roseau n'est autre que le symbole de cet infini que nous n'aurons pas la prétention ou la tentation de définir puisque, comme son nom l'indique, il ne peut être définissable avec des mots finis, nous en avons parlé plus haut.

Toujours est-il qu'il me paraît tout à fait humoristique que, dans le même temps que les soldats romains se prosternent en signe de dérision devant Jésus en psalmodiant « **Salut, roi des juifs !** », *à savoir* « **Salut = Iéchouah = Jésus, roi des juifs** », *ils font également acte d'allégeance devant Dieu, Créateur du ciel* *et de la terre dont la couronne d'épines est la métaphore, et pareillement devant ce Dieu infini qui a mis en vous l'idée d'infini que symbolise son sceptre, le roseau !*

Reportons-nous, si vous le voulez bien, à la Torah, dans le livre de l'Exode, chapitre XIII, verset 17 à 19 :

> Quand Pharaon fit partir le peuple [...] Dieu détourna le peuple du côté du désert, vers la mer des Roseaux, et les enfants d'Israël partirent armés du pays d'Égypte. Moïse emporta les ossements de Joseph avec lui ; car celui-ci avait fait jurer les enfants d'Israël, en disant : « Dieu se souviendra de vous, et vous emporterez mes ossements d'ici avec vous. »

Ainsi les enfants d'Israël sous la conduite de Moïse se dirigent donc vers la mer des Roseaux alors qu'ils vont être poursuivis par Pharaon qui se repent de les avoir laissés partir :

> Il attela son char, et il prit avec lui son peuple. Il prit six cents chars d'élite et tous les chars d'Égypte, tous couverts d'officiers. [...] Et les enfants d'Israël levèrent leurs yeux et voici l'Égypte !... qui marchait derrière eux, et ils furent remplis d'effroi, et les enfants d'Israël crièrent vers l'Éternel. [Exode XIV, 6-7.10.]

On connaît la suite ; les enfants d'Israël sous la houlette de Moïse vont traverser à sec la mer des Roseaux dite communément mer Rouge :

> L'Éternel dit à Moïse : « Qu'as-tu à crier vers moi ? Parle aux enfants d'Israël et qu'ils avancent. Et toi, lève ton bâton et étends ta main sur la mer, et divise-la, et les enfants d'Israël entreront au milieu de la mer à sec. » [Exode XIV, 15-16.]

La mer des Roseaux.

– *En hébreu, la mer des Roseaux se dit :* IaM SOUF.

IaM, *c'est la mer et* SOUF, *c'est le roseau. Nous allons voir tout ce qu'il y a de fraternel entre le mot « roseau »,* SOUF, *et le nom de Joseph,* IOSeF, *à l'intérieur duquel se trouve le mot « roseau »,* SOUF *ou* SeF.

Il est ici question du Joseph du Premier Testament, le fils tant désiré de Rachel et de Jacob qui naît le onzième garçon après les six garçons et Dina la fille, donnés par Léa à Jacob – ainsi que les deux garçons issus de Jacob et de Bilha, la servante de Rachel, et les deux autres garçons issus de Jacob et de Zilpa la servante de Léa.

Joseph est donc le onzième garçon né des amours de Jacob et de Rachel. Elle mourra à Bethléem en donnant naissance à Benjamin, le douzième garçon. Le nom de chacun de ces garçons constituera le nom éponyme de chacune des douze tribus d'Israël.

– Me permettez-vous de vous couper un court instant, cher ange, pour dire que, puisque le nom de Rachel signifie « brebis » et qu'elle est morte à Bethléem où se trouve toujours son tombeau, j'ose donc en déduire qu'où meurt la brebis, renaît l'agneau de Dieu, à savoir Jésus qui verra le jour terrestre dans une étable à Bethléem comme chacun sait.

Et je ne pense pas que ce soit par hasard que son père terrestre porte le nom de Joseph, le fils tant désiré de Rachel qui ne pouvait avoir d'enfant jusqu'au jour où…

– Permettez-moi de reprendre le relais! Rachel en effet a eu grand mal à enfanter, allant jusqu'à dire à Jacob son mari : **« Donne-moi des enfants, sinon j'en mourrai! »** *(Genèse XXX, 1).*

Enfin **« le Seigneur se souvint de Rachel : il l'entendit et donna la fécondité à son sein. Elle conçut et enfanta un fils; et elle dit : "Dieu a ôté ma honte." Elle lui donna le nom de Joseph, en disant : "Puisse l'Éternel m'ajouter un autre fils!" »** *(Genèse XXX, 22-24).*

C'est à l'adresse de tous les chercheurs et tout particulièrement des malheureux séminaristes qui s'abîment dans tous les sens de ce terrible verbe, à faire des études exégétiques sur le grec ou le latin, langues qui jamais n'éclaireront leurs recherches comme seule la langue des anges, l'hébreu, pourrait le faire. Qu'ils continuent à perdre plus ou moins le temps qui leur est imparti comme à chaque créature humaine, dans la plupart des séminaires du monde où l'hébreu n'est, hélas, pas au programme!

Joseph, fils de Jacob – Joseph, père terrestre de Jésus.

– Voici ce qu'il convient de savoir pour bien comprendre les choses : Rachel dit, après la naissance de son fils premier-né :

> **« Dieu a OTÉ ma honte. » Elle lui donna le nom de JOSEPH, en disant : « Puisse l'Éternel M'AJOUTER un autre fils! »**

Or, si l'on retranscrit en hébreu les mots en majuscule, nous nous trouvons devant des mots presque semblables à une lettre près. Il faut savoir qu'au travers de tout son texte, la Torah joue avec les mots et que ces jeux de mots ne sont jamais gratuits. Ils nous invitent à mille et une compréhensions, et chaque être humain est programmé de telle sorte qu'il est mis sur terre pour débusquer les sens que son prochain ne peut pas appréhender. Que chacun donc se mette au travail :

> **« Dieu a OTÉ-ASEF ma honte. » Elle lui donna le nom de IOSEF, en disant : « Puisse l'Éternel M'AJOUTER-IoSEF un autre fils! »**

Ce même mot SEF *ou* SOUF, *selon qu'on lui ajoute en son début un aleph, première lettre de l'alphabet hébraïque, va signifier « ôter-enlever » alors que, si on lui adjoint la dixième lettre de l'alphabet, à savoir iod, son sens devient contraire et le même mot va signifier « ajouter-rajouter ».*

Ainsi donc, ce même mot SEF *ou* SOUF *va inverser son sens et donner la notion - « moins » avec la lettre aleph dont la valeur numérique est 1, ou bien alors la notion + « plus » s'il est accompagné de la lettre iod dont la valeur numérique est 10. Je sais que vous vous interrogez parfois sur cette pratique qui consiste à calculer la valeur numérique des mots hébreux en addition-*

nant la valeur de chacune des lettres. Cela sert à vrai dire à mettre « en rapport » certains mots lorsqu'ils ont le même poids numérique. C'est un appel du pied pour tenter d'aller par-delà la lettre.

Tant et si bien que ce mot SEF *ou* SOUF, *qui se trouve dans le nom de* IOSEF, *marque une limite à partir de laquelle se trouve écrit, inscrit dans le mot grâce aux lettres qui marquent le mot, que ce qui advenait avant est effacé, ôté, et que ce qui surviendra après sera ajouté, surajouté.*

– Me saute aux yeux tout à coup, cher ange, le fait que si Joseph par sa propre naissance ôte la honte de Rachel sa mère, Joseph, le père terrestre de Jésus, fait de même, lui qui ôte également la honte de Marie enceinte de l'Esprit Saint, en la prenant malgré tout chez lui.

Il le fait sur l'injonction de l'ange du Seigneur qui lui apparaît en songe alors qu'il a formé l'intention de répudier Marie sans bruit, ne voulant pas la dénoncer publiquement.

Nous nous éloignons peut-être ici de la mer des Roseaux dont il était auparavant question.

– Ne croyez pas cela. Vous avez vu juste concernant l'attitude de Joseph, le père terrestre de Jésus. Le rapport avec le Joseph du Premier Testament me paraît tout à fait judicieux.

L'accession à l'infini lors du passage de la mer des Roseaux.

– Donc ce mot hébreu SEF *va donner le verbe hébreu « ajouter » avec la lettre iod :* IaSOF *– et avec la lettre aleph, il donne le verbe « ôter » :* ASoF.

Ainsi, s'impose le fait que là où l'on trouve des joncs, des roseaux, à IaM SOUF, *la mer des Roseaux, on a précisément atteint l'endroit exact où l'on ne peut ni avancer ni reculer. Là se trouve* SOUF, *qui désigne « le roseau », « le jonc ». Mais ce même mot* SOF *signifie aussi « fin », « limite ». Il s'agit de ce lieu où l'on ne peut pas « rajouter »,* IaSOF, *un seul pas, ni en « ôter »,* ASoF, *un seul autre, de sorte que, ne pouvant ni avancer ni reculer, on se trouve donc à* SOF, *en un point de non-retour, à la limite extrême de l'endroit où l'on pouvait se rendre.*

On devine alors, tout à coup, et d'une manière urgente, le désarroi des Hébreux une fois parvenus à IaM SOUF, *à « la mer des Roseaux », autrement dit à « la mer de la limite extrême ». Et le danger apparaît dans toute son actualité quand le Texte de l'Exode nous narre :* **« et les enfants d'Israël levèrent les yeux, et voici que l'Égypte marchait derrière eux, et ils furent remplis d'effroi, et les enfants d'Israël crièrent vers l'Éternel »** *(Exode XIV, 10).*

– Ils se croient perdus?

– *En fait, plusieurs possibilités s'offrent à eux. Le* Livre des Antiquités bibliques *X, 2, 3 nous l'explique :*

> **Les fils d'Israël poussèrent des cris vers le Seigneur et dirent à Moïse (Exode XIV, 10) : « Voici venu le temps de notre perte. La mer est devant nous, la foule des ennemis derrière nous, et nous au milieu. Est-ce pour cela que Dieu nous a fait sortir, ou bien sont-ce là les alliances qu'il a établies pour nos pères en disant : "À votre semence je donnerai la terre que vous habiterez (Genèse XII, 7)" pour faire de nous maintenant ce qui lui plaît? » Alors, en tenant compte de la crainte [inspirée] par cet instant, les fils d'Israël se divisèrent en trois parties selon leur option. Les tribus de Ruben, d'Issachar, de Zabulon et de Siméon dirent : « Venez, jetons-nous dans la mer. Il vaut mieux que nous mourrions dans l'eau plutôt que d'être tués par les ennemis. » Les tribus de Gad, Acher, Dan et Nephtali dirent : « Non, retournons avec eux et, s'ils consentent à nous donner la vie sauve, soyons leurs esclaves. » Mais la tribu de Lévi, la tribu de Juda et de Joseph, et la tribu de Benjamin dirent : « Non, pas cela; prenons les armes et combattons-les : Dieu sera avec nous! » Moïse aussi cria vers le Seigneur...**

– Je me souviens – c'est resté imprimé dans ma mémoire – que, lorsque nous travaillions ce texte avec Albert Abécassis, le rabbin qui m'a guidé dans mes recherches, il m'avait signalé que, selon la Tradition, celui qui le premier s'est jeté à l'eau en ne cherchant pas autre chose que de faire confiance à l'Éternel se nommait Narchon Ben Aminadav.

– *En effet. D'ailleurs ce nom dit tout : Narchon signifie « petit serpent » et en même temps « celui qui devine ». Quant à Ben Aminadav, cela veut dire littéralement : fils de mon peuple qui s'offre volontairement, qui fait offrande de lui-même. Quelle leçon !*

Ainsi, les enfants d'Israël vont-ils dépasser SOF, *« la limite » :*

> **L'Éternel dit à Moïse : « Qu'as-tu à crier vers moi ? Parle aux enfants d'Israël et qu'ils avancent. Et toi lève ton bâton et étends la main sur la mer, et divise-la, et les enfants d'Israël entreront au milieu de la mer à sec. »** [Exode XIV, 15-16.]

C'est effectivement ce qui va se passer, ils vont entrer à pied sec dans « la mer des Roseaux, de la limite », IaM SOUF, *porteurs des ossements de* IOSEF, *qu'ils avaient promis de ne pas laisser en Égypte. Entrant dans* IaM SOUF, *dépassant en même temps et la « limite »,* SOF, *et les « roseaux »,* SOUF, *ils vont se précipiter pour leur salut par-delà, au-delà de* SOF, *de la « limite », et atteindre ainsi ce lieu inespéré où plus personne ne peut vous atteindre, cet endroit hors limite, où il n'y a plus de notion de limite, l'illimité en quelque sorte, lieu que les kabbalistes dénommeront* EIN-SOF (EIN = *« pas », « point », « sans »;* SOF = *« limite »). Cet endroit où il n'y a plus de limite, ce lieu sans limite, nous tentons de le définir par ce mot évocateur de tant de mystères, « l'infini ».*

– Quel voyage vous me faites faire, cher ange. Il pourrait presque s'agir d'un voyage interplanétaire puisque mes pieds me paraissent ne plus toucher terre bien que je sois resté au sec en suivant les enfants d'Israël. Je vois dans cette avancée dans IaM SOUF, « la mer des roseaux », le baptême le plus gigantesque qui ait jamais eu lieu. C'est le baptême de tout un peuple que Moïse a entrepris, baptême qui augure de celui que Jean le Baptiste inaugurera sur les bords du Jourdain et auquel Jésus le Christ se soumettra volontairement.

Par le sacrement du baptême, les chrétiens peuvent avoir conscience de cet infini vers lequel Jésus les appelle, Lui qui est « Lumière du monde » et qui les invite donc à l'appréhender du mieux possible.

– *Qui mieux que Jésus-Christ peut vous donner notion de cet infini qui contient les milliards de mondes dont Il est à la fois le Créateur et le Maître? C'est sans aucun doute dans le but de vous conduire aux portes de cet infini que Jean-Paul II a déclaré, le 6 avril 1986, à Monte Sacro dans la banlieue romaine :* « **Que le Christ soit le centre de vos existences, qu'il soit l'orientation constante de votre vie, le point de référence de tout votre être. Et sachez qu'en ceci il y a à vos côtés vos anges gardiens qui vous aident.** »

La philosophie, le soufisme...

– *Les êtres humains peuvent toutefois prendre conscience de « l'infini » par les voies qui leur conviennent, puisque cet* EIN-SOF(EIN = *« pas »;* SOF = *« limite ») des kabbalistes va donner naissance chez les Grecs, une fois discerné, jaugé, évalué, à la* SOFIA *(ou* SOPHIA*), « la Sagesse » qui, dans la mesure où l'on s'éprend d'elle, conduira les hommes vers « la philosophie », une fois pris en compte le sens du mot :* PHILO = *« qui aime »,* SOPHIA = *« la Sagesse ».*

– Puis-je vous rappeler, cher ange, cette définition concernant la philosophie? Elle ne manque pas d'humour vous me l'accorderez : « **Il est extraordinaire que la philosophie se résume en trois mots : "Je m'en fous!"** »

– *La philosophie aide dans tous les cas les humains à supporter certaines choses que leur présente la vie. Montaigne ne disait-il pas que* « **philosopher, c'est apprendre à mourir** »*?*

J'avoue que vous les êtres humains avez une infinie patience, philosophiquement j'entends, d'attendre toujours ce que vous savez pertinemment qui ne viendra jamais.

En post-scriptum au mot SOUF *que nous avons traité, il ne faut surtout pas omettre non plus, issu donc du même mot « le soufisme » qui est l'ascétisme mystique de l'islam.*

Dans ces voies si diverses, mais qui tendent toutes vers le même point central, nous les anges sommes là pour vous guider comme l'a dit le Psalmiste : « **Car il donnera charge de toi à ses anges, afin qu'ils te gardent dans toutes tes voies** » *(Psaumes XCI, 11).*

– Êtes-vous là aussi pour conduire les incroyants? Je pense tout à coup à ce renégat qui, voulant mettre à mal le miracle du passage de la mer des Roseaux, prétendait qu'à certains moments de l'année l'eau se retirait d'elle-même et que l'on pouvait traverser à sec en certains points. Il se vit répondre par un croyant qui ne se laissa pas démonter par les allégations du mécréant que le miracle, c'était précisément, dans le cas où ses objections se révéleraient vraies, que le peuple juif se soit vu acculé à la mer Rouge, justement au jour et à l'heure où elle se retirait.

« Non, les anges ne sont pas des hirondelles... »

– Henri, apprenez que nous sommes toujours présents pour tout le monde, aussi bien pour ceux qui croient en notre présence à leurs côtés que pour ceux qui n'y croient pas : « **Non, s'écriera plus tard l'enthousiaste cardinal Aguirre, les anges ne sont pas des hirondelles qui partent l'hiver** » *(Aguirre,* Theol. S. Anselme, *t. III, sect. IV, disp. CXXV, Salamanque, 1685, p. 457).*

Il est certain que notre tâche est facilitée dès l'instant où elle nous est demandée. Moïse tend son bâton sur lequel était gravé le nom de Dieu. Ce bâton est, selon la Tradition, le sceptre divin. Le roseau mis dans la main de Jésus avant la crucifixion en est la divine réminiscence. Cependant, ce n'est pas le bâton de Moïse qui parvint à faire reculer la mer. L'Éternel intervient parce que Moïse l'appelle : « **Qu'as-tu à crier vers moi ?** » *(Exode XIV, 15.)*

Alors Dieu fit reculer la mer, c'est ce à quoi fait allusion le Psalmiste quand il dit : « **La mer le vit et se mit à fuir** » *(Psaumes CXIV, 3).*

« **Paqod yphqod!** »

– *Comment obtenir si l'on ne demande pas? De la même façon, Joseph obtient de ses frères qu'ils se chargent de ses ossements car il leur avait stipulé :* « Paqod yphqod… **Dieu ne manquera pas de vous visiter…** » *Ou :* « **Se souvenir, il se souviendra… Dieu se souviendra de vous, et vous emporterez mes ossements d'ici avec vous** » *(Exode XIII, 19).*

– Il n'est pas interdit de supposer que c'est à cause des ossements de Joseph que Dieu a ouvert la mer et, par là même, a donné aux enfants d'Israël accès à l'infini.

La remontée des ossements de Joseph n'équivaut-elle pas à l'arrimage du livre de la Genèse au livre de l'Exode ? Tout le passé historique de Joseph que développe le livre de la Genèse se trouve ainsi sauvé de l'oubli et sa cargaison de révélations liée à jamais au destin des enfants d'Israël.

– *Ce sont surtout ces deux mots* paqod yphqod *qui annoncent la Rédemption. L'Éternel avait dit à Moïse depuis le buisson épineux, le buisson ardent :* « Paqod paqadéti… **Visiter, je vous visiterai…** » *Ou :* « **De me souvenir je me souviendrai de vous et de ce qu'on vous a fait en Égypte; et j'ai dit : je vous ferai monter du servage de l'Égypte** » *(Exode III, 16-17).*

Ces deux mots sont les témoins de la Promesse faite à Moïse par l'Éternel au chapitre III de l'Exode. Dieu donnera la preuve qu'Il n'oublie rien de ce qu'Il avance en Exode XIV au moment du passage de la mer Rouge. D'autant que ces deux mots avaient été rappelés par Joseph pour qu'on s'occupe de ses ossements. Ces deux mots paqod yphqod, *révélés tout d'abord à Abraham, puis à Isaac, puis à Jacob et enfin à Joseph, ont été transmis par lui à ses frères. Et c'est l'un de ses frères, Acher, qui les confia à sa fille Serah (*Chapitres de Rabbi Éliézer, *48). Les anciens d'Israël, au temps de Moïse, allèrent la consulter à la vue des prodiges que Moïse accomplissait. Les signes n'intéressèrent guère Serah, mais quand les anciens d'Israël lui stipulèrent que Moïse disait* « Paqod yphqod… **Visiter, je vous visiterai – Dieu ne manquera pas de vous visiter** », *elle s'écria alors :* « **C'est bien lui le libérateur d'Israël qui délivrera Israël**

d'Égypte, car c'est ce que j'ai entendu de mon père : Paqod yphqod ».

– On voit à quel point la transmission est une chose importante, essentielle, vitale.

Oui, *paqod yphqod,* « **se souvenir, il faut se souvenir** » si l'on veut que certaines choses se produisent ou alors l'inverse, si l'on veut les éviter. Notre société qui efface les repères ne sait pas encore à quoi elle doit s'attendre. Que l'on me pardonne de me délecter à l'avance de tous les malheurs qui vont découler de cet état de fait.

Notre pays, dont l'histoire est si riche, fait partie, j'en demeure persuadé, des nations qui auront le plus à pâtir d'avoir oublié de se souvenir... du sens profond de ces mots : *paqod yphqod.*

À force de se dissoudre et de s'adonner à cette terrible manie de la dissolution, il ne restera même plus trace de notre pays et ce sera justice! Il est des pays qui, n'ayant guère de passé, ont toutes les excuses de ne pas s'y référer. Ce qui n'est pas le cas de la France, dont les citoyens ne cessent de travailler à effacer les traces de ceux qui sont passés sur le chemin de son histoire.

Non, « **Dieu ne se souviendra pas de nous** » dans la mesure où nous semblons ne nous souvenir de rien.

Les enfants d'Israël, eux, se sont souvenus des ossements de Joseph, et Moïse, par un prodige, a aidé à faire ressurgir son cercueil du Nil. En effet, Moïse après avoir écrit sur une plaque le Nom ineffable, à savoir le Tétragramme, la jeta dans le Nil pour faire remonter le cercueil de Joseph (*Sanh.* 103 b), lequel avait été embaumé à la manière égyptienne. Ainsi Joseph est remonté du Nil avant de remonter en Terre promise où ses ossements seront inhumés à Sichem (Josué XXIV, 32), là où Jésus rencontrera la Samaritaine à qui Il proposera l'Eau vive qui deviendra, selon sa Promesse, « **source d'eau jaillissant en vie éternelle** » (Jean IV, 14).

Les restes de Joseph sont symboliques de tout le passé d'Israël. Depuis Abraham parti d'Ur en Chaldée, en passant par Isaac, Jacob et jusqu'à Joseph vendu par ses frères qui se retrouve en

Égypte, le premier livre de la Torah, le livre de la Genèse, aboutit à Joseph.

Le livre de l'Exode qui lui fait suite annonce dans son tout début : **« Et il se leva un nouveau roi sur l'Égypte qui ne connaissait pas Joseph »** (Exode I, 5).

Et après la mort de Joseph, lors de la sortie d'Égypte des enfants d'Israël que commente le deuxième livre de la Torah, le livre de l'Exode, ses ossements qui attendaient en Égypte depuis quatre cents ans que l'on veuille bien les remonter en Terre promise feront office de trait d'union entre les deux premiers livres de la Torah.

La Pâque chrétienne issue de la Pâque juive.

– Cette remontée des ossements de Joseph est la préfiguration de la Résurrection qu'accomplira plus tard Jésus. En effet, entourés de toute la chair compacte des enfants d'Israël serrés les uns contre les autres et qui fendront l'eau de la mer des Roseaux, ces ossements de Joseph sont appelés à remémorer, une fois enfouis à Sichem, toutes les pérégrinations du peuple juif depuis Abraham jusqu'à Josué.

La Pâque juive, « passage », *pessah̲,* marque la libération des enfants d'Israël qui, sous la houlette de Moïse, parviennent à s'affranchir de l'esclavage égyptien pour accéder à la liberté.

La Pâque chrétienne, quant à elle, permet à ceux qui participent à la foi en Christ de passer de l'esclavage de la mort à la résurrection éternelle inaugurée pour nous tous par Jésus le Christ.

On peut bien dire alors : *paqod yphqod...*

Oui, Jésus s'est souvenu de nous tous, cher ange Ouriel, car visité, Il nous a visités! *Paqod yphqod!*

– *Comme Jean-Paul II a dit juste quand il a déclaré :*

> **En réalité on ne peut exprimer pleinement le mystère du Christ sans recourir à l'Ancien Testament. [...] Priver le Christ de son rapport à l'Ancien Testament, c'est donc le détacher de ses racines et vider son mystère de tout sens.**

La Pâque juive s'accomplit lors du passage de IaM SOUF, *« la mer des Roseaux », et semble être par sa magnificence une « FIN »,* SOF *en soi. Cependant il convient bel et bien de tenir compte de ce que l'on doit considérer comme un « ajout »,* OSEF, *à la Pâque juive : la Pâque chrétienne, dont* IOSEF, *le fils de Jacob et de Rachel, se révèle être non seulement l'annonciateur, le divulgateur mais aussi le propagateur puisque le signe + « PLUS »,* IoSEPH *qui se trouve dans le nom même de* IOSEF *annonce le signe de « la croix ».*

Le faramineux cadeau de la résurrection.

– Jésus est venu sur terre achever le travail mené à bien par le peuple juif, afin d'« ajouter », OSEPH, *ce qui manquait au bonheur complet du genre humain : l'espérance en la continuité offerte par la résurrection, l'accession finale à « l'infini », à ce lieu majestueux dont les limites sont prescrites :* EIN SOF, *« plus de limite ».*

Les juifs ont ouvert la voie de la libération, Jésus le roi des juifs, l'a perpétuée par la Résurrection qui ouvre la voie à laquelle les anges seuls avaient accès jusqu'alors : l'éternité.

8

L'abomination de la désolation

*

La Shoah.

A-t-on le droit de pardonner en lieu et place des victimes?

Les coïncidences abusives.

Les procès de Barbie et d'Eichmann.

Remise en question de Ponce Pilate.

La Shoah a eu lieu en pays chrétiens.

Le statut de Dieu.

La fournaise ardente.

Le rejet mondial du judaïsme et des juifs.

« Enveloppé de l'ange... »

Message de Jean-Paul II au mur des Lamentations.

La Shoah.

– Cela dit, que la perspective de cette éternité souhaitée, rêvée, attendue et en laquelle nous croyons, nous chrétiens, que cette éternité ne nous fasse pas oublier les indicibles souffrances du Christ sur sa croix en vue du rachat des péchés des hommes et qu'elle ne nous fasse pas omettre non plus les tortures aussi bien mentales que corporelles endurées dans leur chair par tous les juifs qui ont péri dans les camps de la mort de la Seconde Guerre mondiale (comme si la crucifixion n'avait pas suffi à payer la rançon).

Déjà saint Bernard avertissait solennellement les croisés qui partaient à la conquête du Saint-Sépulcre : « **Ne touchez pas aux juifs, vous attenteriez à la prunelle des yeux de Notre-Seigneur Jésus-Christ !** »

– *Toujours est-il qu'il ne fait aucun doute qu'en minimisant la responsabilité des Romains au sujet de la mort de Jésus, le christianisme a reporté la culpabilité de la crucifixion sur les juifs et cela a été cause...*

– De 6 millions de morts quelque mille neuf cents ans plus tard, 6 millions de victimes innocentes mortes pour la plupart dans des chambres à gaz, 6 millions d'hommes, de femmes, d'enfants, de vieillards à qui il a été reproché d'être juifs comme

Jésus. Et cela s'est passé dans un pays chrétien. Le Seigneur pourra-t-Il pardonner un jour un tel crime? Lui qui s'est mis à notre place pour les siècles des siècles, pourra-t-Il oublier ces 6 millions de secondes dernières durant lesquelles ces 6 millions de personnes, après avoir entendu les portes qui se verrouillaient, ont commencé à prendre conscience qu'elles suffoquaient au point de pressentir qu'elles allaient mourir, et enfin se sont mises à crier, à hurler, à psalmodier – de nombreux témoins ont fait état de la chose, les cris étant perçus depuis les baraquements avoisinants – cette terrible et lancinante lamentation : « **Dieu d'Israël sauve-nous! sauve-nous!** »

J'ai écouté, il y a peu, à la radio un nazi qui avait échappé au jugement des hommes et qui vivait paisiblement dans un coin d'Allemagne témoigner (si l'on peut dire!) de ce qu'il avait vu et ouï à Auschwitz tout près des chambres à gaz : « **On entendait d'abord des hurlements qui allaient crescendo et au travers desquels on décryptait au cours de la cacophonie des bribes de mots issus de langues diverses. Cela durait jusqu'à trois minutes, puis tout de suite après c'était un long, un lent murmure sourd comme un roulis de vagues qui semblait ne plus vouloir finir et qui faisait place au bout de quatre à cinq minutes environ au silence total. Il fallait compter au moins dix minutes en tout avant que l'on ne puisse déverrouiller les portes avec la certitude que tout le monde était mort. On pouvait s'en donner une idée au travers d'un hublot.** »

À la question : « **Est-ce que c'est dur de vivre aujourd'hui avec ces images et ces cris dans la tête?** », l'homme en question émit une sorte de grognement pas très convaincant et finit par dire : « **Il faut avoir vu ça au moins une fois dans sa vie.** »

A-t-on le droit de pardonner en lieu et place des victimes?

– Oui, je répète ma question : Est-ce que tout cela peut être un jour pardonné, tout ça et le reste bien sûr, l'ensemble des atrocités qui ont eu lieu dans toutes les parties du monde et qui perdurent ici et là de nos jours, et dont les crimes nazis ne sont que le prélude aux actes abominables des hommes?

On me dit souvent : « Il n'y a pas que les juifs qui ont subi ces horreurs. » Bien sûr, mais leur martyre est hélas ! exemplaire de toutes les autres abominations.

– …

– Vous ne répondez rien, vous ne répondez pas à ma question.

– *Je ne puis.*

– Eh bien moi, je vais répondre pour vous. Si la Shoah, la solution finale, toutes les solutions finales du monde entier devaient un jour être pardonnées, ce serait à mes yeux l'anéantissement total de toute justice, de toute équité, plus rien ne tiendrait debout. Et j'ose affirmer que les choses de nos jours tiennent encore debout, même si c'est de bric et de broc, tout simplement parce qu'il reste au cœur de certains, dont je fais partie non pas humblement mais avec fierté, assez de lucidité pour attester avec vigueur que ce qui est impardonnable ne doit pas être pardonné. Est-ce que cela va à l'encontre de notre religion chrétienne ? Je ne le pense pas puisque c'est, ce me semble, à l'imitation de Notre-Seigneur Jésus sur sa croix qui crie : **« Mon Père, pardonne-leur : ils ne savent pas ce qu'ils font »** (Luc XXIII, 34).

– *Que vous en semble?*

– De quoi donc?

– *Eh bien de cette phrase.*

– Vous allez dire que je blasphème, mais pourquoi Jésus supplie-t-Il son Père de pardonner le mal qu'on Lui fait? Pourquoi ne pardonne-t-Il pas Lui-même? Se trouve-t-Il dans l'impossibilité de pardonner? Je sais pour ma part, avec certitude, que c'est seulement à ceux à qui le mal est fait que doit être laissé le choix de pardonner ou pas. Quant aux autres, ils n'ont droit qu'à la boucler si vous me permettez l'expression. Quand j'entends des chrétiens soliloquer sur le pardon au sujet de maux dont ils n'ont jamais été les victimes, j'ai envie de vomir car je sais trop que les massacres laissent indifférents ceux qu'ils épargnent. Que ces gens-là ferment leur gueule, c'est ce qu'ils ont de mieux à faire. Me revient en mémoire un souvenir tout neuf, et ce n'est sûrement pas le fait du hasard s'il ressurgit à cette heure.

Paris était superbe ce soir-là. Nous étions à la mi-juin 2001. Mon regard dominait toute l'étendue parisienne depuis le toit du Centre Pompidou – « l'usine à gaz ». C'est peut-être cette dénomination qui a fait que mon esprit relie cette anecdote à la terrible, terrifiante histoire d'Auschwitz.

Les coïncidences abusives.

– En écrivant, en voulant décrire la situation de ce soir-là, je me rends compte tout à coup que tout est lié et qu'il n'y a vraiment aucune place pour le hasard. Louis Pauwels a parlé de **« coïncidences abusives »**. Car, c'est bien de gaz qu'il va s'agir au cours de cette parenthèse.

J'allais donc quitter le restaurant installé sur le toit du Centre Pompidou en compagnie d'amis avec qui je venais de dîner. Avant de partir, je posais mes coudes sur le bastingage du vaisseau et, d'un regard circulaire, j'indiquais à deux Américaines assises à une table voisine les monuments que mon regard embrassait : l'Hôtel de Ville, Notre-Dame, plus au fond le dôme du Panthéon, en continuant à droite la flèche de la Sainte-Chapelle, l'Académie française, le dôme des Invalides – « Napoléon in Invalides », indiquai-je un peu pontifiant –, la tour Eiffel (qui venait de clignoter de tous ses feux comme elle le faisait toutes les heures à ce moment-là pour encore quelques mois), puis l'Arc de triomphe, bref...

Une des Américaines était de San Francisco, l'autre de Chi... kego et toutes deux en étaient visiblement fières tout en m'enviant pourtant d'habiter Paris : « Paris is bioutifoul! » Ainsi chacun y trouvait son compte. Elles étaient adorables ces Américaines. Aussi je m'enhardis en tentant de leur raconter, chanson à l'appui, qu'un film américain qui reconstituait le tremblement de terre de San Francisco, au début du siècle je crois, m'avait fort impressionné étant tout jeune garçon : « San Francisco dis-moi, dis-moi bonjour... » J'allais jusqu'à signaler le nom de la vedette : Jeanette Mac Donald.

Elles n'avaient pas l'air de connaître cette star jusqu'au moment où elles comprirent qu'il y avait erreur d'accent. Elles s'écrièrent alors en duo : « Oh yiés Jinet Mac Di...nel. »

– Je me permets de vous rappeler que c'est dans ce film, tourné en 1936, que Jeanette Mac Donald, entourée de Clark Gable et de Spencer Tracy, chante l'air célèbre du Faust *de Gounod : « Anges purs, anges radieux... »*

– Ce célèbre film, tourné par le metteur en scène W. S. Van Dyke, m'avait terriblement choqué étant gosse. Je devais avoir à peine trois ou quatre ans. Malou, ma tante, m'avait emmené avec elle au cinéma. Au moment où intervient dans l'histoire le tremblement de terre du 18 avril 1906, j'étais si effrayé, affolé, terrifié, que j'avais planté tous mes ongles dans le bras de ma pauvre tante auquel je m'étais agrippé au moment du cataclysme filmé avec un réalisme impressionnant. Ne pouvant pas se libérer tant je la serrais, elle s'était vue obligée de crier à haute voix « au secours » en pleine séance.

– Dans la réalité, ce tremblement de terre avait fait officiellement quatre cent cinquante-deux morts mais on a estimé les pertes réelles à près de sept cents victimes. Plusieurs secousses de magnitude 8,5 sur l'échelle de Richter ébranlèrent San Francisco, la ville de la ruée vers l'or dès 5 heures 13 du matin. La rupture de canalisations de gaz de la ville provoqua un gigantesque incendie qui embrasa vingt cinq mille immeubles.

– Ayant revu ce film qui a été retransmis à la télévision française, le 4 août 2002, au « Cinéma de minuit », je n'ai pas pu dissocier les images du tremblement de terre de 1906 à San Francisco de celles presque identiques que l'on a vues à la télévision, comme si l'on y était, lors de la terrible catastrophe de Manhattan du 11 septembre 2001 et dont nous aurons l'occasion de parler plus loin.

– À propos de ce tremblement de terre de San Francisco, une polémique a eu lieu. En effet, Ellen G. White (1827-1915), qui est considérée comme l'égérie de l'Église adventiste du 7e jour, est la femme la plus traduite dans l'histoire de la littérature. Certains prétendaient qu'elle avait prédit le terrible événement dès 1903 ce qu'elle a elle-même démenti. Pourtant, sans avoir l'intention de vouloir réhabiliter ses prédictions, mais pour rappeler seule-

ment ses écrits tels qu'ils nous sont parvenus, je vous signale ce qu'elle avait déclaré, en 1909, dans le volume 9 de Testimonies, *pages 12 et 13 – et là, la date de 1909 ne peut pas être contestée :*

> **En une occasion, étant à New York City, je considérai les édifices, s'élevant étage par étage vers le ciel. Ces immeubles garantis incombustibles, étaient érigés pour la gloire de leurs propriétaires et de leurs constructeurs... Le temps vient ou la fraude et l'insolence des hommes atteindront un point que le Seigneur ne leur permettra pas de franchir, et ils apprendront qu'il y a une limite à la patience de Dieu... La scène suivante qui passa devant moi était une alerte de feu. Les hommes regardaient les fières constructions supposées ignifuges, et disaient : « Elles sont parfaitement en sécurité. » Mais ces immeubles furent consumés comme de la poix. Les engins du feu ne purent rien faire pour arrêter la destruction. Les pompiers étaient incapables de manœuvrer les engins.**

Je ne partage pas les positions de l'Église adventiste concernant le rôle quelle prête aux anges destructeurs de Dieu, ni en ce qui concerne le jour du Jugement que cette Église annonce au fil du temps puisque Jésus Lui-même a spécifié : « **Quant à la date de ce jour, et à l'heure, personne ne la connaît, ni les anges des cieux, ni le Fils, personne que le Père, seul** » *(Matthieu XXIV, 36). Cependant, cette vision de New York City datant de 1909 parle d'elle-même.*

– Oui, cela évoque vraiment ce qui s'est passé à Manhattan le 11 septembre 2001, où les malheureux pris dans la tourmente de l'effondrement des tours ont réellement dû penser qu'ils vivaient « **l'abomination de la désolation** » dont il est fait état dans la Bible. Et notamment ces pauvres gens qui n'ont eu d'autre solution que de sauter du haut des tours dans le vide. Prions pour eux, cher ange!

Jésus a dit : « **Lors donc que vous verrez l'abomination de la désolation, dont a parlé le prophète Daniel, installée dans le saint lieu (que le lecteur comprenne!)...** » (Matthieu XXIV, 15).

« **L'abomination de la désolation** », c'est à Auschwitz qu'elle a déjà eu lieu, même si doit, en fin de compte, survenir celle, définitive, qu'a annoncée notre Créateur.

Revenons à ma soirée passée au restaurant sur le toit du Centre Pompidou. J'ai donc quitté mes deux Américaines, l'une de Chicago, l'autre de San Francisco. Puis, un de mes amis me reconduisit chez moi, et ainsi du parking souterrain du Centre Pompidou nous avons émergé dans la rue de Rivoli qui, une fois parcourue, nous a menés à la Concorde où la roue tournait toujours en ce mois de juin 2001 pour gagner l'Étoile via l'avenue Hoche tout près de mon domicile.

Est-ce le fait d'avoir vu Paris de haut qui en bas me le rendait encore plus beau que d'habitude? Je ne sais. Toujours est-il que, bien que Méridional d'origine, j'aime Paris à la folie et me considère aujourd'hui comme étant Parisien bien avant d'être Européen, ce que je ne suis et ne serai en aucun cas. « Je suis citoyen du monde! » disait l'autre..., ce à quoi je réponds : « Oui, mais de quel monde? » Citoyen du monde inconséquent dans lequel nous vivons ? Merci !

Les procès de Barbie et d'Eichmann.

– Me voilà parvenu jusque chez moi. J'allume mon téléviseur tout en me déshabillant. Je tombe par hasard sur la retransmission du procès d'Adolf Eichmann qui s'est déroulé à Jérusalem en 1961 : *Portrait d'un criminel moderne*, film français d'Eyal Sivan. Je suis pris peu à peu. De la même façon, j'avais également vu à la télévision des bribes de retransmission depuis Lyon du procès Barbie et je constate alors, ce soir-là, la différence flagrante de ton des deux procès. Cela me saute aux yeux. J'en conclus que c'est dû pour une bonne part à l'attitude si différente des accusés devant leurs accusateurs et leurs juges. Barbie donnait le sentiment d'être une sorte d'oiseau de proie et de malheur physiquement hors de la portée des humains qui l'entouraient, non seulement à cause de la cage de verre dans laquelle il se trouvait enfermé, mais aussi par le fait de son attitude propre par laquelle il s'isolait visiblement et volontairement de l'humanité. Son air distrait, sa mine qui semblait s'être désolidarisée de tout ce qui l'entourait, son air presque absent de lui-même étaient cause que le discours, les questions, les demandes, les témoignages accablants, le défilé des témoins, rien ne semblait avoir prise sur lui. Toute sa personne paraissait vouloir traduire le fait que, les choses étant ce qu'elles avaient été, il n'y avait pas à y revenir et que, quoi qu'il puisse survenir à la suite des débats, d'un air qu'on aurait pu trouver angélique (pardon cher ange!), on pouvait bien faire de lui tout ce que l'on voudrait, lui s'en moquait car il était déjà parti, loin de nous tous, jugeant que les choses étaient jouées. Il s'était rendu de lui-même à son point final qui j'ose le croire est l'enfer.

Tandis qu'avec Eichmann, on était là en présence d'un homme dont on pressentait qu'il avait une bribe d'espoir de sauver encore sa peau. Ça n'avait strictement rien de comparable avec l'attitude de Barbie. Eichmann se débattait, répondait, s'absentait lorsque les témoignages sentaient trop le brûlé des chambres à gaz, mais il revenait à la charge dès qu'il entrevoyait la possibilité d'élaguer dans le discours des accusateurs ce qui était le pire. C'était un homme qui par moment donnait l'impression qu'il se noyait puis l'instant d'après revenait à la surface et, comme nul ne plongeait et à juste titre pour venir à son secours, il se sautait au cou de lui-même dans une ultime tentative. C'est ainsi que, presque dans un cri, pensant faire preuve d'à-propos je présume, il déclara, avoua, comme pour extorquer une parcelle de pardon à l'assistance, d'avoir été à son insu même le Ponce Pilate de l'époque nazie.

La remise en question de Ponce Pilate.

– Me permettrez-vous une courte parenthèse pour souligner combien Ponce Pilate jouit encore de nos jours dans l'Église d'une certaine indulgence? On entend dire : « Il a tout fait pour sauver le Christ. » Certes. Mais il le fait tout de même crucifier sachant et ayant déclaré qu'Il était innocent. Quelles que soient les mauvaises raisons des prêtres juifs dont Caïphe, grand prêtre l'année

de la crucifixion du Seigneur, de déclarer le Seigneur coupable, ils pensaient tous, à l'exception de Nicodème, qu'Il était véritablement coupable. Pour Pilate, c'est, me semble-t-il, différent. Il sait dans son for intérieur que Jésus est innocent et il ordonne cependant de le faire tuer. N'est-ce pas aussi grave et même plus que pour ceux qui ordonnent la mort de Jésus, le pensant coupable? L'Église a tort depuis près de deux mille ans de trouver des excuses colorées à Ponce Pilate. De cette erreur, Eichmann a tenté de se servir. De la même manière, l'Allemagne nazie s'est servie de cette criminelle affirmation qui a été colportée durant près de deux mille ans sous l'égide de l'Église, et qui a été cause pour une bonne part de la mise en forme et de la mise en marche de la solution finale : **« Les juifs ont tué le Christ. »**

Je n'ai pas peur de dire que le christianisme n'a pas fini de payer cette déclaration comminatoire qui a été cause de tant d'horreurs et de souffrances. Est-il supportable que les fourvoiements d'une poignée d'hommes, composant au temps du Christ le Sanhédrin, rejaillisse sur tout un peuple, sur le peuple juif tout entier? Doit-on rendre le peuple juif responsable des exclusives déclarations de ses prêtres d'alors, membres du Sanhédrin dont celle-ci qui est la preuve flagrante de sa collaboration avec le pouvoir romain : **« Nous n'avons d'autre roi que César! »** *(Jean XIX, 15)? Alors que la loi juive leur interdisait de se prosterner devant un autre que Dieu et qu'ils auraient dû l'observer les premiers. Et ce sont ces prêtres-là qui ont osé dire :* **« Nous n'avons d'autre roi que César! »**, *en réponse à l'intervention de Pilate qui leur demande :* **« Crucifierai-je votre roi? »** *(Jean XIX, 15).*

C'est exactement comme si, pendant la guerre de 1939-1945, le clergé français avait osé déclarer – ce qu'il n'a pas fait d'ailleurs, je m'empresse de le dire – : « Nous n'avons d'autre chef que le Führer! »

– Malgré les égarements, les déraillements du régime de Vichy, certains dans l'Église de France ont été exemplaires avec en tête le cardinal Saliège et le cardinal Tisserant qui mirent les pendules à l'heure en ce qui concerne l'attitude à adopter en Église. Le cardinal Tisserant ne craignit pas d'émettre des doutes sur la politique de sa hiérarchie puisqu'il écrivit au cardinal Suhard le 11 juin 1940, une semaine avant l'appel du 18 juin du général de Gaulle : « **Je crains que l'histoire n'ait à reprocher au Saint-Siège d'avoir fait une politique de commodité pour soi-même et pas grand-chose de plus. C'est triste à l'extrême surtout quand on a vécu sous Pie XI.** »

Mais en aucune façon, les déviations du régime de Vichy ne doivent et ne peuvent être imputées à tout le peuple français. Que fait-on de De Gaulle, de Jean Moulin, de tous ceux, hommes et femmes, qui les ont suivis?

La Shoah a eu lieu en pays chrétiens.

– *C'est, hélas, bel et bien dans des pays chrétiens que les ramassages des juifs se sont effectués et en terrain chrétien qu'a eu lieu la Shoah. Là aussi, de la même façon, n'imputons pas l'abomination de la désolation à tout le peuple allemand. Différencions-les de tous ceux qui ont obéi aux injonctions du diable, comme cet Eichmann dont vous parlez.*

– Se trouvant aux ordres du pouvoir hitlérien, il prétendait ne pouvoir rien élaborer d'autre que d'obéir aux injonctions de l'ignominie de ses supérieurs. Il n'était, disait-il, qu'un simple rouage, responsable de la planification des transports en direction des camps d'extermination durant la Seconde Guerre mondiale, de 1941 à 1945. Face au procureur, il décrivait avec minutie son travail et toute la bureaucratie qui l'entourait, tentant de se faire passer pour l'instrument consciencieux de l'extermination massive de millions de juifs : « Le Führer a ordonné l'extermination... », et il ne pouvait, selon lui, qu'exécuter. Ce n'était en rien pathétique mais pitoyable. Jusqu'au moment où survint un nouveau témoin. Il faut souligner que les juges israéliens, bien loin d'essayer de tirer profit ou parti de ce que les récits vécus avaient d'insoutenable, faisaient preuve de beaucoup de tenue en stoppant systématiquement d'un geste de la main les témoignages aux frontières de l'indicible. Mais un homme est là dans le box qui parle et qui dit si simplement les faits que l'on n'a pas le temps de prévoir l'horreur de ce qui va advenir. Il dit qu'il se trouvait sur le quai de la gare d'Auschwitz quand une femme portant un bébé dans les bras saute du train bondé d'hommes, de femmes, d'enfants, de vieillards. On venait tout juste de déverrouiller la porte coulissante du wagon. Elle court vers un SS, lui crache délibérément au visage. Il s'essuie et, presque dans le même mouvement, s'empare, en le prenant par les pieds, du nouveau-né que la femme portait dans ses bras et, ne faisant ni une ni deux, le projette sur le tronc d'un arbre, ce qui lui fracasse le crâne. Puis il donne l'ordre à ses sbires de s'emparer de la femme, la fait pendre par les pieds au même arbre au pied duquel sont épars les restes de sa progéniture, lui tire une balle dans la tête et la laisse là, pendue, suspendue.

Le statut de Dieu.

– Je m'étais assis par terre devant mon téléviseur, exsangue à l'écoute du récit, lequel faisait suite, certes, à combien d'autres, tous plus abjects les uns que les autres, mais celui-ci m'avait atteint en plein cœur plus encore que ceux dont j'avais eu connaissance auparavant. Peut-être à cause du fait que, le temps passant, on vit, on oublie, et tout à coup on prend conscience que l'on continue à vivre malgré tout, alors que l'on se souvient d'avoir retenu son souffle quand on avait appris que pareille chose s'était passée sur cette même terre où l'on continue de respirer.

Des larmes coulaient sur mes joues, mes yeux s'étaient fixés au plafond de ma chambre comme révulsés, ma bouche s'était entrouverte. On aurait pu supposer que j'avais rejoint, sans le vouloir, la mère et son bébé tous deux assassinés.

« S'il y avait un bon Dieu, tout cela n'arriverait pas », hurlent les juges de pacotille que sont les êtres humains. En vérité, s'il n'y avait pas les hommes cela n'aurait pas été ou ne serait pas à nouveau.

« Où était Dieu au moment d'Auschwitz? » « Mon Dieu, Jésus-Christ, était en croix et Il y est toujours. C'est le seul à qui on ne peut pas reprocher de n'avoir rien fait alors qu'Il est Dieu. » C'est à se demander s'Il n'est pas monté en croix sur terre avant de remonter aux cieux, en vue des horreurs qu'Il savait que ne manqueraient pas de perpétrer ceux qui osent se dire humains. En outre, s'Il avait agi lors de la Shoah, ne dirait-on pas : « Voilà qu'Il intervient pour les juifs et pas pour les autres… Vous voyez bien qu'ils se soutiennent entre eux. »

Et qu'adviendrait-il du sacro-saint libre arbitre des hommes si Dieu se mêlait de leurs affaires ? Y pense-t-on quand on réclame son intervention ?

– *Oui, les humains se plaignent toujours de la non-intervention divine au cours des horreurs perpétrées par le genre humain, mais lorsque ce sont leurs propres enfants, leur progéniture qui sont les acteurs principaux des crimes et des malversations les plus infâmes, interviennent-ils, eux, pour les arrêter ? Ils s'en gardent bien. Dieu n'a pas de leçon à recevoir des hommes que je sache. « Dieu laisse faire », disent-ils, mais eux ne laissent-ils pas leurs enfants mal agir ?*

Reprenez la suite de votre terrible histoire, cher Henri. Je n'ai pu m'empêcher d'intervenir tant je suis parfois scandalisé par le manque de logique de vos congénères.

– Mais voilà que, tout en soliloquant assis à même le sol ce soir-là, tout à trac j'eus la curieuse impression que je m'enfonçais dans le parquet de ma chambre, là, devant mon téléviseur, que j'allais être comme enterré vivant du fait que m'était venue à l'esprit une abominable, une insoutenable constatation. J'étais submergé par l'ampleur du terrifiant verdict que mon esprit venait d'émettre. Et suite à l'horrible évocation de cet acte – un parmi combien d'autres certes ? – survenu sur le quai de la gare d'Auschwitz, je dis à haute voix cet apophtegme que j'ai honte de redire alors que je l'ai mentalement soutenu quand je l'ai prononcé : « Dieu a perdu son statut de Dieu ! »

Par pitié, cher ange, ne jugez pas trop vite cette sentence émise par un humain à l'égard de son Créateur. Je sais combien nos pauvres idées sont sujettes à caution et limitées à la hauteur de notre pauvre entendement. Je pensais en réalité, en émettant cette imprécation que Dieu n'a pas perdu son statut de Dieu de son bon vouloir, mais que ce sont les hommes qui le lui ont fait perdre à cause de **« l'abomination de la désolation »** qu'ils ont fait régner à Auschwitz.

Les hommes, lors de la Shoah, ayant dépassé à tout jamais et pour toujours la frontière du paroxystique en matière de mal, l'ont ainsi poussé à perdre son statut puisqu'Il n'est pas intervenu. Et je pense à présent qu'Il n'a pas bronché parce qu'en fait, Il désespère des humains et n'attend plus rien d'eux. De la même exacte manière, des parents dont l'enfant leur en a tellement fait voir ne réagissent plus guère à ses turpitudes. Ils ont compris que cela ne sert à rien de dire et de redire et de s'escrimer à devoir sans cesse répéter que ceci, que cela… Assez ! faites donc ce que vous voulez et à Dieu vat !

Ainsi, après le Fils, c'est le Père que l'on a mis en croix, et comme le Fils, le Père s'est laissé faire.

Toujours est-il que je maintiens ce qui est sorti d'une façon innée de mon cœur puisque Jésus nous a appris que « **l'homme bon, du bon trésor de son cœur, tire ce qui est bon, et celui qui est mauvais, de son mauvais fond, tire ce qui est mauvais ; car sa bouche parle du trop-plein de son cœur** (Luc VI, 45).

Bon ou mauvais, je prends la responsabilité de maintenir ce qui est sorti de moi et je réitère ce fait, qui est cause que nous vivons à présent dans un monde où « Dieu a perdu son statut de Dieu », par notre faute, notre très grande faute.

Cela permet au moins d'avancer une timide explication pour tenter de comprendre l'état d'abaissement, de délitement dans lequel se trouve, à l'orée du troisième millénaire après la venue du Christ, la société des hommes.

– Les enfants d'Israël, en dépit des terribles et terrifiantes épreuves qu'ils ont dû traverser comme cette mer des Roseaux qui aurait pu les engloutir eux aussi, de même que celle, horrible et inqualifiable, d'Auschwitz que l'on pourrait rapprocher d'un passage dans une mer Rouge de sang, ont tout de même réchappé et sont toujours parvenus à sauvegarder leur spécificité juive. On pourrait penser qu'il s'agit d'un miracle.

La fournaise ardente.

– Je fais remarquer au passage que l'expression « fournaise ardente » relie le destin d'Abraham à celui des malheureux juifs morts à Auschwitz ou dans les autres camps de la mort. En effet, la Tradition juive relatée entre autres par Élie Munk dans ses commentaires du Pentateuque, page 216 du livre de la Genèse, La Voix de la Torah, *fait état de cette expression « fournaise ardente » qu'il me semble évident de rapprocher des fours crématoires des camps de la mort :*

> **La première des dix épreuves qui furent infligées à Abraham et dont il triompha fut celle de « la fournaise ardente » dans laquelle il fut jeté sur ordre de Nemrod à cause de son agitation révolutionnaire en faveur de la croyance en Dieu et dont il fut sauvé par un miracle surnaturel.** [Aboth V, 4.]

L'expression OUR KACHDIM *désigne la ville d'Our des Chaldéens où est né Abraham et dont il est fait état par l'Éternel dans le livre de la Genèse XV, 7 :* **« Je suis l'Éternel qui t'ai tiré d'Our Kachdim... »** *Plus tard, c'est d'Égypte que d'une main puissante l'Éternel tirera le peuple juif. Le mot* CHADAÏ *signifie « tout-puissant » et se dit de Dieu. Ce même mot au pluriel désigne « les démons ».* OUR KACHDIM *littéralement traduit signifie « feu des démons » et de là sa désignation de « fournaise ardente ».*

Que vous en semble, Henri ? N'est-il pas tout particulièrement troublant que la terrible épreuve de « la fournaise ardente » à laquelle a été confronté Abraham, lors de sa jeunesse à Our en Chaldée, se soit réitérée à Auschwitz, comme le miroitement ancestral, la répercussion sans cesse renouvelée, hélas !, d'un acharnement auquel le peuple juif a dû, depuis Abraham, sans cesse faire face ?

Le rejet mondial du judaïsme et des juifs.

– Quant à la raison de cette opiniâtreté du monde à tenter de s'acharner sur l'identité juive, elle me paraît ici magistralement explicitée :

> **Les civilisations ont toutes tenté de faire disparaître le Judaïsme parce que rebelle à l'assimilation et donc témoin d'une limite infranchissable à une uniformisation.** [Robert Cohen-Tanugi, journal *Le Lien-Diaspora*.]

– Je demeure très intrigué par le fait si troublant que vous semblez tout connaître. À se demander si vous n'avez pas connu Abraham aussi intimement que vous me connaissez moi-même, ce qui n'est pas peu dire. J'en arrive à croire, à la façon dont vous faisiez référence à son passé mésopotamien avant qu'il ne quitte Our en Chaldée, que vous avez participé à sa terrible épreuve de la « fournaise ardente ».

– *Vous pressentez juste, mon cher Henri, car vous êtes à présent aguerri à cette gymnastique de la pensée qui met systématiquement « en rapport » des choses qui pourraient, au demeurant, ne rien avoir à voir entre elles parce qu'elles sont soudées par l'invisible. Le voyant est quelqu'un qui voit ce que les autres ne voient pas, mais il arrive aussi qu'il ne voit pas ce que tout le monde peut voir. Ne serait-ce pas votre cas pour l'heure?*

Comment n'avez-vous pas fait cas de cette évidence, à savoir que mon nom Ouriel est directement issu du nom du lieu d'origine d'Abraham : OUR en Chaldée, appelée dans la Bible « Our des Chaldéens », située en Basse-Mésopotamie, au sud-est de Babylone, sur la rive droite de l'Euphrate?

S'y trouve, comme par hasard la ziggourat, la tour pyramidale à étages découverte lors des fouilles de 1853. Vous saisirez dès lors tout ce qui me relie aux phénomènes des langues nées de la dispersion qui a suivi l'édification de la tour de Babel. Et vous-même, mon cher Henri, qui vous êtes trouvé si intimement lié avec le professeur Tomatis qui a dévoilé tant de choses en ce qui concerne le langage, vous n'êtes donc pas étranger à chacune des particularités de mon caractère originel. Ce n'est pas par hasard que vous vous définissez comme un philologue. J'en suis bel et bien la cause secrète.

Tout ce qui me définit et qui a été voulu par le Créateur vous entraîne en conséquence dans des recherches spécifiques qui ont trait à ma personne, car votre destin se veut être le reflet de tout ce que Dieu a inscrit en mon nom : Ouriel.

Je fais partie des sept archanges qui se tiennent devant la gloire de Dieu comme je l'ai spécifié au début de cet ouvrage, nous sommes tous les sept « les anges de la Face » (Apocalypse VIII, 2), seuls habilités à voir le Créateur, et à qui il a été remis sept trompettes.

Le mot AOR *signifie en hébreu « lumière », quant au même mot, prononcé différemment,* AOUR, *il désigne, lui, la « flamme ».*

Mon nom Ouriel est en fait ce même feu AOUR *restitué à Dieu et qui se transforme alors en « lumière de Dieu ».*

Mais je ne vous cache pas que son origine fait référence à la ville d'Our des Chaldéens qui avait été fondée dans la période présumérienne avant de tomber dans la mouvance des Babyloniens. La ziggourat d'Our, la tour pyramidale à étages découverte sur le site de El-Muqajjir en 1853, est encore bien conservée.

Voilà pourquoi et sans aucun doute tout ce qui à trait à Babel, aussi bien par le phénomène des langues, qu'en ce qui concerne votre troublante découverte au sujet des tours de Manhattan abattues le 11 septembre 2001 dont nous deviserons en conclusion, m'intéresse et me touche tout particulièrement.

Aussi comme l'a dit Hermès Trismégiste **« tout ce qui est en haut est comme ce qui est en bas, inversé »**, *alors vous pouvez prendre conscience du fait quelque peu troublant pour vous, à savoir que tout ce qui est en haut dans l'idée de votre ange, se retrouve en bas, dans votre idée, cher Henri.*

Ainsi, mon nom « Lumière de Dieu » ou « Flamme de Dieu » est vecteur et de lumière et de flamme. Vous ne vous étonnerez donc plus d'avoir été, dans mon sillage, si mystérieusement entraîné à vous interroger sur tout ce qui a trait à ces deux mots si particuliers et si essentiels. La flamme accolée à mon nom vous a conduit de la fournaise ardente d'Abraham au buisson ardent de Moïse et de là à la couronne du Christ, et à saisir ainsi d'une façon plus accentuée, plus amplifiée que chez nul autre l'enracinement juif du Mystère du Christ.

Il s'agit là d'une grâce exceptionnelle et toute particulière bien qu'elle soit lourde à porter.

Ce voyage que nous faisons ensemble vous et moi s'est opéré, guidé sans cesse par la luminescence divine du Seigneur Jésus qui s'est Lui-même défini comme étant la Lumière du monde. Il nous indique ainsi qu'Il a été actif dès le commencement, avant que toute chose soit créée, puisqu'Il est apparu avant que l'univers ne soit, au moment même où Dieu a dit :

> **Que la lumière soit! Et [Jésus] fut. Dieu vit que [Jésus] était bon, et il sépara [Jésus] des ténèbres.** [Genèse I, 3-4.]

Voilà pourquoi Jésus vous a confié : **« Je suis la lumière du monde; qui me suit ne marchera pas dans les ténèbres, mais aura la lumière de la vie »** *(Jean VIII, 12).*

Aux êtres humains d'être ses « suivants » dans tous les sens du terme, quant à moi « ange = qui marche », je reste à vos côtés pour vous rappeler sans cesse cette parole d'Isaïe : **« Le bœuf connaît son bouvier et l'âne la crèche de son maître »** *(Isaïe I, 3).*

Henri, soyez bœuf, je suis votre bouvier, soyez âne et connaissez la crèche de Jésus notre Maître à tous, et vous ne vous étonnerez pas si Jésus est né dans une étable. Le deuxième livre des Chroniques stipule en XXXII, 28 que le mot hébreu OUROTH *qui met au pluriel le mot* AOR, *« lumière » et le mot* AOUR, *« flamme », fait état* **« d'étables, de crèches pour les différentes espèces de son bétail »**.

« Enveloppé de l'ange... »

– Il ne restait plus à Jésus que de naître dans une étable entouré de son père, Joseph, et de Marie sa mère, et réchauffé dit-on par un âne et un bœuf.

> **« Rassurez-vous, car voici que je vous annonce une grande joie, qui sera celle de tout le peuple : aujourd'hui, dans la cité de David, un Sauveur vous est né, qui est le Christ Seigneur. Et ceci vous servira de signe : vous trouverez un nouveau-né enveloppé de langes et couché dans une crèche. »**

> **Et soudain se joignit à l'ange une troupe nombreuse de l'armée céleste, qui louait Dieu, en disant : « Gloire à Dieu au plus haut des cieux et paix sur la terre aux hommes qu'il aime. »**
> [Luc II, 10-14.]

Cher Henri, à vous je puis le dire sans que vous pensiez que je m'en enorgueillisse, je faisais partie de cette troupe nombreuse de l'armée céleste qui avait été mobilisée pour louer Dieu.

– Je sais bien que vous allez sans doute m'en vouloir d'oser un jeu de mots qui n'a pas sa place ici, après que nous avons débattu à propos de tant de souffrances. Pourtant le sourire et la vie doivent reprendre leurs droits. Aussi, je ne puis m'empêcher de le divulguer, c'est plus fort que moi. Ce banal jeu de mots vous met en scène : **« Jésus nouveau-né était enveloppé de l'ange... »**, et ce, conformément aux Écritures...

– Je veux bien reconnaître qu'il s'agit d'une réplique digne du Ravi de la crèche.

– C'est un personnage que je revendique et qui me sied tout à fait.

Message de Jean-Paul II au mur des Lamentations.

À Jérusalem, le 26 mars 2000, le très Saint-Père Jean-Paul II a glissé dans un interstice du mur occidental du Temple de Jérusalem, le mur des Lamentations, le texte de cette lettre, qui a été ensuite déposé au Mémorial de Yad-Vashem :

> **Dieu de nos pères, Tu as choisi Abraham et sa descendance pour que Ton Nom soit apporté aux peuples :**
> **Nous sommes profondément attristés par le comportement de ceux qui, au cours de l'histoire, les ont fait souffrir, eux qui sont Tes fils, et, en Te demandant pardon, nous voulons nous engager à vivre une fraternité authentique avec le peuple de l'Alliance.**
> **Par Jésus, le Christ, Notre Seigneur.**
> **Amen. Dimanche 26 mars 2000.**

Faisons tous de cette prière notre prière !

9

Les vastes palais de la mémoire

*

« Qu'est-ce que l'oubli, sinon le défaut de mémoire? »

Battre le rappel des souvenirs.

Les labyrinthes de la pensée.

L'immortalité des anges due à leur impossibilité d'oublier.

L'écriture révélatrice.

« À la sueur de ton visage... »

« Laissez venir à moi les petits enfants. »

« Le monde va son chemin. »

« Qu'est-ce que l'oubli, sinon le défaut de mémoire ? »

Les pires trous de mémoire sont ceux dont a fait preuve l'Église durant deux millénaires, notamment en ce qui concerne le fait que Jésus, étant juif Lui-même et qui est Amour, ne peut pas, me semble-t-il, être venu sur notre planète pour nous liguer contre ses frères juifs.

Les chrétiens qui nous ont précédés, s'ils avaient eu un peu de sens commun, auraient dû se dire que, si Christ avait eu cette intention en venant parmi nous, Il n'aurait pas été Dieu mais...

– *Diable ! Bien sûr, et je vous suis dans votre raisonnement frappé au coin du bon sens ou du bon sang à votre choix. Mais revenons sur ce que vous avez dit, à savoir que j'ai eu le même réflexe que vos agresseurs sur le parking dont vous avez parlé. Comment cela, le même réflexe ?*

– Eh bien oui, vous avez été, eux comme vous, coupables pour ce qui les concerne et responsable dans votre cas, du fait que des pans de ma mémoire ont été mis à mal. Pour ce qui est de mes agresseurs, je peux dire qu'il y a eu moindre mal puisqu'ils sont responsables d'une demi-heure d'oubli tout au plus, tandis que vous... si je me réfère au *Midrach Tan<u>h</u>ouma*, cité dans les premières pages de ce livre, au tout début de notre conversation et que je rappelle à nouveau ici, on peut dire que vous êtes, vous, responsable non pas d'une perte de mémoire d'une demi-heure, mais bel et bien d'une sorte de trou noir dont j'ai du mal à prendre conscience du temps qu'il a duré et donc de l'espace qu'il a rempli, puisque le temps crée l'espace dit-on. Ce n'est pas pour rien que l'ange responsable de cet état de fait, vous en l'occurrence en ce qui me concerne, est appelé par la Tradition juive « l'ange de l'oubli ».

Le *Midrach Tanhouma,* donc, révèle que **« toutes les âmes furent créées les six premiers jours de la création »** (cela ne date pas d'hier).

« Au moment de la formation de l'embryon, Dieu mande une âme et lui ordonne de s'introduire dans cet embryon », selon le *Midrach.*

« Un ange [il s'agit de vous en ce qui concerne l'embryon que j'ai été] **promène alors l'embryon dans tout l'univers, l'instruit et lui montre tout. Puis, il le dépose dans le sein de sa mère et place au-dessus de sa tête une lumière pour l'éclairer. Au terme de neuf mois, comme l'enfant refuse de sortir, c'est alors que l'ange intervient. Il éteint la lumière qui est au-dessus de sa tête, le contraint à sortir et le pousse vers la lumière du monde.** [Vous m'avez de plus, selon votre propre aveu, porté sur vos épaules jusqu'à la sortie, ce dont je ne peux que vous remercier.] **Puis, enfin, il lui donne une légère tape et l'enfant oublie alors instantanément tout ce qu'il a vu et tout ce qu'il sait. »**

La chiquenaude que vous m'avez donnée au-dessus de ma lèvre supérieure, vous avez dû me la donner trop légèrement, je vous l'ai déjà dit, puisque le voyage dans le tunnel vaginal est resté gravé dans ma mémoire.

Mais pour le reste… ce reste dont j'ai tout oublié comme tout un chacun, eh bien, ce reste reste à découvrir. Ce reste est un tout qui n'est pas en reste si je puis dire.

– Les hommes sont ainsi faits qu'ils sont soumis à l'oubli, tandis que nous les anges échappons à ce triste phénomène.

« Qu'est-ce que l'oubli, sinon le défaut de mémoire ? » *s'inter-*

roge saint Augustin. Il pousse le raisonnement jusqu'à se demander : « **Comment l'oubli peut-il être l'objet présent de mon souvenir, puisque sa présence constitue l'impossibilité du souvenir?** »

Autrement dit et d'une façon plus simpliste : Comment puis-je me souvenir que j'ai oublié quelque chose, un nom par exemple, puisque le fait même d'oublier devrait m'empêcher de me souvenir du fait que j'ai oublié cette chose ou ce nom. Il s'agit d'un phénomène humain totalement paradoxal. Comment, quand on oublie, garde-t-on encore conscience d'avoir oublié? Je comprends que saint Augustin se soit abîmé dans cette réflexion, il avoue : « **Pour moi, Seigneur, je m'exténue sur cette recherche** » *et il ira jusqu'à conclure que* « **c'est la mémoire qui retient l'oubli** ». *Nous, les anges, sommes totalement étrangers à ce phénomène.*

– Et c'est bien pour partir à la recherche de tout ce que j'ai oublié avant de naître, c'est pour partir à la recherche de ce reste dont nous venons de parler que j'écris. Oui, j'écris pour prendre connaissance de tout ou partie de ce trop fameux reste, bien que le dévoilement de ce reste me semble téméraire et aventureux en même temps qu'aléatoire. Mais je commence à comprendre par expérience que certaines choses que je crois ne pas connaître sont en réalité enfouies en moi sans que je le sache. Le metteur en scène Antoine Vitez semblait conscient de cela lui qui, en réponse à une lettre que je lui avais adressée, m'avait fait cet aveu : « **Nous transportons sur nous des mots et des choses que nous ne connaissons pas.** » Oui, la spécificité de l'écriture est de faire découvrir à son auteur ainsi qu'à ses lecteurs des choses qu'ils ne savent pas, ou plutôt qu'ils croient ne pas savoir.

Dieu ne nous a-t-Il pas montré le chemin en écrivant Lui-même les tables de la Loi remises à Moïse? La Torah nous apprend qu'elles ont été écrites par « le doigt de Dieu ». Dieu sait que les paroles s'envolent mais que les écrits restent. L'écriture, quand elle tenaille un être humain, s'empare de lui dans sa vie propre pour le propulser en dehors de son existence, ailleurs, c'est-à-dire sur le papier, sur le terrain où se développe l'écriture.

La mémoire est donc un réservoir à mes yeux et je compare volontiers un livre à un déversoir. Toutes les choses que l'on a en tête se sont réfugiées dans la mémoire, pour finir par se déverser un jour dans la parole ou dans l'écriture. Et de même que la parole s'évade de la bouche d'où elle sort comme par une issue pour regagner sa liberté, les feuilles d'un livre sont des portes par lesquelles s'échappent aussi les mots. Non, il ne faut pas croire que les livres enferment les souvenirs et les emprisonnent. Les feuilles du livre demeurent toujours ouvertes et les mots ont tout loisir de se réfugier dans la tête de tous ceux qui veulent bien les y accueillir, les recueillir dans le réservoir de leur mémoire propre.

Est-ce que le fait d'écrire est une fuite de sa propre vie? Assurément non, puisqu'il s'agit toujours de soi et que l'on ne fait jamais que se raconter lorsque l'on prend la plume, que disserter sur soi, même si l'on fait semblant de parler des autres, la romance du roman, c'est toujours soi.

Toujours est-il que, même si l'on convient qu'il ne s'agit pas d'une fuite, l'écriture offre à celui qui la pratique un terrain, un monde, un lieu qui n'est plus celui où l'on se meut habituellement. Dans ce lieu mystérieux se meuvent des fantômes, des gens qui ont existé et qui ne sont plus. Ils aboutissent dans le livre après avoir traversé les labyrinthes de la pensée. Et pour le cas où il s'agirait de personnages dits fictifs… mais non, il n'y a pas de personnages fictifs, cela n'existe pas, même si l'écrivain déclare pour la forme : « **Toute ressemblance avec des personnages ayant réellement existé...** », mais il sait qu'il ment d'une manière éhontée. Tous les personnages des livres ont forcément existé, sans quoi ils n'auraient rien de véritablement réel et ne concerneraient personne. Ils sont bel et bien là, sur ce papier, ou du moins sur l'écran de cet ordinateur. Auparavant, les écrivains partaient à la conquête du champ que leur offrait le matériau sur lequel ils s'exprimaient, le parchemin par exemple. Les scribes des premiers siècles de notre ère et ceux d'avant se mettaient en route sur des rouleaux faits de peaux de bête ou de papyrus, et antérieurement, les tout premiers écrivassiers étaient contraints de buriner la pierre. Mais de toutes les façons, l'acte d'écrire exige d'aller de l'avant sur une route donnée quelle qu'elle soit. Il s'agit de mettre au jour un devenir qui est au-delà, par-delà. Quelle aventure ! J'écris et nous voilà en chemin, vous suivez des yeux la route que trace l'écriture et qui part à la conquête de ce que l'on ne connaît pas, pas encore, mais qui ne devrait pas tarder à se faire connaître, à apparaître comme ces pays lointains que les premiers explorateurs découvraient par-delà les mers : « Terre ! terre ! » L'écriture part à la découverte de l'univers qui se matérialise dès qu'on l'appréhende en parcourant les circonvolutions de l'écriture.

L'auteur est comme un capitaine de vaisseau qui mobilise des marins, un équipage important et compétent pour le suivre sur les mers, à la conquête de toutes ces terres inconnues et à la découverte de toutes ces choses rassemblées, semées, enfouies, mises en réserve pourrait-on dire, mieux, thésaurisées par vos soins lors du périple inaugural dans tout l'univers, cet extraordinaire voyage intersidéral si l'on peut dire, que vous m'avez fait faire lorsque je n'étais qu'un embryon, et ce, tout juste avant de me déposer dans le ventre de ma mère.

C'est tout le mystère de l'écriture ! L'écriture qui est de la parole mise en cage dans des livres pour y chanter. Mais dès que l'on ouvre un livre, les mots en profitent pour s'envoler et aller se percher dans la tête de ceux qui veulent bien les accueillir. L'écriture et la parole sont les deux plus troublants phénomènes dont seul l'homme a la primauté dans la nature et il s'étonne parfois de ce qui sort de sa bouche tout autant que de ce qui sourd de sa plume.

Battre le rappel des souvenirs.

– Je ne résiste pas, pardonnez-moi, de vous citer ce passage du livre X des Confessions *de saint Augustin dans lequel il développe la célèbre métaphore des « vastes palais de la mémoire » et où il raconte si étonnamment comment se manifestent les souvenirs :*

> Quand je suis dans ce palais, j'appelle les souvenirs pour que se présentent tous ceux que je désire. Certains s'avancent à l'instant ; certains se font chercher assez longtemps et comme arracher à des sortes d'entrepôts plus secrets ; certains arrivent par bandes qui se ruent ; et, alors que c'est un autre que l'on demande et que l'on cherche, ils bondissent en plein milieu avec l'air de dire : « Peut-être que c'est nous ? » Et la main de mon cœur les chasse du visage de ma mémoire jusqu'à ce que se dégage de l'obscurité celui que je désire et qu'il s'avance sous mes yeux au sortir de sa cachette. D'autres souvenirs se portent devant moi, sans difficulté, en files bien rangées, selon l'ordre d'appel : ceux qui apparaissent les premiers disparaissent devant les suivants, et en disparaissant ils se mettent en réserve, prêts à reparaître quand je le désirerai. Voilà pleinement ce qui se passe quand je raconte quelque chose de mémoire *(cum aliquid narro memoriter)*.

Ce texte admirable est cité par Paul Ricœur dans La Mémoire, l'histoire, l'oubli, *ouvrage dans lequel l'auteur écrit que* « **la mémoire est du passé** » *et que* « **toute recherche de souvenir est une chasse** ».

Les labyrinthes de la pensée.

– Et c'est en écrivant que cette chasse s'opère. Cette aptitude à découvrir ou redécouvrir les souvenirs peut se pratiquer par le biais de l'écriture. C'est au cours de mes plongées scripturaires que je parviens à remonter à la surface les pensées qui errent dans mon cerveau. L'écriture tente de retenir cette mémoire que saint Augustin compare à de « vastes palais » :

> Et j'en arrive aux plaines, aux vastes palais de la mémoire, là où se trouvent les trésors des images innombrables véhiculées par les perceptions de toutes sortes. La mémoire les recueille toutes dans ses vastes retraites, dans ses secrets et ineffables replis pour les rappeler et les reprendre au besoin. C'est en moi-même que se fait tout cela. Grande est cette puissance de

> **la mémoire, prodigieusement grande, ô mon Dieu! C'est un sanctuaire d'une ampleur infinie. Qui en a touché le fond?**

La mémoire se déverse dans l'écriture comme Flaubert l'a si bien dit : « **Vous êtes heureux, vous autres, les poètes, vous avez un déversoir dans vos vers.** » Écrire un livre c'est se « livrer » dans tous les sens du terme. Écrire, noter, c'est créer une mémoire!

Un livre, c'est de la mémoire mise sur du papier, de la mémoire en carton-pâte si l'on peut dire. Mais il faut lui concéder qu'elle a sur nous le grand avantage de continuer son œuvre et la nôtre par la même occasion quand nous nous absentons pour toujours en emportant notre propre mémoire. L'autre, celle en papier, demeure porteuse de tous ceux qui la font être. Oui, une foule de gens sont là, qui, délestés tout au long des pages, ne demandent qu'à reprendre vie dans le fil du discours de l'écriture. L'écriture rend la vie à ceux qui en ont été privés. L'écrivain a le pouvoir considérable de faire revivre ceux qui ne sont plus, à condition, oui, à la stricte condition de ne pas les avoir oubliés, de ne pas avoir perdu leurs traces.

« **C'est l'oubli des vivants qui fait mourir les morts** », dit un proverbe breton. En réalité le phénomène de l'écriture s'apparente à…

– *… la résurrection! cette résurrection à laquelle nous, les anges, n'avons pas droit du fait que nous sommes immortels.*

L'immortalité des anges due à leur impossibilité d'oublier.

– Et qu'est-ce qui fait que vous êtes immortels et pas nous? *That is the question.* Ne serait-ce pas parce que vous êtes incapables d'oublier, et vous tout particulièrement que l'on dénomme l'ange de l'oubli? Serait-ce ce qui vous astreint à ne pas mourir? Je comprends alors pourquoi Jésus dit à ses disciples lors de la Cène, après avoir offert ce pain qui est devenu sa chair et le vin transmué en son sang : « **Vous ferez ceci en mémoire de moi.** » J'en viens à subodorer que Jésus, parce qu'Il porte en Lui la mémoire du monde, de ce monde qu'Il a créé, se voit tenu de se relever de la mort et renaître ainsi à tous les matins de la vie.

– *Vous avez remarqué qu'en hébreu le mot « matin » et le mot « sépulcre » s'écrivent tous deux avec les mêmes lettres, les trois mêmes lettres dans un ordre différent : « matin », c'est* BoKeR (BKR) *et « sépulcre », c'est* KéVeR (KBR), *le « b » se prononçant « v ».*

Le premier jour de la semaine, Marie se rend de bonne heure le matin [BKR] *au tombeau* [KBR], *alors qu'il faisait encore sombre, et elle voit que la pierre a été enlevée du tombeau. [Jean XX, 1.]*

– En surgissant du tombeau, Jésus fait renaître tous les matins du monde. Et c'est en remémorant cet événement que nous aussi, par l'écriture, l'aidons à s'implanter dans les esprits.

Peut-être pourrait-on dire que la parole est de l'écriture en liberté, liberté qu'elle gagne en s'évadant de la bouche de son maître.

Ainsi, pour mener à bien ma tâche qui est d'écrire et de parler, je compte sur vous afin que vous placiez au-dessus de ma tête une lumière qui m'éclaire et si possible la même que celle qui se trouvait installée par vos soins dans la caverne du ventre de ma mère. J'en demande des choses, n'est-ce pas?

– *Oui, vous êtes très exigeant. Mais comme c'est le désir d'en savoir plus qui vous anime, je vous pardonne toujours.*

L'écriture révélatrice.

– *Je tiens à vous confirmer que tout ce que vous venez de développer au sujet de l'écriture me semble juste, mais n'oubliez jamais que je ne suis pas le bon Dieu. La parole et l'écriture sont des moyens donnés à l'homme de découvrir ce qu'il sait – qu'il ne sait pas qu'il sait. Et à tout moment, tandis qu'il converse avec autrui ou avec son stylo comme le génial Marcel Pagnol, ce qui demeurait jusqu'alors inconnu à ses yeux peut se faire connaître en s'infiltrant à travers son discours, à moins que cela ne jaillisse de sa bouche comme un geyser ou encore que cela n'éclate au beau milieu du sillon que trace son écriture dans le champ de sa pensée.*

Mais il arrive aussi que certains hommes sachent tellement de choses, qu'ils ne savent plus ce qu'ils savent.

– Mais vous, cher ange qui savez tout ce que je ne sais pas encore mais qui est retenu en moi, vous devriez, me semble-t-il, me souffler…

– *… les réponses adéquates aux choses sur lesquelles vous vous interrogez? Et puis quoi encore? Ne comptez pas sur moi pour cela. Non seulement je n'ai pas le désir de vous mâcher tout le travail, mais de plus l'autorisation ne m'en a pas été donnée par ma hiérarchie. S'il en était ainsi, où serait le mérite des découvertes si certains anges faisaient tout le boulot à la place de ceux qu'ils ont en garde? Vous plaisantez, j'espère.*

– Je ne plaisantais, pour tout vous dire, qu'à moitié.

– *Je m'en doutais bien.*

« À la sueur de ton visage… »

– *N'oubliez pas non plus que les êtres humains sont bâtis de telle sorte que les choses n'ont de valeur à leurs yeux que dans la mesure où elles leur ont causé de la peine pour les obtenir. Et plus grande est la peine, plus grande est la valeur de ce qu'ils découvrent. C'est le mal que l'on se donne qui procure du poids aux choses que l'on obtient. Vous êtes tous condamnés à cela :*

> **Maudite est la terre à cause de toi : c'est avec peine que tu en tireras ta nourriture tant que tu vivras. Elle produira pour toi des ronces et des épines, et tu mangeras de l'herbe des champs. C'est à la sueur de ton visage que tu mangeras du pain, jusqu'à ce que tu retournes à la terre d'où tu as été tiré : car poussière tu fus, et à la poussière tu retourneras.** [Genèse III, 17-19.]

– À la lumière de ce texte biblique que vous me rappelez, me vient à l'esprit que si, dans le livre de l'Exode, l'ange de

Dieu se révèle à Moïse au travers d'un buisson épineux dit ardent, c'est sans aucun doute que le discours qui lui est adressé n'est pas obligatoirement explicite. Il faut sans aucun doute se frayer un passage parmi les épines pour parvenir au cœur même du grand Mystère proposé.

– Pour ma part, je n'ai pour mission que celle de dessiller vos yeux et d'éclaircir vos idées, bref, tirer une sonnette d'alarme que vous êtes seul à entendre quand vous vous égarez et vous éloignez de la vérité.

– C'est troublant ce que vous m'avouez. Il m'est maintes fois arrivé d'entendre, à des moments de ma vie où je devais prendre des décisions capitales, de discerner dans le lointain de moi-même des sortes de sonneries. Sans me prendre pour Jeanne d'Arc qui se référait à ses voix, il m'est souvent arrivé de dire à mes proches : « J'écoute toujours mes sonneries! »

– Quant à cette voix que vous avez un jour entendue vous crier « **il ne faut pas quitter le chemin du Christ** »*, et dont le souvenir taraude votre esprit, n'a-t-elle pas voulu vous révéler que l'Écriture est un chemin qui mène au Christ? Quant à l'écriture toute simple, celle qui nous permet de deviser tous deux, elle dessine dans ces pages un long sentier sur lequel nous marchons ensemble, et qui nous entraîne tous deux dans les sinuosités du fil du discours à la découverte de ce que moi je sais et que vous, vous ne savez pas encore mais que vous découvrirez pour peu que vous vous obstiniez.*

– Ce qui prouve que la partie est inégale. Vous vous rendez compte de ce que vous venez d'avouer ? Moi, je vais sans savoir, tandis que vous, vous savez.

– Oui, bien sûr. Mais sachez que, lorsque vous constatez qu'il n'y a plus trace de route et ne savez plus vers où vous diriger, je ne peux, moi, qu'attendre que vous ayez choisi dans quelle direction aller. Si vous faites le mauvais choix, je ne puis que vous laisser repartir seul. À vous de pressentir l'éloignement, la certaine distance qui nous sépare. Mais en revanche, quand vous faites le bon choix, alors je suis là tout près, à proximité de vous, je deviens « votre prochain ». Vous pouvez presque m'entendre respirer, vous inspirer! Votre intuition vous dira si je suis tou-

jours là. Vous avez très pertinemment expliqué que vous aviez acquis, lors de votre agression, la notion de la présence de votre ange. Beaucoup ne l'ont pas, de même qu'ils n'ont pas non plus la notion de Dieu. Il ne faut pas les blâmer. Cela provient du fait qu'ils n'ont pas eu dans leur enfance un proche pour les guider, les initier au concept divin. Quand j'entends certains dire : « L'enfant choisira à sa majorité s'il décide de croire en Dieu, et de là il choisira sa religion », j'ai bien envie de leur dire : « À ce compte, ne leur apprenez donc pas non plus à manger, à boire, à lire, à écrire, à bien se tenir..., ils choisiront plus tard! » Ces gens-là qui sont de mauvais éducateurs portent une lourde responsabilité dont ils auront un jour à répondre.

« Laissez venir à moi les petits enfants. »

– *N'oubliez pas ce que dit le Seigneur :* **« Laissez venir à moi les petits enfants. Ne les empêchez pas »** *(Matthieu XIX, 14).*

La seconde partie de la phrase est une injonction à ne pas faillir à la première.

Pour ce qui vous concerne, vous savez bien qui vous a aidé à sentir la Présence divine dans ce monde?

– Sans hésitation, ma grand-mère paternelle!

– *C'est elle effectivement qui a été votre guide. Pour cela, elle sera récompensée et ses erreurs absoutes. Elle vous a donné la conscience de Dieu. Ce n'est pas rien. C'est celle qui s'appelait Marguerite, n'est-ce pas?*

– En fait de son vrai prénom, elle s'appelait Barthélemie-Jeanne. On prononçait Barthélemille pour donner au prénom une terminaison féminine, ce qui tendait à lui déplaire encore davantage que le prénom de Barthélemie lui-même qu'elle échangea alors avec celui plus simple de Marguerite. Certains la dénommaient Margot tandis que son mari, mon grand-père, avait réduit l'appellation et s'en tenait à « Go ».

– *Elle ignorait évidemment qu'en hébreu le prénom Bartolmaï – Barthélemy en français – signifie « fils du sillon ». Et sa mission était véritablement de tracer pour vous le sillon sur lequel vous deviez vous engager et dans lequel vous deviez vous enfoncer, aller de l'avant au fil de votre existence terrestre. Ce sillon, n'est-ce pas l'Écriture? Vous voyez que l'Écriture vous trace le chemin depuis votre enfance. Vous le suivez depuis longtemps. Le tout à présent est de continuer sans discontinuer. Vous devez beaucoup à cette grand-mère, croyez-moi.*

– Oui, je le sais bien. J'en conclus que l'homme qui écrit est une sorte d'anachorète qui se retire non pas dans la solitude mais dans l'écriture.

En outre, l'écriture n'est pas un lieu solitaire mais bien au contraire peuplé, ô combien. De ce lieu si mystérieux et secret qu'est l'écriture, bien loin d'être contemplatif, l'écrivain critique le monde pour marquer envers lui sa désapprobation : il demeure dans le monde et continue à le voir et à l'observer, mais il ne veut plus être du monde, fidèle en cela à la Parole de Jésus : « **Qui hait sa vie en ce monde la conservera en vie éternelle** » (Jean XII, 25). L'homme qui écrit, athée ou croyant, aspire à mieux. Il veut croire et croître.

– Il faut, cher Henri, essayer de regarder le monde avec le recul de la vision du Père tout en le fréquentant comme Jésus, le Fils, dans la même proximité qu'Il a délibérément choisie pour le subir.

– Écrire, c'est essayer de faire la connaissance de Dieu à partir du monde, bien que cet instrument pour L'atteindre qu'est le monde soit l'élévateur le plus casse-gueule qui ait jamais été. D'autant que le Christ nous révèle que si nous, croyants, sommes dans le monde, nous ne sommes plus du monde : « **Vous n'êtes pas du monde puisque mon choix vous a tirés du monde** » (Jean X, 19).

– J'apprécie d'ailleurs assez ce jeu de mots qu'il vous arrive de faire : monde-démon.

« Le monde va son chemin. »

– Je me plais à cette occasion à vous rappeler cette déclaration frappée au coin du bon sens par un des plus éminents rabbins, souvent cité par les juifs, Rabbi Akiva qui a vécu de 50 à

132 de l'ère chrétienne. Il aurait pu être disciple de Zénon tant il fit preuve de stoïcisme et il semble bien qu'il faille impérativement s'en tenir à sa déclaration de paix dans ce monde de guerre, j'aurais presque envie de dire « de guère » tant il mérite peu :

> **Le monde va son chemin. Il n'y a rien à attendre du monde. Nous sommes condamnés à vivre dans le monde tel qu'il est et qui a été créé par Dieu. Et c'est précisément parce que le monde a été créé par Dieu tel qu'il est qu'il ne changera pas. Tout le problème est de savoir si l'homme est disposé à rendre un culte à Dieu, dans le monde, tel qu'il est.**

Et si cela devait être le cas de ceux qui nous lisent et communient avec nous tandis que nous dialoguons, je souhaite leur décrire les quatre étapes dans la cognition divine :

1) l'aptitude intellectuelle à connaître Dieu, autrement dit la conscience de Dieu.

2) Le besoin spirituel de trouver Dieu qui conduit à la recherche de Dieu. C'est à cette étape que la présence de l'ange gardien se fait sentir en même temps qu'il apporte aide et secours en vue de frayer le chemin spirituel qui conduit vers Dieu. C'est à ce stade que naît ce dialogue avec un être autre que soi-même, l'ange gardien apte à guider mais aussi à contredire.

3) Le désir intense de ressembler à Dieu qui s'accompagne de l'envie sincère de faire sa volonté. Il s'agit de la tentative de l'imitation divine.

4) L'accession à la sainteté qui n'est pas réclamée à tous par le ciel. Il s'agit d'un abandon délibéré de la personne qui accepte tout ce qui lui arrive comme une grâce exceptionnelle alors que Dieu n'exige rien. Cet abandon dans les bras de Dieu est voulu par la personne seule à qui Dieu ouvre ses bras comme les deux battants d'une porte céleste. La sainteté, c'est un mariage avec Dieu pour le meilleur et pour le pire, le tout reçu comme autant de grâces.

– Merci, cher ange, j'en ai des choses à apprendre par votre entremise.

10

Il n'y a d'eau que de Torah

*

« Il n'y a d'eau que de Torah ! »

L'abbé Cassis !

Le baptême du Christ.

« Je suis hanté par les eaux ! »

À la pêche avec Jésus.

Symboles, métaphores, paraboles restent à découvrir.

Le filet de pêcheur symbolise…

Les cent cinquante-trois poissons de l'évangile de Jean.

La révélation d'Ouriel concernant le cycle de lecture de la Torah.

Jésus accomplit tout.

Le lac miroir du ciel.

Jésus marche sur la mer.

L'image d'une passoire.

Moïse, Myriam et Aaron.

« Bois l'eau de ta propre citerne. »

Jésus se montre ressuscité sur les bords du lac.

Le mystère du nom de Zébédée.

L'homme récompensé.

« Il n'y a d'eau que de Torah! »

– Le livre du Talmud, qui réunit une grande partie des commentaires établis au cours de sept siècles par les rabbins et les sages au sujet de la Torah, affirme : **« Il n'y a d'eau que de Torah. »**

Ce mot hébreu « Torah » désigne le Premier Testament dans la Bible, le Livre des livres. Et bien que la Bible contienne d'autres livres, on considère que le cœur de la Torah, c'est le Pentateuque, terme générique issu du grec et qui signifie « cinq rouleaux », à savoir les livres suivants qui sont les cinq premiers livres du Premier Testament : Genèse, Exode, Lévitique, Nombres et Deutéronome.

Mais le canon juif comporte vingt-quatre livres dont font partie les cinq que je viens de citer et ce sont ces vingt-quatre livres qui sont inclus dans le terme générique « la Torah ».

– *Les juifs ont d'ailleurs, pour se remémorer le nombre de livres qui entrent dans le droit-fil du canon juif, le mot* CaD *qui désigne une « cruche ». C'est un moyen mnémotechnique pour se rappeler qu'il y a vingt-quatre livres dans le canon juif, tout simplement parce que le mot hébreu* CaD *est fait de deux lettres, caph et daleth (la voyelle « a » qui se trouve vocalement entre les deux lettres se prononce mais ne s'écrit pas). Or, chaque lettre hébraïque a une valeur numérique : caph vaut vingt et daleth quatre, ce qui fait vingt-quatre. Et comme ces vingt-quatre livres sont symboliquement contenus dans le mot « cruche », on peut admettre dès lors que, comme le révèle le livre du Talmud,* « **il n'y a d'eau que de Torah** ».

– Vous venez d'entrebâiller la porte de la Torah authentique, celle dont le grand commentateur Rachi a dit : « **Les paroles de la Torah sont susceptibles de se transformer en maintes explications.** »

De même, pour le cas où il s'agirait de tout autre vaisseau apte à contenir de l'eau, il est recommandé de s'interroger. En effet, tout ce qui concerne l'eau concerne la Torah et par voie de conséquence tout ce qui est du domaine de la spiritualité : « **La Torah, c'est de l'eau!** »

On trouve, dans l'évangile de Marc comme dans celui de Luc, à peu près le même texte au cours duquel, le premier jour des Azymes où on immolait la Pâque, les disciples disent à Jésus :

> « **Où veux-tu que nous allions faire les préparatifs pour que tu manges la Pâque?** » **Il envoie alors deux de ses disciples en leur disant :** « **Allez à la ville; vous rencontrerez un homme portant une cruche d'eau. Suivez-le, et là où il entrera, dites au propriétaire : "Le maître te fait dire : Où est ma salle où je pourrai manger la Pâque avec mes disciples?" Et il vous montrera, à l'étage, une grande pièce garnie de coussins, toute prête; faites-y pour nous les préparatifs.** » **Les disciples partirent et vinrent à la ville, et ils trouvèrent tout comme il le leur avait dit, et ils préparèrent la Pâque.** [Marc XIV, 12-16.]

Si l'on s'en tient au fait qu'il suffit de suivre un homme qui porte une cruche, on s'envase dans l'anecdotique et le Texte, fût-il évangélique, demeure terriblement plat et banal, il faut le dire.

– Oui, il vous semble plus correct d'envisager que cet homme dont il est ici question dans le texte de Marc et qui porte une cruche (C = 20 – a – D = 4 = 24) est en réalité en possession des vingt-quatre livres que compte le canon juif. Quant à la grande pièce garnie de coussins, à l'étage, où sont conduits les

disciples pour y faire les préparatifs de la Pâque, elle n'est en fait qu'une chambre dite haute comme on en trouve dans toutes les synagogues pour y débattre des Textes qui ont été lus ou devront l'être au cours des offices des fêtes de Pâque. Bravo! car vous avez vu juste et cela me paraît plus intéressant que le fait de voir en Jésus une sorte de thaumaturge à la petite semaine si je puis dire, qui, parlant d'un homme qui porte une cruche fait ainsi le devin, alors que le Texte prend un sens divin dès qu'on l'aborde de la façon qui convient. Mais encore faut-il connaître ce moyen mnémotechnique détenu par le mot « cruche » et en usage dans le monde juif.

L'abbé Cassis!

– *Puis-je me permettre de vous demander d'où vous tenez cela?*

– De mon maître le rabbin Albert Abécassis avec qui j'ai travaillé pendant près de vingt ans une heure chaque semaine. Il se rendait chez moi le jeudi et s'annonçait à l'Interphone humoristiquement peut-être pour faire oublier qu'il se rendait chez un non-juif, un « goï », et ainsi, se mettait à portée par un simple jeu de mots : « Qui est-ce? – C'est l'abbé Cassis! »

Nous travaillions sans but arrêté d'avance et ne faisions parfois que parler hors texte. D'autres fois nous plongions dans un des Textes des cinq premiers livres de la Torah et nous le décryptions depuis l'hébreu. Albert Abécassis m'a appris tant de choses!

– *Il savait aussi reconnaître vos dons en matière exégétique. Ils vous caractérisent. Moi qui vous ait au préalable tout appris lorsque vous n'étiez qu'un embryon, il m'est arrivé, lors des leçons que vous donnait Abécassis, d'être aussi troublé que lui par vos trouvailles. J'ai joué auprès de vous mon rôle d'ange de l'oubli, mais j'ai souvent eu l'impression que ce que je vous avais montré, puis obligé d'oublier, ne cessait de transpirer comme au travers d'une véritable passoire.*

– Mon maître Albert Abécassis a glissé un jour incidemment dans la conversation la fameuse expression : « **Ein maïm ela**

Torah! » qui signifie : « **Il n'y a d'eau que de Torah!** », littéralement : « **Pas d'eau, si ce n'est de Torah!** »

Cette phrase est à mes yeux la clef des clefs de compréhension de l'Écriture, tant celle du Premier que du Nouveau Testament. De plus le livre du Talmud spécifie cette autre phrase qui pourrait apparaître comme une lapalissade si l'on ne prenait pas le temps d'en mesurer la profondeur : « **L'eau descend – le feu monte.** » Oui, c'est ainsi et l'on n'y peut rien. Si bien que l'eau, du fait qu'elle descend sans cesse jusqu'à ce qu'elle trouve un relief, une surface, l'eau descend toujours vers ceux qui se situent au plus bas et notamment les plus humbles qui occupent les basses couches de la société. Nul ne peut donc dire, si humble soit-il, qu'il ne sera pas un jour touché par l'eau qui descend du ciel comme une grâce. Oui, l'eau descend toujours vers les plus humbles.

Le baptême du Christ.

– C'est tout le symbole du baptême qui s'inscrit ici, et même Jésus se fait baptiser par Jean le Baptiste qui tente pourtant de se soustraire à cette mission ne se jugeant pas digne de délier la courroie de la sandale de son cousin.

> **Mais Jésus répondit : « Laisse faire pour l'instant. » [...] Alors il le laisse faire. Aussitôt baptisé, Jésus remonta de l'eau; et voici que les cieux s'ouvrirent : il vit l'esprit de Dieu descendre comme une colombe et venir sur lui.** [Matthieu III, 15-16.]

– Mais qu'est-ce qui prouve, en regard de ce que vous dites, que l'eau est signe, symbole de spiritualité? Ici, il semble plutôt que ce soit la colombe.

– Je ne suis pas dupe du fait que vous faites la bête car vous savez mieux que moi que ce que j'avance est authentique. Pascal a dit que « **l'homme n'est ni ange ni bête et qui veut faire l'ange fait la bête** ». Rien n'est plus vrai, mais qu'en est-il d'un ange qui, lui, fait volontairement la bête? Se transformera-t-il en homme?

Vous savez bien, cher ange, que j'ai les Écritures pour me donner raison au sujet de cette eau, symbole de spiritualité.

– En effet, j'ai tenté de vous tendre un petit piège car vous savez qu'en matière exégétique il faut toujours étayer son discours en donnant la preuve de ce que l'on avance. Et si, effectivement, l'eau est associée à la spiritualité dans tous les Écrits sacrés, c'est bel et bien dans la Torah que l'on en trouve la confirmation...

– Oui. Au premier chapitre de la Genèse, au tout début, dans les toutes premières lignes du Texte de la Torah, il est spécifié :

> **Au commencement, Dieu créa le ciel et la terre. La terre était solitude et chaos; des ténèbres couvraient la face de l'abîme, et l'esprit de Dieu planait sur la face des eaux.** [Genèse I, 1-2.]

À partir de ce qui est expressément dit ici, je pense que l'on doit considérer sans émettre le moindre doute que si **« l'esprit de Dieu plane sur la surface des eaux »,** sous-entendu « comme une colombe », il faut alors admettre que l'eau et le spirituel ne font symboliquement qu'un dans les Textes. Et c'est ainsi que nombre de choses s'éclairent au cours des paraboles qui jalonnent le circuit terrestre du Christ, si l'on prend en compte le fait que l'eau se confond et s'identifie à tout ce qui relève du domaine spirituel.

Le sens des paraboles que nous propose le Seigneur s'ouvre alors pour nous entraîner à sa suite dans le Royaume des cieux.

Sur le moment, quand mon maître Albert Abécassis m'a révélé la chose, cela ne m'a pas frappé outre mesure. Et cependant, à mon insu, elle s'est imprimée en moi d'une façon indélébile et je considère aujourd'hui qu'elle est la clef essentielle de toute recherche biblique. Elle est, me semble-t-il, la chose à savoir en premier : tout ce qui concerne l'eau dans la Bible désigne la spiritualité alors que la terre est symbolique de matérialité. Rien n'est plus simple.

Et c'est ainsi qu'un puits est une réserve d'eau pure qui évoque sans coup férir l'eau de la Torah. L'eau c'est la vie, on l'a assez dit, mais peut-être pas assez pour que l'on prenne véritablement soin d'elle sur notre terre et qu'on la respecte comme il se doit pour notre survie.

« Je suis hanté par les eaux ! »

– *Vous voilà hanté par les eaux !*

– Oui, sans doute.

–*Vous ne saisissez pas à quoi je fais allusion ?*

– Non, aucunement.

– *Mais si voyons, remémorez-vous donc ce superbe texte énoncé en ouverture de ce si beau film américain,* Et au milieu coule une rivière. *C'était comme une sorte de préface au film.*

– Mais comment voulez-vous que je me souvienne de ce texte ? Vous qui ne connaissez pas l'oubli, vous en parlez à votre aise. Mais nous, pauvres humains, n'avons pas la faculté d'engranger dans notre mémoire tout ce que nous voudrions conserver. N'est-ce pas vous qui jouez auprès de nous le rôle d'ange de l'oubli ? Vous semblez l'oublier.

– *Pourtant, à votre insu même, je vous ai influencé pour que vous enregistriez ce film sur votre magnétoscope lors de sa diffusion. J'ai également fait des pieds et... des ailes, dirai-je, afin que vous transcriviez le texte qui était dit par le héros du film tandis que coulait cette rivière à l'eau si pure et que se déroulaient les premières images du film.*

– Eh bien, malgré vos efforts, je n'ai rien transcrit et rien retenu.

– *C'est bien dommage.*

– Mais c'est comme ça. On ne va pas encore se disputer pour autant. Vous m'en demandez beaucoup, me semble-t-il.

– *Pas autant que vous n'exigez de moi. En attendant voici donc ce texte que, en tout cas, moi, j'ai retenu pour vous :*

> **J'étais encore tout jeune, voilà bien longtemps, quand mon père me dit : « Norman, tu aimes écrire, n'est-ce pas ? » et je répondis par l'affirmative. « Un jour, reprit-il, quand tu seras prêt,**

tu pourrais raconter l'histoire de notre famille. Alors seulement, tu comprendras ce qui s'est passé et pourquoi. »
Mon père était un pasteur presbytérien et un adepte de la pêche au lancer. Et même le dimanche, jour tout entier consacré à la religion, il nous disait encore que les disciples de Jésus étaient des pêcheurs.
Et tous les fidèles comprenaient, comme mon frère Paul et moi-même, que les meilleurs pêcheurs de la mer de Galilée ainsi que Jean le disciple préféré pêchaient à la mouche.
« Les pauvres sans Jésus-Christ sont les plus malheureux des hommes ; mais les pauvres avec le Christ sont les rois de ce monde », scandait mon père lors de ses prêches. L'après-midi nous nous promenions avec lui tandis qu'il se délassait entre deux services. Il choisissait presque toujours un des sentiers qui longent la grande Black Foot, rivière dont nous nous considérions comme les propriétaires. C'est là qu'il retrouvait la sérénité de l'âme et puisait la nourriture de son imagination :
« Il y a bien longtemps, la roche naquit de la pluie et de la boue. C'est comme ça qu'est né ce caillou. Mais plus profond encore, plus loin dans le temps, sous la roche gît la Parole de Dieu. Écoutez ! »
Et si, disait-il, Paul et moi écoutions très attentivement toute notre vie, peut-être parviendrions-nous un jour à entendre cette Parole.
[...] Ceux que j'ai aimés sans les comprendre sont presque tous morts, mais je cherche toujours à les rejoindre.
Je suis trop vieux maintenant pour être le pêcheur que j'ai été, mais je pêche encore dans les rapides malgré ceux qui me le déconseillent. Et lorsque je suis assis, seul, dans le demi-jour des gorges, tout se brouille et s'estompe, et il ne reste plus que mon âme et mes souvenirs, et le bruit de la rivière, et les quatre temps du lancer, et l'espoir qu'une truite se lèvera.
Peu à peu, tout se fond en un et au milieu coule la rivière.
Son lit fut creusé par le Déluge, au cœur de la roche venue du fond des temps. Sur les rochers, la pluie a laissé ses gouttes immémoriales.
Sous la roche, il y a la Parole, et cette Parole parfois lui appartient.
Je suis hanté par les eaux ! [Extrait du film de Robert Redford, *Et au milieu coule une rivière*.]

– Ce si beau texte me fait ressouvenir d'une phrase entendue et retenue pour une fois… et qui elle aussi a trait au mystère que l'eau véhicule. De la mer, cette vaste étendue d'eau qui recouvre les trois quarts de notre planète, que pourrait-on dire? Cette interrogation que je cite ici n'est-elle pas une invite à la spiritualité? **« Dieu n'a-t-Il pas peint la mer en bleu pour nous engager à plonger dans le ciel? »**

À la pêche avec Jésus.

– Cela me donne une justification logique et presque obligée pour tous nous rassembler, par le miracle de l'évocation scripturaire, vous mon ange, moi, et les lecteurs qui nous accompagnent, sur les bords de la mer de Tibériade ou de Galilée que l'on dénomme aussi plus modestement le lac de Génésareth. Sa dénomination antique était lac de Kinnéreth à cause de son profil géographique qui rappelle la forme d'un luth, en hébreu *kinnor.* Le lac se trouve deux cent neuf mètres au-dessous du niveau des océans.

– Il semble que le Seigneur, en choisissant cet endroit spécifique pour s'y manifester, ait voulu se montrer parmi les hommes, au plus bas de la terre. Il s'est abaissé au plus haut point en se manifestant au « plus bas point » de la terre, deux cent neuf mètres au-dessous du niveau de la mer. Saint Paul a saisi cela qui proclamera dans son épître aux Philippiens (II, 6-8), à propos du Christ :

> **Lui, de condition divine, ne retint pas jalousement le rang qui l'égalait à Dieu.**
> **Mais il s'anéantit lui-même, prenant condition d'esclave et devenant semblable aux hommes.**
> **S'étant comporté comme un homme, il s'humilia plus encore, obéissant jusqu'à la mort, et à la mort sur une croix!**

Jésus agit à l'instar de l'eau qui descend toujours. Le Christ a donc choisi ce lieu du lac de Tibériade pour y prêcher, et en même temps y pêcher, si je puis dire, ses quatre premiers disciples, tous quatre pêcheurs et pécheurs comme nous tous en même temps.

– À mon contact, les jeux de mots vous viennent à l'esprit.

– C'est un peu vrai. Cela dit, je dois avouer que le glissement qui s'opère dans la langue française entre les mots « pécheurs », « pêcheurs » et « prêcheurs », ce que les « pêcheurs d'hommes » sont appelés à devenir, est une des choses qui m'intrigue tout particulièrement.

Il semble que la langue française tout à coup imite l'hébreu, la langue des anges, qui est coutumière de ces glissements qui sont toujours vecteurs de messages importants.

Toujours est-il que Simon-Pierre et André, son frère, ainsi que les fils de Zébédée, Jacques et Jean, tous quatre pêcheurs sur les bords du lac de Kinnéreth, sont tous quatre appelés par le Seigneur à devenir, selon les propres paroles de Jésus, des **« pêcheurs d'hommes »** *et obligatoirement des prêcheurs comme Jean qui donnera au monde…*

– … l'évangile le plus faramineux qui soit, le plus mystique et sans doute le plus profond et par là le plus mystérieux, l'évangile dit de Jean.

– Mais c'est dans les synoptiques que l'on trouve l'appel des quatre premiers disciples par Jésus :

> **Comme il cheminait le long de la mer de Galilée, il aperçut deux frères, Simon – celui qu'on appelle Pierre – et André son frère, qui jetaient l'épervier dans la mer ; car c'étaient des pêcheurs. Il leur dit : « Venez à ma suite, et je vous ferai pêcheurs d'hommes. » Aussitôt, laissant là leurs filets, ils le suivirent. Et avançant plus loin, il vit deux autres frères, Jacques, fils de Zébédée, et Jean son frère, dans leur barque, avec Zébédée leur père, en train d'arranger leurs filets ; et il les appela. Aussitôt, laissant leur barque et leur père, ils le suivirent.** [Matthieu IV, 18-22.]

– Je m'empresse de dire que je ne partage absolument pas le discours conventionnel qui a cours en Église. En effet, on a coutume de proclamer, lors des prêches, que le Seigneur choisit des pêcheurs, donc des gens frustes par excellence, pour en faire des apôtres. Cela sous-entend que les quatre premiers disciples auraient eu des connaissances rudimentaires et primitives, et même auraient été incultes du seul fait qu'ils exerçaient la profession de pêcheurs. Combien de fois ai-je entendu cela au cours des homélies et combien de fois cela m'a fait bondir hors de mon prie-Dieu !

– *Puis-je vous en demander la raison ?*

– Mais tout bonnement, parce que je me demande bien comment les quatre disciples dont il est question auraient bien pu reconnaître, dans le Seigneur, le Messie qu'annoncent les Textes, s'ils n'avaient pas eu connaissance de ces Textes qui font référence à la venue du Messie ?

– *Comme vous voyez juste. En effet, le mot « Messie » en hébreu se dit* Machiar, *ce qui signifie « Oint », et c'est ce mot* Machiar *qui, traduit en grec, deviendra* Christos *et Christ en français.*

– Cela dit, je ne doute pas un seul instant que les quatre premiers disciples pouvaient faire figure de gens frustes de par leur profession de pêcheurs, mais ils ne l'étaient en aucun cas, spirituellement parlant. Combien de fois, au cours des narrations qu'ils font des événements vécus en compagnie de Jésus, signalent-ils : « **Ainsi s'accomplit l'oracle du prophète...** » ? Il fallait bien qu'ils aient eu vent de cet oracle en question ou de telle prophétie.

Symboles, métaphores, paraboles restent à découvrir.

– *Comme vous vous en doutez, derrière le sens littéral du récit qui concerne les pêcheurs du lac de Tibériade interpellés par Jésus pour qu'ils Le suivent, sens littéral qu'il ne faut en aucun cas minimiser, se cachent de fabuleux symboles, des métaphores significatives, bref des paraboles qui n'entament en rien la réalité des choses qui prévaut toujours.*

Ce n'est pas parce que les apôtres sont des pêcheurs qui vont en barque, qu'ils usent d'un filet, que le lac est lui-même symbolique de tout autre chose que le lac lui-même, que, pour autant, pêcheurs, barque, filets et lac ne sont pas réels. Il faut bien mettre les points sur les « i » à ce sujet. Tout ce que les évangiles racontent est strictement vrai et tout s'est réellement passé. Mais il faut reconnaître aussi que la venue sur terre du Créateur a fait correspondre ces choses simples et à portée de tous à des mystères du Royaume de Dieu qui se trouvent ficelés, dirons-nous, avec la réalité pour qui sait les voir. Tant pis pour les autres. Le Seigneur n'affirme-t-Il pas : **« C'est pour cela que je leur parle en paraboles : parce qu'ils voient sans voir et entendent sans entendre ni comprendre »** *(Matthieu XIII, 13).*

– Suis-je apte aujourd'hui à saisir, le sens caché des choses évangéliques ?

– *Vous savez bien que oui.*

Le filet de pêcheur symbolise...

– Alors, je vous dis que le filet dont usent les disciples lors de leurs pêches miraculeuses ou pas représente tout simplement la mémoire des êtres humains qui, par parenthèse, vous tient tant à cœur, cette mémoire dont nous avons parlé et dont saint Augustin a disserté avec tant d'à-propos. Cela n'empêche pas que le filet de pêcheur est un filet, mais il représente aussi, que vous le vouliez ou non, la mémoire de ces mêmes pêcheurs. Tout devient clair si je cite la fin du chapitre XIII de Matthieu :

> **Le Royaume des Cieux est encore semblable à un filet qu'on jette en mer et qui ramène toutes sortes de choses. Quand il est plein, les pêcheurs le tirent sur le rivage, puis ils s'asseyent, recueillent dans des paniers ce qu'il y a de bon, et rejettent ce qui ne vaut rien.** [Matthieu XIII, 47-48.]

Puis-je vous signaler au passage que le mot anglais net *désigne un « filet », et que, lorsque les internautes surfent sur Internet, pour user d'un vocabulaire contemporain, ils se transforment en pêcheurs afin de jeter leur dévolu sur ce qu'ils recherchent à l'aide du* net, *du « filet ».*

D'autre part, la science ayant beaucoup évolué aujourd'hui, les savants savent que le cerveau humain se dessine comme un filet de pêcheur. En effet, chaque synapse est le point de rencontre de deux neurones dans le cerveau. Ainsi les synapses s'amarrent les unes les autres et chacune d'elle pourrait tout à fait représenter les nœuds du filet des pêcheurs du lac de Tibériade.

Quant à l'eau du lac, n'oublions pas ce que nous avons dit et établi au départ de ce paragraphe : « **Il n'y a d'eau que de Torah.** »

Alors, de la même façon que la Torah contient des chapitres, l'eau du lac de Tibériade contient des poissons. Ils représentent précisément ces chapitres. Je l'ai évoqué lors de mon explication du miracle de la multiplication des pains et des poissons.

Les cent cinquante-trois poissons de l'évangile de Jean.

– *À la toute fin de l'évangile de Jean, il est justement question de 153 poissons que ramène le filet des sept disciples qui se retrouvent en barque sur l'eau, tandis que le Seigneur ressuscité qui les appelle les attend en chair et en os sur le rivage. Ces 153 poissons sont symboliques, à la fois…*

– J'attends avec impatience ce que vous voudrez bien me révéler.

– *J'ai pris un temps, d'abord pour faire durer le suspense, mais aussi pour vous prévenir qu'étant donné que cette révélation est tout à la fois riche et lourde de sens profond, elle nécessite une attention décuplée.*

– Me ferez-vous la grâce de vous soumettre ce que j'ai découvert à ce sujet?

– *Mais je vous en prie.*

– Les quatre premiers livres de la Torah, à savoir Genèse, Exode, Lévitique et Nombres contiennent 153 chapitres à eux quatre, et les 153 poissons de l'évangile de Jean sont à mes yeux représentatifs de ces 153 chapitres.

Vous m'objecterez sans doute : Pourquoi mettre à part le cinquième livre de la Torah, le Deutéronome, puisque le mot grec « Pentateuque » (cinq rouleaux) est censé les rassembler tous les cinq?

Eh bien, parce que la désignation de « Deutéronome » pour le cinquième livre a la signification en grec de « Deuxième loi », *Deutéro – nomos.* Il s'agit, si l'on peut dire, d'un résumé des quatre premiers livres et, dans le monde juif, il est courant de désigner le Deutéronome par « Deuxième Torah ».

– Oui, c'est bien vu et je veux bien admettre que les quatre premiers livres de la Torah détiennent 153 chapitres, ce qui est étonnant, mais vous oubliez une chose essentielle.

– Laquelle?

– Eh bien, vous omettez tout simplement le fait que la division en chapitres des cinq livres qui sont le cœur de la Torah, le Pentateuque donc, a été établie seulement au début du XIII*e siècle par Stephen Langton, archevêque de Cantorbéry, et par conséquent votre interprétation se casse la gueule comme vous dites. En effet, Jean l'évangéliste faisant allusion à la toute fin de son évangile à ces 153 poissons ne pouvait pas, à l'époque du Christ, notifier ce nombre parce que douze siècles après Jésus-Christ, un archevêque, fût-il de Cantorbéry, déciderait de délimiter, diviser le Texte des quatre premiers livres de la Torah en 153 chapitres, voyons Henri!*

Je suis désolé de mettre à mal votre interprétation. En revanche, je vous concède que Stephen Langton s'est peut-être arrangé, en divisant le récit de ces quatre premiers livres en question, pour faire en sorte de dénombrer 153 chapitres précisément, en référence aux 153 poissons de l'évangile de Jean. Je vous signale à ce propos que les juifs par la suite ont admis la « chapitration » de Stephen Langton pour couper court aux pertes de temps qui s'ensuivaient lorsqu'il s'agissait de trouver le Texte dont il était question lors des disputations avec les chrétiens. On trouve donc cette même « chapitration » dans la Torah.

– Disputations?

– C'est le terme exact qui était employé dans les cours royales où avaient lieu des confrontations théologiques entre chrétiens et juifs. Mais le mot « disputation » n'implique pas que les uns

et les autres se crêpassent le chignon, mais tout simplement qu'ils exposaient leur point de vue respectif.

La révélation d'Ouriel concernant le cycle de lecture de la Torah.

– *Pour revenir à la vraie signification des 153 poissons, elle est plus complexe et réellement révélatrice de la profondeur des choses. Les humains et les chrétiens en particulier ne sont guère intéressés par les profondeurs abyssales qui auréolent la venue de Jésus le Christ sur terre. Cela les laisse froids et je ne puis que m'en affecter, je le réitère.*

Il convient de savoir qu'à l'époque de Jésus la Torah se lisait exceptionnellement à Jérusalem selon ce que vous apprendra la Méguillah *29b dans le livre du Talmud de Babylone, en 153 péricopes ou sections, c'est-à-dire une à chaque sabbat. Ainsi, l'on faisait durant trois années le tour complet de tous les Textes de la Torah. Mais il s'agit d'années dites lunaires telles qu'elles avaient cours dans le monde juif d'alors. Le calendrier auquel vous êtes soumis aujourd'hui est solaire et compte 365 jours dans l'année, tandis que le calendrier lunaire des juifs en comptait 354, soit 51 semaines comprenant un sabbat par semaine. Durant trois années lunaires, on lisait donc une péricope, c'est-à-dire en hébreu une* paracha, *ou une* sidra *de la Torah par semaine à chaque sabbat à la synagogue. On effectuait donc le tour de la Torah en... trois fois 51 semaines, c'est-à-dire 3 que multiplie 51 = ...*

– 153, je sais encore compter.

– *Mais déjà à l'époque du premier exil de Babylone, c'est-à-dire lors de la déportation qui eut lieu en 598 avant Jésus-Christ, il était courant d'accomplir le tour des Textes de la Torah en une année lunaire et 54 péricopes comme cela s'opère de nos jours partout dans le monde dans toutes les synagogues.*

En revanche, du temps de Jésus, c'est seulement à Jérusalem ainsi qu'à Alexandrie que l'on avait gardé le cycle de lecture en trois ans. On lisait donc la Torah à la synagogue afin d'en accomplir la totalité de lecture, en trois années lunaires et donc en 153 sabbats comme le signale la Méguillah *29 b dans le livre du Talmud de Babylone, en ce qui concerne Jérusalem. Il s'agit de la plus ancienne trace du cycle de lecture consécutive de la Torah. Vous trouverez le détail de ce que j'avance au recto b de la page 29 du traité* Méguillah *29b qui compte trente-deux pages, lequel a été rédigé à Babylone lors de la déportation qui précise, pour qui veut le savoir, que...*

– Vous savez bien que je veux absolument savoir. Il est des moments où vos allusions me portent sur les nerfs.

– *Je sais que je vous agace souvent.*

– Bien sûr que vous m'agacez. Vous savez tout. Rien n'est plus insupportable pour nous, humains, de nous trouver devant quelqu'un qui sait tout.

– *Il m'est difficile de ne pas être ange comme il vous est impossible de ne pas être humain. Je serais tenté parfois d'avancer qu'il n'y a rien de moins humain qu'un humain si vous voulez tout savoir.*

– Il arrive aussi que vous soyez très dur, vous les anges. Revenons si vous le voulez bien à la *Méguillah* 29b du Talmud de Babylone. Que dit-elle?

– *Elle vous spécifie que :* « **En Erets Israël [en terre d'Israël], à l'ouest [vu de Babylone] on lisait la Torah en trois ans. L'ancienne division du Pentateuque en 153, 155 ou 167 sédarim est basée sur ce cycle triennal. À Babylone et en diaspora, le Pentateuque est divisé en 54 sédarim.** » *Le cycle comptait parfois 155 ou 167* sédarim *pour rattraper les années embolismiques durant lesquelles s'ajoutait un ou plusieurs mois intercalaires dans le calendrier. Et cela du temps du Christ.*

Jésus accomplit tout.

– *La Tradition chrétienne s'appuyant sur le fait que l'évangile de Jean relate trois Pâques lors du ministère de Jésus sur votre terre, il en a été déduit que Jésus a achevé son divin ministère parmi vous en trois années lunaires. Il a donc entrepris en*

153 sabbats la complétude de la lecture de la Torah, Lui qui vous a confié :

> **N'allez pas croire que je sois venu abolir la Torah ou les Prophètes : je ne suis pas venu abolir mais accomplir.** [Matthieu V, 17.]

– Il est évident, cher ange, que votre exposé que je qualifie de magistral...

– *Là, vous vous montrez trop gentil tout à coup.*

– Vous savez bien que mes sautes d'humeur ne durent pas. Je disais donc que cette révélation que vous venez de me confier est à mes yeux d'une importance capitale. En effet, puisque Jésus a accompli parmi nous son divin ministère en trois ans comme la Tradition nous l'a transmis, cela implique qu'Il a totalement accompli lors de son passage sur terre tout ce qui est écrit dans la Torah, et Il a donc revécu lors de son parcours terrestre toute l'histoire de la Torah jusqu'à l'amener à son accomplissement final.

Les quatre évangélistes nous ont transmis l'essentiel des actions et des paroles de Jésus, mais, à la lueur de la révélation que vous venez de me faire et dont je me dois à présent d'être l'interprète, je saisis en plénitude ce que nous a dit Jean en conclusion de son évangile, à savoir : « **Jésus a accompli en présence des disciples encore bien d'autres signes, qui ne sont pas relatés dans ce livre. Ceux-là l'ont été pour que vous croyiez que Jésus est le Christ, le Fils de Dieu, et qu'en croyant vous ayez la vie en son nom** » (Jean XX, 30-31).

– *Et comme par hasard, si je puis dire, c'est juste après cette conclusion que s'ajoute l'appendice qui fait état des 153 poissons, comme si Jean voulait s'excuser de ne pas avoir tout relaté de ce qu'il avait engrangé au sujet du Seigneur et qui était directement en rapport avec les 153 chapitres de la Torah, symbolisés dans son appendice par les 153 poissons pris dans le filet que remorque à terre Simon-Pierre :* « **Simon-Pierre remonta dans la barque et tira à terre le filet, plein de gros poissons, cent cinquante-trois; et quoiqu'il y en eût tant, le filet ne se déchira pas** » *(Jean XXI, 11).*

– Je pense tout à coup au fait que, si Jésus durant son ministère a fait le tour de tous les Textes de la Torah, Il a également fait quasiment le tour du lac, passant parfois sur l'autre rive comme le signalent les évangiles. Le lac de Tibériade est donc véritablement la métaphore de la Torah.

Le lac miroir du ciel.

– Vous dites bien. Le lac autour duquel le Seigneur agit, ce lac est le miroir du ciel. Tout le cosmos créé par le Christ Jésus se reflète dans ses eaux : le ciel se réfléchit dans l'eau ! Se réfléchir ! Quel beau verbe, mon Dieu !

– Et **« il n'y a d'eau que de Torah »**.

– Et c'est dans ce lac que les disciples pêcheurs lancent leur filet, ce qui prend d'autant plus d'ampleur lorsque l'on sait que le premier mot de la Torah : **« Au commencement... »,** Beréchit *en hébreu, peut aussi être traduit par ces mots :* « Be = *« dans »*, réchet = *« filet »*, *par conséquent* « **dans le filet** ». *Ainsi, la première phrase de la Bible, en lieu et place de la phrase originale :* **« Au commencement Dieu créa le ciel et la terre »**, *devient donc :* **« Dans le filet, Dieu créa le ciel et la terre »** *(Genèse I, 1).*

– Vous me donnez le vertige.

– Si vous jetez, non pas l'épervier dans la mer comme Simon-Pierre lors de sa rencontre avec Jésus, mais tout simplement les yeux au ciel, la nuit, et contemplez ainsi le firmament, n'est-ce pas devant un vaste filet de pêcheur que vous vous trouvez ? Chaque étoile qui resplendit se révèle être parmi les milliards d'étoiles, tout aussi bien un des nœuds d'un filet de pêcheur qu'un des multiples neurones de vos cerveaux humains. On peut bien rappeler alors la phrase clef d'Hermès Trismégiste : **« Ce qui est en haut est comme ce qui est en bas, inversé. »**

Jésus marche sur la mer.

– Vous m'évoquez tant de choses avec vos révélations qu'il me semble que le voile de mon ignorance se déchire et me laisse enfin apparaître une large part de vérité. Je pense au Seigneur qui marche sur l'eau, et me vient à l'esprit tout à coup que cette action si anormale pour nous, pauvres humains, à savoir le fait de marcher sur l'eau comme sur terre, est derechef révélatrice de l'accomplissement de la Torah.

En effet, le peuple juif lui aussi marche à sec dans l'eau lors du passage de la mer des Roseaux lorsqu'il est poursuivi par les chars de Pharaon. Jésus fait de même, ce qui est normal pour Lui qui a puissance sur la terre comme au ciel :

> **La barque, elle, se trouvait sur la mer, harcelée par les vagues, car le vent était contraire. À la quatrième veille de la nuit, il [Jésus] alla vers eux en marchant sur la mer. Quand ils le virent qui marchait sur la mer, les disciples furent troublés : « C'est un fantôme », disaient-ils, et pris de peur ils se mirent à crier. Mais Jésus aussitôt leur adressa ces mots : « Rassurez-vous, c'est moi, n'ayez pas peur. »** [Matthieu XIV, 24-27.]

L'image d'une passoire.

– En effet, il n'y a pas à avoir peur du fait que le Créateur du ciel et de la terre marche sur les eaux, puisqu'Il a puissance sur la terre comme au ciel et que c'est dans le ciel en quelque sorte qu'Il marche, lorsqu'Il avance sur les eaux du lac sur lesquelles se reflète le firmament tout entier « **à la quatrième veille de la nuit** » nous dit le Texte. Le lac nous renvoie ainsi l'image d'une véritable passoire. Chacun des scintillements lumineux de chaque étoile ne creuse-t-il pas un trou dans l'eau?

– Je ne sais pas si vous avez notion de ce que votre bouche vient de dire?

– Mon Dieu, non! À quoi faites-vous allusion?

– Je suis troublé à mon tour. Vous vous souvenez sans doute que je vous ai dit plus haut que j'ai joué auprès de vous le rôle de l'ange de l'oubli, mais que j'ai souvent eu l'impression que ce que je vous avais montré quand vous n'étiez qu'un embryon, puis forcé d'oublier, ne cessait en réalité de transpirer à travers

ce que vous dites et pensez, comme au travers d'une véritable passoire.

– Oui, je me souviens de cela. Vous m'avez fait cette confidence quelques pages avant celle-ci.

– Vous venez d'évoquer le fait que le lac vous renvoyait l'image d'une véritable passoire. Or, vous avez fait là référence à un texte du Midrach Tan<u>h</u>ouma *attribué à Tan<u>h</u>ouma bar Abba, un amora palestinien du* IVe *siècle, un sage ayant participé à la rédaction du Talmud de Jérusalem, lequel est plus court par rapport à celui de Babylone. Ce* midrach, *c'est-à-dire ce commentaire du Pentateuque, suit justement le cycle triennal de lecture en vigueur en Palestine.*

Je vous l'avais mis en tête lors de la promenade que je vous ai fait faire en tant qu'embryon et je vous ai ensuite demandé de l'oublier.

Et voilà que ce texte en question a ressurgi dans votre conversation non seulement à votre insu mais aussi à mon grand étonnement je dois le dire.

J'en suis à me poser des questions sur le manque d'efficacité de la légère taloche que je vous ai donnée lors de votre venue au monde.

– Que dit ce texte? Je suis curieux d'apprendre ce qui a transpiré de ces termes dans ma conversation.

Moïse, Miryam et Aaron.

– Il narre quelque chose d'assez troublant pour les chrétiens. D'après la Tradition juive et tout particulièrement d'après le Targum du Pseudo-Jonathan, une source jaillie dans le désert a accompagné les Hébreux durant les quarante ans qu'ils y ont passés. Cette source fut appelée « la source de Miryam », sœur aînée de Moïse et d'Aaron. Cette source était tarie au moment où les Hébreux, après la mort de Moïse, entrèrent en Terre promise. Mais, selon la Tradition, elle devait rejaillir à l'époque messianique et c'est là que je veux en venir après les explications qui suivent.

Selon une autre émouvante Tradition, c'est Miryam qui aurait fait le guet près de la corbeille où Moïse enfant avait été déposé par leur mère « **au milieu des joncs** », *et c'est elle qui avait proposé à la fille de Pharaon décidée à l'adopter d'aller recruter une nourrice pour le bébé* « **parmi les femmes des Hébreux** ». *D'où le fait que Miryam était considérée comme une prophétesse et une femme pure jusqu'au jour où elle médit à propos du mariage de Moïse avec une femme kouchite. Rachi, le brillant commentateur de la Torah, nous apprend que c'est grâce aux mérites de Miryam que les Hébreux avaient eu l'usage du puits qui les suivit durant quarante ans dans le désert. Rachi explique qu'un rapport s'établit entre la source d'eau vive et la femme pure. La femme se sent attirée par l'eau et l'eau se sent attirée vers elle. Mais à la mort de Miryam à l'âge de cent trente ans :*

> **le peuple s'arrêta à Qadêch. Miryam mourut en ce lieu et y fut ensevelie. Or la communauté manqua d'eau et ils s'ameutèrent contre Moïse et Aaron.** [Nombres XX, 1-2.]

Moïse s'aperçut alors que le rocher ne donnait pas une goutte d'eau, ce rocher, que par la suite il va frapper deux fois sous le coup des railleries de la foule. En effet après avoir frappé le rocher une première fois, quelques gouttes seulement surgirent et la foule lui demanda si les gouttes d'eau étaient destinées à mouiller les lèvres des nourrissons. Il frappa alors le rocher une seconde fois avec son bâton, et l'eau du rocher se répandit à flots, mais cela lui valut d'être taxé du péché qui sera cause qu'il mourra sans être entré en Terre promise.

Sachez, Henri, qu'un profond rapport existe entre l'eau bienfaisante qui étanche la soif et l'étude de la Torah. À telle enseigne que, si l'arrêt de la pluie est provoqué par l'interruption de l'étude, selon les Sages, c'est la reprise de l'étude qui est le plus sûr moyen d'accélérer le retour de l'eau du ciel.

– J'attends toujours et avec une certaine impatience l'allusion promise concernant le mot « passoire ». Faut-il qu'à l'instar de Moïse je frappe par deux fois, non pas avec mon bâton, mais peut-être à deux mains, en signe d'applaudissements d'impatience, celui que je considère comme le rocher qui me donne à boire, à savoir mon ange gardien?

Je commettrai sans doute alors un péché aussi grave que celui de Moïse, je n'en doute nullement.

– *C'est trop de grâce que vous me faites. Venons-en donc à cette allusion au mot « passoire » qui me semble si révélatrice. Selon le* Midrach Tan<u>h</u>ouma *toujours qui se réfère à la proclamation faite par les enfants d'Israël dans le livre des Nombres XXI, 17 :* **« C'est alors qu'Israël chanta ce cantique** *[je fais ici remarquer que chanter s'écrit en hébreu* IaCHIR, *verbe qui donne le nom d'*ICHRaEL *qu'on prononce* ISRaEL. ISRaEL *signifie entre autres sens : "qui chante Dieu"]* : **Jaillis, ô puits! Acclamez-le!... »**

Ce cantique est entonné en l'honneur du futur et, selon ce que nous confie le Midrach Tan<u>h</u>ouma, *ce puits qui rejaillira un jour aux temps messianiques sera vu depuis* **« le sommet de la hauteur en regard du désert »** *selon ce qui est annoncé au verset 20 du chapitre XXI du livre des Nombres.*

Et du fait que ce puits sera vu depuis **« le sommet de la hauteur en regard du désert »**, *le* Midrach Tan<u>h</u>ouma *nous fait cette étonnante confidence si révélatrice, me semble-t-il, à propos des évangiles :*

> **Le puits pourra être vu du désert, car il se trouvait enfoui dans le lac de Tibériade; quelqu'un qui se trouve dans le désert voit distinctement dans le lac comme une espèce de passoire : c'est le puits!**

La voilà votre allusion au mot « passoire »!

– Tout ce que vous venez de développer me paraît si inouï non pas **« au regard du désert »** comme il est dit dans le livre des Nombres que vous venez de citer, mais au regard d'un esprit chrétien qui cherche à établir les liens si mystérieux qui relient, telles les synapses du cerveau humain, les Textes de la Torah et ceux des évangiles, que je demeure tout à coup éberlué, stupéfait, ahuri, ébahi devant ce commentaire abasourdissant du *Midrach Tan<u>h</u>ouma*.

« Bois l'eau de ta propre citerne. »

– Et si cela ne devait pas apparaître à d'autres comme tout à fait inouï, alors j'en viendrais à suivre ce conseil des Proverbes V, 15-18 : « **Bois l'eau de ta propre citerne – l'eau jaillissante de ton puits! Que tes fontaines ne s'écoulent point au-dehors, ni tes ruisseaux sur les places publiques! Qu'ils restent pour toi seul, et non pour des étrangers en même temps! Bénie soit ta source!** »

– *C'est une sage résolution. Car enfin, il est tout de même miraculeux en quelque sorte que l'eau du puits de Miryam qui a alimenté les Hébreux durant quarante ans passés dans le désert, cette eau qui jaillit du rocher de Moïse tout aussi bien ressurgisse, selon la prophétie des commentaires juifs, dans le lac de Tibériade où le Christ va agir sans cesse. Éclate ici dans toute sa plénitude, non seulement le cantique d'Israël* Jaillis, ô puits!, *mais aussi en parallèle le cri du Talmud :* « **Il n'y a d'eau que de Torah!** »

– Le lac de Tibériade doit donc avec certitude être considéré comme métaphorique de la Torah elle-même. Jésus et les Douze ne cessent de fréquenter ses bords et donc de l'appréhender, et chaque fois que les pêcheurs dont Jésus fait des « **pêcheurs d'hommes** » partent en mer, ils plongent par conséquent dans l'étude des Textes de la Torah. Cela ne peut pas être plus explicite. Pécher, c'est évidemment commettre des péchés, mais pêcher, c'est étudier les Textes en vue de ne plus pécher :

> **Simon-Pierre, Thomas, appelé Didyme, Nathanaël de Cana en Galilée, les fils de Zébédée et deux autres de ses disciples se trouvaient ensemble. Simon-Pierre leur dit : « Je vais pêcher. » Ils lui disent : « Nous venons, nous aussi avec toi. » Ils sortirent, montèrent en barque : cette nuit-là, ils ne prirent rien.**

Jésus se montre ressuscité sur les bords du lac.

> **Au lever du jour, Jésus parut sur le rivage, mais les disciples ne savaient pas que c'était lui.** [Jean XXI, 2-4.]

– Jésus, qui va les appeler, va ainsi les ramener à terre où Lui-même se montre à nouveau une fois ressuscité. Il semblerait que le Christ vous invite à ne pas mépriser le monde matériel et par conséquent tout ce qui concerne la matérialité que la terre symbolise dans les évangiles. Pour autant, Il appelle certes les disciples à cultiver sans cesse la spiritualité et à se plonger dans les Textes, mais Il leur intime aussi de savoir en quelque sorte redescendre sur terre :

> **Une fois descendus à terre, ils aperçoivent un feu de braise, avec du poisson dessus et du pain.** [Jean XXI, 9.]

– C'est ici qu'il est bon de se référer à la phrase d'Emmanuel Levinas inspirée des *Pirkei Avot* (chapitres des Pères) :

> **Les paroles des Sages sont comme de la cendre ardente. On peut se demander pourquoi cendres, pourquoi pas flamme? C'est que cela ne devient flamme que quand on sait souffler dessus.**

Ainsi le poisson représentatif des Textes de la Torah et le pain, symbole de la Parole transmise par Jésus aux disciples, sont en train de griller ensemble sur le feu de braise entretenu par Jésus au bord du lac de Tibériade. Ne s'agit-il pas d'un appel de Jésus à marier tout ce que la Torah a commandé aux douze tribus d'Israël avec cette Parole christique que les douze disciples ont mission de transmettre aux païens en vue d'en faire des chrétiens? Il nous faut, nous chrétiens, souffler sur la braise en vue d'enflammer les cœurs.

Jésus n'a-t-Il pas dit : « **Je suis venu apporter le feu sur la terre, et comme je voudrais que déjà il fût allumé!** » (Luc XII, 49.)

– Il s'agit, afin que le monde puisse se réchauffer, de faire en sorte que s'enflamment les Textes de la Torah pour qu'ils éclairent les paroles du Christ détenues par les quatre évangiles, comme nous l'a fait savoir Jean-Paul II : « **En réalité on ne peut exprimer pleinement le mystère du Christ sans recourir à l'Ancien Testament (la Torah).** »

Le mystère du nom de Zébédée.

– Cela va encore se révéler vrai par rapport à ce qui me reste à vous dire au sujet du nom « Zébédée » auquel il est fait allusion lors de l'appel des quatre premiers disciples.

Jésus, rappelez-vous, interpelle d'abord Simon-Pierre et André son frère qui jetaient l'épervier dans la mer, et aussi Jacques et Jean, tous deux fils de Zébédée qui étaient en train d'arranger leurs filets en compagnie de Zébédée leur père.

– Où trouve-t-on la trace du nom « Zébédée » dans la Torah?

– Bonne question! On ne peut pas se tromper puisqu'on ne trouve le mot ZéBeD *qu'une seule fois dans la Torah. Il s'agit donc d'un hapax, d'un mot unique dans le Pentateuque. On le trouve aux chapitres XXIX et XXX du livre de la Genèse où est établie la liste des enfants que les femmes de Jacob, Léa et Rachel, lui donnent, ainsi que Bilha, la servante de Rachel, et Zilpa, la servante de Léa. De Léa, sont issus Ruben, Siméon, Lévi et Juda. De Bilha, servante de Rachel, sont issus Dan et Nephtali. De Zilpa, servante de Léa, sont issus Gad et Acher. Enfin, Léa donnera encore deux fils et une fille à Jacob : Issachar, Zabulon et Dina. Quant à Rachel qui était dans l'impossibilité d'enfanter, elle finira par mettre au monde Joseph et plus tard Benjamin, ce qui lui coûtera la vie.*

Mais ce qui nous intéresse ici par rapport au nom « Zébédée » ce sont les fils de Léa, Issachar et Zabulon. Léa donne ainsi six fils à Jacob parmi les douze qui vont constituer les douze tribus d'Israël et chacun des noms donnés à chaque enfant recèle un sens en rapport avec leur naissance : le nom de Ruben est en analogie avec la vision, le nom de Siméon avec l'écoute, celui de Lévi avec le lien, celui de Juda avec la louange. Le nom de Dan évoque la justice, celui de Nephtali les luttes avec Dieu. Gad signifie bonheur et le nom d'Acher signifie félicité qui est synonyme de bonheur.

L'homme récompensé.

– Et enfin Issachar a pour sens : l'homme récompensé. Lorsqu'il naît, Léa sa mère dit : « **"Le Seigneur m'a donné ma récom-**

pense (SéCaRI) d'avoir donné ma servante à mon époux." Et elle lui donna le nom d'Issachar (ISSaCaR) » *(Genèse XXX, 18).*

*Il est décrété qu'*ISSaCaR *est « l'homme récompensé », et de ce fait la tribu d'Issachar doit se consacrer entièrement à l'étude de la Torah car cette étude est promise à une récompense plus conséquente que n'importe quelle autre bonne action. Mais afin qu'Issachar puisse s'adonner en toute sérénité à l'étude de la Torah, il doit être dégagé de tous soucis matériels. Aussi, c'est Zabulon, son frère, qui doit lui prêter main-forte en lui garantissant sa subsistance. À la naissance de Zabulon, Léa sa mère s'écrie :* **« "Le Seigneur m'a accordé (ZéBaDaNI) une bonne part (ZéBeD) ; désormais mon époux demeurera (IZéBéLaNI) près de moi, car je lui ai enfanté six fils." Et elle appela celui-ci ZéBouLOUN »** *(Genèse XXX, 19-20).*

On voit donc, à la lumière de ce Texte, que le mot zébed *d'où est tiré le nom « Zébédée » des évangiles fait référence à la gratification, au fait que les choses sont accordées, au don par conséquent.*

Ainsi, tout laisse supposer que Jacques et Jean, les fils de Zébédée, sont analogiquement reliés à Issachar et Zabulon. Et si Jean, tel Issachar, est par avance appelé à se consacrer à l'étude théologique, sans doute Jacques est-il tout désigné pour assurer sa subsistance comme fera Zabulon à l'égard de son frère Issachar.

Par son évangile, Jean fait montre en tout cas des dons, des gratifications inouïs que le mot hébreu ZéBeD *annonce, lui qui nous instruit comme nul autre des intentions divines du Seigneur Jésus.*

Jean, dans son évangile, proclame une profession de foi d'une nouveauté absolue et dont l'écho se répercutera au fil des siècles et pour les siècles des siècles : **« Au commencement était le Verbe... »**

Cette vérité absolue est émise par Jean en parallèle à la déclaration du Premier Testament : **« Au commencement Dieu créa le ciel et la terre »**, *et fait véritablement de lui un digne fils de Zébédée, un fils doué, gratifié, un Issachar, un « homme récompensé » par Dieu, au point qu'il sera désigné pour l'éternité comme étant « le disciple que Jésus aimait ».*

– À la lueur de ce que vous me révélez, je n'ai pas honte de dire que tout n'est pas si évident qu'il n'y paraît dans les évangiles. Je me trouve, si je puis dire, secoué par vos révélations, et ne suis guère étonné en revanche que les disciples aient pu l'être eux aussi. Nous voilà tous embarqués dans la barque du Christ lors des parties de pêche des disciples sur la mer de Galilée, alors que surviennent des tempêtes qui obligent le Seigneur à prendre la situation en main :

> **S'étant révéillé, il menaça le vent et dit à la mer : « Silence ! Calme-toi ! »** [Marc IV, 39.]

Il faut croire que la mer a des choses à dire à l'instar de la Torah pour que le Verbe lui commande de se calmer. D'autant que c'est le vent de l'Esprit qui anime la tempête.

Mais demeurera toujours, par-delà tous les éclaircissements que vous les anges pouvez donner aux hommes, cette question insidieuse que posent les disciples : **« Qui est-il donc celui-là, que même le vent et la mer lui obéissent ? »** (Marc IV, 41.)

> **Il se mit à nouveau à enseigner au bord de la mer et une foule très nombreuse s'assemble auprès de lui, si bien qu'il monte dans une barque et s'y assied, en mer ; et toute la foule était à terre, le long de la mer. Il leur enseignait beaucoup de choses en paraboles...** [Marc IV, 1-2.]

Ainsi Jésus est en mer, sur le spirituel, et la foule, le long de la mer, à terre : dans la matérialité qui jouxte la spiritualité. Et de quoi est donc représentative la barque du Christ ?

– Je ne pense pas me tromper en soutenant que ceux qui y montent y accèdent pour être sauvés comme ils monteraient de même dans l'arche de Noé conformément à ce qui est écrit : **« Oui, Dieu a tant aimé le monde qu'il a donné son Fils unique, pour que tout homme qui croit en lui ne périsse pas mais ait la vie éternelle. Car Dieu n'a pas envoyé son Fils dans le monde pour condamner le monde, mais pour que le monde soit sauvé par lui. »** *[Jean III, 16-17.]*

Oui, la barque du Christ se trouve être tout à la fois arche de Noé et arche d'Alliance du Seigneur. Cette arche d'Alliance ou cette arche du Témoignage, les Hébreux la transportèrent dans le désert, qui est en quelque sorte une mer de sable, depuis la révélation faite à Moïse au mont Sinaï, jusqu'à l'époque de Salomon où elle fut déposée dans le Saint des Saints du sanctuaire. Elle contenait entre autres choses les tables de la Loi salvatrice :

> **La Loi fut donnée par l'intermédiaire de Moïse ; la grâce et la vérité nous sont venues par Jésus-Christ.** [Jean I, 17.]

Dans la barque de Jésus dans laquelle vous vous êtes embarqué, cher Henri, se trouvent la grâce et la vérité : cette barque, c'est l'Église !

11

Dieu ou hasard?

*

Dieu ou hasard, il faut choisir!

Le jeu de… Hasart.

Les mots sont les habits du Verbe.

Dieu ou hasard, il faut choisir !

– Est-ce que le hasard existe, cher ange?

– *Cher Henri,* **« le hasard est le pseudonyme de Dieu quand Il ne veut pas signer »**. *Cette phrase que je trouve très belle a été attribuée à tant d'auteurs différents que je puis bien la faire mienne.*

Nous les anges sommes là pour agir, et peu importe si nos actions sont souvent mises par les hommes sur le compte du hasard. Oui, peu importe si les hommes attribuent nos interventions au bénéfice du hasard. En vérité, il n'y a pas de hasard, il n'y a que des protections, et ces protections nous incombent à nous les anges.

Néanmoins, vous devez expressément expliquer à vos congénères que l'on ne peut pas croire en Dieu et en même temps au hasard. Ou bien l'on croit en l'Un ou bien l'on croit à l'autre, mais en aucun cas aux deux à la fois. Il faut choisir. On a le libre choix. C'est cela le libre arbitre. Et c'est précisément à cette croisée des chemins-là qu'il se situe.

– Je suis bien sûr en accord total avec vous, aussi permettez-moi d'adresser dans une courte parenthèse un avertissement amical à tous ceux entre les mains de qui tombera cet ouvrage. Je tiens à leur dire que s'ils pensent que le hasard préside à tous les événements de ce monde ainsi qu'aux avatars de leurs existences, alors qu'ils délaissent ces pages qui tendent à prouver le contraire. Oui qu'ils se délestent tout de suite de cet ouvrage. Vous me direz que c'est peut-être un peu tard à présent qu'ils sont parvenus jusqu'ici dans ce livre. Peut-être étaient-ils appelés à cheminer avec nous. À eux de voir si c'est à mettre sur le compte du hasard. Je n'ai de toutes les façons ni le désir et encore moins le pouvoir de les convaincre. En effet, chacun de nous naissant selon des paramètres préalablement établis, il est ardu de les modifier. Qui choisit ces paramètres en question me direz-vous?

– Laissez-moi répondre. Eh bien, c'est le hasard puisque ses thuriféraires lui prêtent tant de pouvoirs. Pour ma part, je ne mettrai pas de gants pour dire que ce que l'on appelle « hasard » n'est rien d'autre qu'un alibi pour ne pas voir plus loin que le bout de son nez. C'est pratique de ne pas chercher à comprendre, cela donne la tranquillité, si ce n'est que pendant ce temps les choses se dégradent. Tel événement survenant, ne doit-on pas se demander quelle en est la cause? Si l'on décrète qu'il n'y a pas de cause et que c'est le fait du hasard, non seulement il n'y a plus à chercher mais il n'y a plus rien à comprendre et donc plus aucune possibilité d'améliorer les choses. C'est ce qui se passe dans vos sociétés.

– Certes. Cependant, il faut bien dire qu'il y a quelques raisons de se désintéresser des choses de ce monde. J'entends souvent dire et à juste titre : « Il n'y a même plus à chercher à comprendre tant le monde actuel est inepte. » Et d'ailleurs, quel pouvoir avons-nous de changer les choses? Molière déjà, sous Louis XIV, faisait dire à l'un de ses personnages : **« Le monde par vos soins ne se changera pas. »**

Le jeu de... Hasart.

– Je ne suis pas tenu de vous suivre sur ce sujet. D'ailleurs, puisque nous dissertons sur la problématique du hasard, sachez que le mot « hasard » lui-même n'est pas le fait du hasard si je

puis dire. En réalité, parmi les nombreuses suppositions avancées sur l'origine de ce mot, celle qui semble devoir retenir toute notre attention serait celle d'un certain Grégoire de Tyr qui participait aux Croisades : le hasard est une sorte de jeu de dés, jeu qui fut inventé pendant le siège d'un château de Syrie nommé Hasart. Et du coup – du coup de dés pourrait-on dire – le jeu prit le nom de cette localité (Laborde, Émaux, *p. 247). Cette sorte de jeu de dés qui se joue sans calcul a pris le nom du lieu où il a été inventé. Il a ainsi pris le nom de jeu de hasard parce qu'on a inauguré ce jeu sur le lieu dit « Hasart » et cela ne relève en aucun cas de ce que nous appelons hasard.*

– C'est donc la preuve que les mots ne sont pas régis par le hasard et le mot « hasard » lui-même n'est pas le fait du hasard. Quelles que soient les dénominations que nous employons, elles ne peuvent en aucun cas être le fruit du hasard. Les mots ne sont pas des dés à jouer qui roulent dans la conversation. Si cela était, on pourrait inventer une langue valable pour tous selon un critère établi et nous savons bien que n'importe quel ersatz de l'esperanto est voué à l'échec. Si l'on appelle un chat un chat, c'est qu'il y a une raison. Vous savez ce que je crois?

– *Non, mais dites.*

Les mots sont les habits du Verbe.

– Je pense que l'on habille, que l'on enveloppe les choses dans ce qu'on croit qu'elles sont. L'enveloppe, c'est le mot. Il faut encore voir ce qu'il y a dedans. L'enveloppe sert à définir les choses, c'est-à-dire en finir avec elles. Quelquefois, on revêt les mots avec justesse; d'autres fois, on les déguise. Mais cela a toujours rapport avec l'idée que l'on s'en fait, dont on les enveloppe et à qui l'on donne forme à l'aide des mots. Cela peut paraître puéril, cher ange, mais il me paraît tout à la fois logique et en même temps étonnant, surprenant même, que bien avant que je ne sache ce qu'est un lion ou un tigre ou une panthère, déjà les mots m'indiquent par avance la forme, l'idée, l'image qu'il est bon que je m'en fasse pour préserver ma vie. Le simple mot « lion » me fait apparaître ce fauve dans une sorte d'immobilité pesante à laquelle il vaut mieux ne pas se fier, le mot « tigre » semble m'induire à penser que ce carnassier peut à tout instant me sauter dessus, et la flexibilité que m'évoque le mot « panthère » m'invite à prendre d'autant plus garde à ce félin.

– *L'expression du penseur juif André Neher que j'ai citée dans ma préface prend ici tout son sens :* **« Le mot devient la chose qu'il nomme. »**

– Le Professeur Tomatis, dont nous avons abondamment parlé plus haut, disait à ceux qu'il formait que le nouveau-né associait le fait de manger à « mamama » qui allait devenir « maman », et le fait de ne plus vouloir manger dès qu'il est repu aux syllabes « papapa, pupupu... ». Ce qui n'empêche pas le père d'exulter et d'entendre « papa ». Cela est valable dans presque toutes les langues du globe.

– *Oui, mais j'entends déjà les adeptes du hasard s'écrier : « Comment alors expliciter que certains mots qui ont la même signification n'ont rien à voir entre eux dans des idiomes différents, c'est ainsi qu'un papillon se transforme en* farfalla *chez les Italiens, en* butterfly *chez les Anglais et se métamorphose en* mariposas *en espagnol?*

Le philosophe Emmanuel Levinas a répondu pour nous, pardon de répéter avec redondance mes citations, mais elles sont si justes et ajustées aux choses qu'il m'est quasiment impossible de ne pas les réitérer : **« La langue est la mise en commun d'une idée. »** *Et chaque idiome a sa perception propre. Quoi qu'il arrive, l'on réagit dans sa langue maternelle même si l'on en apprend d'autres.*

Ainsi les idées prennent formes sous forme d'images tout d'abord, on est là dans le domaine humain de la vision, mais dès l'instant où les mots du langage traduisent les images, il s'agit de comprendre (prendre avec nous) ce que les mots nous indiquent et l'on se trouve alors dans le domaine de l'écoute.

– Si je comprends bien, on visionne par la pensée, laquelle crée le mot pour la traduire, et le relais est ainsi passé à l'écoute.

– Les mots annoncent une réalité que l'on n'a pas encore éprouvée. Ils sont donc prophètes et il convient donc de les écouter pour ce qu'ils veulent nous dire. Les mots nous veulent du bien. Ils ne peuvent donc pas être le fait du hasard. Mais malheureusement, comme Pascal nous en avise : **« On entend [= comprend] les prophètes que quand les choses sont arrivées. »**

– Je demeure fasciné, cher ange, par cette définition, extraordinaire à mes yeux, de Jean-Paul Sartre : **« Les mots boivent notre pensée avant même que nous ayons pu les reconnaître. »** Je me délecte de cette saisissante approche.

– Les mots sont les habits du Verbe, sa parure. Vous avez parlé d'enveloppe. Ils revêtent le Verbe ! Les mots sont là pour permettre au Verbe d'être visible à nos yeux à défaut d'être compris. Le Verbe se sert des mots pour pouvoir se présenter à nous, nous apparaître dans les meilleures conditions. Oui, c'est grâce aux mots que le Verbe se manifeste. Les mots sont les serviteurs du Verbe. Mais encore faut-il savoir lire non seulement entre les lignes mais aussi au travers des lettres et à travers les mots eux-mêmes. L'écriture ne reproduit pas la parole – elle la rend visible, cela valait la peine d'être dit ici.

Henri, permettez-moi de vous faire cette courte révélation :

> **Le Verbe s'est fait chair… Il s'est revêtu de lettres en tant que Verbe pour se révéler à nous. Parole et Écriture sont l'une comme l'autre la vêture du Verbe pour se présenter aux humains.**

12

Le Verbe ou le Logos

*

« Aimer la Torah plus que Dieu »
selon Emmanuel Levinas.

La Torah, reflet du cerveau de Dieu.

Jésus comme la Torah étaient avant que le monde ne fût.

« Vivante est la Parole de Dieu… »

« Il faut vivre le chemin! » selon Marguerite Hoppenot.

Ne pas confondre Verbe et Parole.

L'identité du Logos.

Le doigt de Dieu, le doigt de Jésus.

Prenons garde à l'amalgame.

« Aimer la Torah plus que Dieu »
selon Emmanuel Levinas.

– *Le philosophe Emmanuel Levinas conseillait d'*Aimer la Torah plus que Dieu : *c'est le titre qu'il avait donné à l'une de ses allocutions en 1955 (* Difficile liberté, *Albin Michel, 1976, p. 89). Et si j'ose faire état d'un pareil concept, c'est bien parce que la pensée d'Emmanuel Levinas est prééminente en matière philosophique et biblique. S'il ne l'avait énoncé au préalable je n'oserais peut-être pas proposer pareil conseil. Partagez-vous son opinion, vous que je sais amoureux de la Torah ?*

La Torah, reflet du cerveau de Dieu.

– Oui, parce que la Torah, le Premier Testament en hébreu donc, est à mes yeux plus que la Torah et, fort de la fascination qu'elle exerce sur moi, je vais jusqu'à prétendre que : **« La Torah est le reflet du cerveau de Dieu. »** Ce n'est pas rien !

Dans tous les cas, c'est elle, la Torah, qui a su me préserver des ornières dans lesquelles j'aurais pu tomber si je ne m'en étais pas fait une amie. Elle m'a empêché d'adhérer à toutes les erreurs exégétiques auxquelles sont condamnés d'avance tous ceux qui se refusent à la fréquenter. Car lorsque l'on chemine dans les mystérieuses sentes de ses Textes sacrés, tout en se laissant guider par les miroitements de certains mots dont elle nous gratifie, on parvient alors à une sorte de mitoyenneté avec Dieu. On ne voit certes pas le Créateur mais on le sent. Comme on pressent en même temps qu'Il nous recherche. L'aveu de Pascal clarifie la chose : « **Vous ne Le chercheriez pas s'Il ne vous avait pas déjà trouvé.** »

– Cela dit, définir la Torah n'est pas une mince affaire et, parmi les juifs, bien peu ont pris exactement la mesure de ce qu'elle est. Seuls les juifs qui étudient ont pris conscience de l'immensité de la Torah et, paradoxalement, c'est tout le non-dit de la Torah, qui constitue son immensité, à la recherche duquel il faut partir. Malheureusement, les juifs qui en sont conscients constituent, dans la communauté juive du monde entier, une minorité. De même que sont minoritaires les chrétiens et les musulmans (pour rester dans les trois religions abrahamiques) qui savent véritablement de quoi ils parlent quand ils dissertent sur leur confession respective et respectable puisqu'ils ne se préoccupent pour ainsi dire pas des Textes sacrés. À quoi bon les avoir écrits alors?

J'en profite pour signaler au passage cette mise au point du cardinal Etchegaray : « **Trois familles sont issues d'Abraham, juive, catholique, musulmane. Toutes trois se réclament de lui, mais nul ne peut se réclamer d'Abraham en excluant les autres.** » *Le cardinal Etchegaray confirme la parole du Christ :* « **Si vous étiez les enfants d'Abraham, vous feriez les œuvres d'Abraham.** » *(Jean VIII, 39.)*

Pour revenir à la Torah, vous avouez donc n'être pas capable vous non plus de définir ce qu'est exactement la Torah, la Torah des juifs.

Jésus comme la Torah étaient avant que le monde ne fût.

– Non, et il n'est pas né celui qui pourra le faire parfaitement. De nombreux textes rabbiniques soulignent la préexistence au ciel de la Torah avant la création du monde.

– Les notions platoniciennes ne sont pas étrangères à cette croyance. Selon Platon en effet, la réalité absolue réside dans le monde des Idées dont le monde d'ici-bas n'est qu'un reflet mineur.

– Le livre des Proverbes (VIII, 22-23) entérine la notion selon laquelle la Torah identifiée à la Sagesse préexiste à toute la création :

> **Yahvé m'a créée au début de ses desseins,**
> **avant ses œuvres les plus anciennes.**
> **Dès l'éternité je fus fondée,**
> **Dès le commencement, avant l'origine de la terre.**

Le Christ, Lui aussi, parle, s'adressant à son Père, de « **la gloire que j'avais près de toi avant que fût le monde** » (Jean XVII, 5).

C'est ainsi que par la suite, parvenu sur terre, Jean nous annoncera que « **le Logos s'est fait chair et il a demeuré parmi nous** » (Jean I, 14).

Pour apporter de l'eau baptismale à votre moulin, cher ange, permettez-moi de citer Daniel-Rops dans l'Introduction de son livre *Jésus en son temps* (p. 52) :

> **Évangéliste du Verbe [saint Jean] utilise seul ce terme de Logos, qui était alors extrêmement notoire dans tout cet Orient méditerranéen baigné de philosophie grecque, un de ces mots consacrés dont l'usage même a fini par élargir extrêmement le sens au point de le rendre fort contradictoire. Mais ce terme de Logos, il ne le prend ni dans l'acception du Portique ou de Philon, ni même dans celle où la Tradition juive l'enfermait, « Parole du Seigneur », synonyme du Nom ineffable ou « Sagesse »; il le recrée, lui donne une résonance nouvelle. « En lui était la vie et la vie était la lumière des hommes. » Une des notions essentielles du christianisme s'exprime là.**

« Vivante est la Parole de Dieu... »

– Cher Henri, il nous faut impérativement remettre les choses à leur juste place et donner toute l'importance qu'il convient d'accorder à la Parole de Dieu-Parole du Père consignée par écrit dans le Premier Testament soulignons-le, indissociable for-

cément de la Parole du Fils dite, parlée, orale et consignée dans les Évangiles, et dont l'épître aux Hébreux (IV, 12-13) révèle tout ce que nous en devons attendre :

> Vivante, en effet, est la parole de Dieu, efficace et plus incisive qu'aucun glaive à deux tranchants, elle pénètre jusqu'au point de division de l'âme et de l'esprit, des articulations et des moelles, elle peut juger les sentiments et les pensées du cœur. Aussi n'y a-t-il pas de créature qui reste invisible devant elle, mais tout est nu et découvert aux yeux de Celui auquel nous devons rendre compte.

Pour autant, la vérité ne pourra nous rendre libres comme Jésus le promet, qu'à la stricte condition de ne pas confondre les choses, à savoir Logos-Verbe et Parole. C'est ardu.

« Il faut vivre le chemin ! » selon Marguerite Hoppenot.

– Ce sont les paroles que Jésus nous a laissées et que les évangiles ont recueillies qui attestent toujours de sa divine Présence parmi vous. Jésus a voulu de tout son cœur et de toute son âme, par sa divine Présence sur cette terre, que vous, les humains, vous approchiez le plus possible de la Vérité. Et Il consent, Lui le Verbe, à s'habiller des mots mis à la disposition des humains. Jésus vous a confié :

> Si vous demeurez dans ma parole, vous serez vraiment mes disciples, vous connaîtrez vraiment la vérité et la vérité vous fera libres. [Jean VIII, 31-32.]

Puis, plus loin dans l'évangile de Jean, Il révèle :

> Je suis le chemin, la vérité et la vie. Nul ne va au Père que par moi. Si vous me connaissez, vous connaîtrez aussi mon Père. Dès maintenant vous le connaissez et vous l'avez vu. [Jean XIV, 6-7.]

– Cher ange, en suivant le schéma par lequel Jésus se définit, les trois substantifs qu'Il a délibérément choisis pour qu'on L'identifie, j'ose avancer que le chemin représente l'Écriture (la Torah) ; la vérité, c'est la Parole du Père ; la vie, c'est le Verbe, c'est le Logos, c'est Jésus venu incarner le tout sur terre et leur donner vie :

> **Tout fut par lui**
> **Et sans lui rien ne fut.**
> **De tout être il était la vie**
> **et la vie était la lumière des hommes.** [Jean I, 3-4.]

– *Il est fort possible que vous pensiez juste!*

– Mme Hoppenot, qui a créé le mouvement chrétien Sève, me confiait avec toute la lucidité et l'à-propos qui la caractérisent toujours à cent un ans : « **Il faut vivre le chemin!** »

Ne pas confondre Verbe et Parole.

– *Mon cher Henri, nous parvenons ici à la croisée des chemins et bien peu parmi les hommes ont pris conscience de la réalité. On a acquis la fâcheuse habitude de confondre dans le mot grec* logos, *Parole et Verbe, alors qu'il convient de les distinguer l'un de l'autre.*

Le Verbe est le moteur de la parole et de l'écriture. Sans ce moteur qu'est le Verbe, le Verbe qui donne vie à l'Écriture et à la Parole, l'une comme l'autre seraient inopérantes. Comprenez-vous cela?

– Ça n'est pas facile. Je commence à saisir pourtant que le Verbe agit tant dans l'Écriture que dans la Parole. Il se sert d'elles pour se manifester, mais le Verbe Lui-même n'est cependant ni l'Écriture ni la Parole. Le Verbe, si je comprends bien, est le conducteur d'un véhicule qui se déplace. Il actionne les choses depuis l'intérieur, mais nous n'avons vision que de l'extérieur des choses en question, par la parole aussi bien que par l'écriture.

– *Jusqu'à la venue de Jésus sur terre, ce sont les Écritures saintes, la Torah donc, qui manifestaient au monde la Parole du Père.* Le Catéchisme de l'Église catholique *donne cette belle définition de l'Écriture :*

> La Sainte Écriture est la Parole de Dieu, en tant que, sous l'inspiration de l'Esprit divin, elle est consignée par écrit.

Et puis, Jésus se montre à nous : **« il venait dans le monde. Il était dans le monde et le monde fut par lui, et le monde ne l'a pas connu. »**

L'identité du Logos.

– Et le Christ se révèle constamment, à tout moment, dans tous les instants de sa trajectoire terrestre conforme aux Saintes Écritures qu'Il est venu accomplir jusqu'à les incarner. On ne peut pas dissocier ses actes et sa Parole de ce qu'annoncent les Écritures. Jésus les accomplit par ses actes et ses dires. Écritures, actes et paroles du Christ sont soudés entre eux et ne font qu'un, aussi bien cette Parole écrite révélée par Moïse dans le Premier Testament, voilà trois mille deux cent cinquante ans, ainsi que cette Parole « parlée » si l'on peut dire, confiée par Jésus et retranscrite dans les évangiles voilà déjà presque deux mille ans. À ce sujet **« rappelez-vous que c'est une même Parole de Dieu qui s'étend dans toutes les Écritures, que c'est un même Verbe qui résonne dans la bouche de tous les écrivains sacrés, lui qui, étant au commencement Dieu auprès de Dieu, n'y a pas besoin de syllabes parce qu'il n'y est pas soumis au temps »** *(Augustin,* Psal. *103, 4, 1).*

Voilà pourquoi il est dit, il est écrit dans l'évangile de Jean, à propos du Verbe : **« Tout fut par lui et sans lui rien ne fut »** *(Jean I, 3).*

Et c'est donc en cela qu'il ne faut absolument pas confondre les choses et qu'il convient de les remettre à leurs justes places et surtout, il ne faut pas perdre de vue le fait que, selon ce qu'énonce saint Jean :

« Au commencement était le Verbe [le Logos en grec] et le Verbe était avec Dieu et le Verbe était Dieu. Il était au com-

mencement avec Dieu. Tout fut par lui et sans lui rien ne fut » *(Jean I, 1-3).*

Le doigt de Dieu, le doigt de Jésus.

– Les chrétiens répètent un peu trop souvent ce qu'ils entendent dire par les prêtres sans vérifier la véracité de leurs affirmations. Notamment au cours de nombre d'homélies, j'entends les prêtres aussi bien que les pasteurs soutenir que Jésus n'a jamais rien écrit, qu'Il a transmis son message oralement et que ce sont ses apôtres qui ont consigné par écrit ses paroles.

Et l'on prend souvent pour exemple le fait que Jésus, lorsqu'on Le met en présence de la femme surprise en flagrant délit d'adultère, écrit sur le sol du Temple. Et on se gargarise de cette idée qu'Il n'aurait jamais rien écrit de sa main qu'à ce moment précis où Il écrit avec son doigt sur le sol du Temple. Cela me fait hurler de rire, pleurer de rire serait plus juste de dire, et pleurer tout court serait la vérité car cela me navre :

> « Moïse nous a prescrit dans la Torah de lapider ces femmes-là. Et toi, qu'en dis-tu? » Ils disaient cela pour lui tendre un piège afin de pouvoir l'accuser. Mais Jésus, se baissant, se mit à écrire avec son doigt sur le sol. Comme ils insistaient, il se redressa et leur dit : « Que celui de vous qui est sans péché lui jette la première pierre! » Et se baissant de nouveau, il se remit à écrire sur le sol. [Jean VIII, 5-9.]

Et de nombreux prêtres de citer dans leurs homélies ce passage qui prouve à leurs yeux que le Seigneur n'a jamais rien écrit que sur le sol du Temple d'après ce que nous rapportent les évangiles. Rien n'est plus faux à mes yeux. En effet, je le répète, il est dit d'emblée au départ de l'évangile de Jean :

> Au commencement le Verbe était
> et le Verbe était avec Dieu
> et le Verbe était Dieu.
> Il était au commencement avec Dieu.

> **Tout fut par lui**
> **Et sans lui rien ne fut.** [Jean I, 1-3.]

Comment, à la lumière de ce Texte, peut-on penser que Jésus le Verbe, Dieu pour nous chrétiens, n'a jamais écrit que sur le sol du Temple de Jérusalem et « **avec son doigt** », *alors qu'il est écrit par ailleurs dans le Premier Testament, la Torah, qu'elle a été elle aussi écrite* « **avec le doigt de Dieu** » ?

> **Et il donna à Moïse, lorsqu'il eut achevé de parler avec lui sur le mont Sinaï, les deux tables du Témoignage, tables de pierres, burinées par le doigt de Dieu.** [Exode XXXI, 18.]

La Torah est une création divine, tout comme les cieux qui sont « **l'œuvre de Ses doigts** » *(Psaume VIII, 4).*

Tout fut par le Verbe, nous clame le prologue de l'évangile de Jean, et sans le Verbe rien ne fut de tout ce qui fut, et l'on soutiendra après cela que ce n'est pas Jésus le Verbe qui aurait donné la Torah à Moïse? J'espère qu'aucun chrétien n'osera m'objecter que Moïse ne vivait pas du temps du Christ, car cela signifierait qu'il ignore ce qu'a révélé Jésus : « **En vérité, en vérité je vous le dis, avant qu'Abraham fût, Je Suis** » *(Jean VIII, 58).*

Je subodore combien mes affirmations doivent être dérangeantes pour les juifs, mais à chacun de regarder par le bout de sa lorgnette. Je suis heureux de souligner aussi le fait que les tables de la Loi ont été remises à Moïse par deux fois, les premières ayant été cassées par lui à sa descente du Sinaï, après l'édification du veau d'or par le peuple.

Si donc les tables de la Loi ont été écrites « **par le doigt de Dieu** », *par deux fois, Jésus se baissant écrira Lui aussi par deux fois* « **avec son doigt** » *sur le sol sacré du Temple. Divine réminiscence!*

Ainsi le Verbe, le Logos, a tout créé, le ciel et la terre et tout ce qui existe sur terre dont l'homme qui a été doté de la faculté de parler, de telle sorte que « **l'homme imposa des noms à tout le bétail, aux oiseaux du ciel, à tous les animaux des champs** » *(Genèse II, 20).*

– Je pense à cela tout à trac, cher ange, à propos de la femme adultère, pourquoi n'est-il jamais question de son mari ?

Non seulement, lui-même, le mari, ne se manifeste pas, mais l'évangile de Jean ne le mentionne pas.

– Et s'il était question en vérité d'adultère spirituel... Si la femme, surprise en flagrant délit, avait été surprise en flagrant délit d'idolâtrie qui est sans doute pour un juif, un des péchés les plus graves... Ainsi, surprise en flagrant délit de polythéisme, on la conduit devant son mari, Jésus, seul et unique Dieu. Il s'est fait chair pour incarner le monothéisme parmi les hommes. C'est la réponse que je vous fais.

Prenons garde à l'amalgame.

– La parole a été donnée à l'homme...

– De même que l'écriture qui est de la parole consignée par écrit. Et le Logos, le Verbe, se sert et de la parole et de l'écrit pour pouvoir s'adresser aux êtres humains :

> **Dans la condescendance de sa bonté, Dieu, pour se révéler aux hommes, leur parle en paroles humaines. En effet, les paroles de Dieu, exprimées en langues humaines, ont pris la ressemblance du langage humain, de même que le Verbe du Père éternel, ayant assumé l'infirmité de notre chair, est devenu semblable aux hommes.** [*Dei Verbum* 13.]

C'est évidemment Jésus le Logos!

Et si, dans le jardin d'Éden, l'Arbre de Vie peut être identifié à Dieu, le Verbe qui s'est fait chair, le Logos qui s'est manifesté parmi nous n'est autre que l'Arbre de Vie Lui-même qui « **s'est fait chair** » *et s'est enraciné sur terre pour devenir la Croix!*

– Cher ange, nous disons à la messe : « **Seigneur, je ne suis pas digne de Te recevoir, mais dis seulement une Parole et je serai guéri.** »

– Oui, cela dénote bien que Jésus se sert de la Parole pour guérir, elle est en quelque sorte le remède idoine pour soulager les êtres humains, mais je souligne avec insistance qu'il est nécessaire de mettre en relief ce qui différencie Jésus de la Parole qu'Il

divulgue, bien qu'il n'y ait pas de disparités entre les deux. De là, vient sans doute ce qui brouille la compréhension des chrétiens qui confondent les choses et qui pensent que Jésus est Parole sous prétexte que Jean inaugure son évangile par ces termes : **« Au commencement était le Verbe... le Logos. »**

Mais quand saisira-t-on enfin que le Verbe n'est pas la Parole, même si la Parole répandue par le Verbe est en conformité avec ce que l'on attend du Verbe ? Et le Verbe n'est pas non plus l'Écriture qui est de la Parole écrite. Dans son évangile, Jean nous démontre que Jésus Lui-même nous invite à faire le distinguo entre Lui, le Verbe et la Parole qui sort de sa bouche :

> **Si vous demeurez dans ma parole, vous serez vraiment mes disciples, vous connaîtrez alors la vérité et la vérité vous fera libres.** [Jean VIII, 31-32.]

« Au commencement était le Verbe, le Logos » *(Jean I, 1) qui dans un premier temps s'exprime depuis le commencement à travers l'Écriture du Premier Testament, la Torah.*

Puis, **« le Verbe – le Logos – s'est fait chair et il a demeuré parmi nous »** *(Jean I, 14) en la personne de Jésus, et dès lors s'est exprimé en Paroles consignées dans les évangiles de Matthieu, Marc, Luc et Jean.*

En conclusion, sans le Logos, le Verbe, sans Jésus donc, ni l'Écriture, ni la Parole n'auraient été manifestées au monde. Jésus leur donne vie !

13

De l'authenticité des révélations

*

L'être humain dans l'impossibilité de se taire.

La maïeutique exercée par mon ange gardien.

L'Écriture, c'est le chemin.

André Chouraqui m'introduit dans l'armée prophétique.

Quarante ans dans le désert ou la Parole.

L'école du rêve de Félix Tisot, mon père.

« Feu, feu mauvais sur Rabin. »

Le mal se sert du bien.

Les tours de Manhattan.

Une coïncidence plus qu'abusive.

L'empathie.

La mondialisation en question.

L'intégrisme, c'est tout ce qui s'intègre à nous.

Le chat de Gramsci.

« Une certaine idée de la France » : ce qu'il en reste.

Le discours médiatique est le discours de la désinformation.

Le diable se sert de Dieu.

« Mais que fait Dieu? »

La confusion : « Bush » en hébreu.

« Malheur à vous, légistes... »

La plage d'Omaha en Normandie.

Révélation de l'ange.

« Si tu te trouves en opposition avec le monde entier... »

L'être humain dans l'impossibilité de se taire.

– Ce dont je vous sais tout particulièrement gré, cher Henri, c'est d'avoir pris conscience que l'homme a été mis sur terre pour user de son verbe. Vous, Henri, avez une grande propension à parler, à vous exprimer, à vous confier, à délivrer certains secrets. C'est pour cela que je me trouve en permanence auprès de vous pour dialoguer. C'est ce que nous faisons sans cesse.

L'être humain est un lieu de questionnement pour l'homme qui vit avec enfouies au tréfonds de lui-même la mort et l'angoisse. Vous possédez, Henri, à un point exacerbé cette terrible notion. Pour tout vous dire, c'est pour vous aider à porter, supporter et transporter telle une croix cette conscientisation de la mort dont on vous a affublé que l'on m'a mandaté auprès de vous. Ma hiérarchie a eu grande compassion pour vous. C'est la raison de ma proximité et le fait que je m'adresse à vous en permanence de même que vous me parlez. Nous nous parlons mutuellement, perpétuellement, assidûment. C'est une façon de vous mettre à la portée de Dieu.

– De toutes les manières, l'être humain n'a pas le choix, il ne peut pas faire autrement que parler, même quand il ne parle pas. C'est un bien troublant paradoxe. Bien qu'il ne parle pas, il ne se tait pourtant pas. Le silence n'existe pas chez l'homme.

L'être humain parle sans cesse, même s'il ne profère aucune parole, car cette parole coule, roule sans discontinuer dans sa pensée. Sans bruit, elle s'exprime. Que nous nous adonnions à un travail ou bien que nous nous abandonnions à ne rien faire, constamment, d'une manière ou d'une autre, nous parlons.

> **Même si un individu peut s'arrêter de parler, il ne peut s'empêcher de communiquer par le langage du corps. Il peut parler à propos ou non. Il ne peut pas ne rien dire.** [Erving Goffman, « Engagement », dans : Gregory Bateson *et al.*, *La Nouvelle Communication*, Paris, Éditions du Seuil, 1981, p. 269.]

À la différence de la plante ou de la bête, l'homme est seul capable de parole. C'est bien la parole qui rend l'homme capable d'être le vivant qu'il est en tant qu'homme. L'homme n'est homme que parce qu'il parle : le Verbe s'est exprimé en lui et à travers lui depuis le commencement des temps, jusqu'au jour où Il s'est montré, dévoilé, révélé en Jésus : **« Le Verbe s'est fait chair et il a demeuré parmi nous »** (Jean I, 14). Et depuis, Il habite chez tous ceux qui croient en son Nom. Pour les autres qui parlent aussi sans discontinuer et qui pensent se parler à eux-mêmes, ils dialoguent en fait avec leur conscience. Le langage ne sert pas seulement à communiquer de l'information, mais aussi à exprimer l'identité de celui qui parle. En prenant la parole dans cet ouvrage, j'ai cherché à exprimer et à communiquer une image de moi-même que je vise à faire entériner par quelqu'un d'autre qui de ce fait devient un recours obligé à la reconnaissance de ma véritable identité. Voilà pourquoi j'ai fait le choix de converser avec vous.

La maïeutique exercée par mon ange gardien.

– Henri, nous ne cessons de dialoguer au fil du discours de ce livre qui ne contient qu'une longue conversation à deux. Seule la parole se déroule sous les yeux du lecteur, qui, par le phénomène de la lecture, se joint à nous jusqu'à faire corps avec nous. Nous

cheminons donc tous trois ensemble sur ce tapis sur lequel s'inscrivent les lettres du texte que vous et moi avons développé. Ange signifiant « qui marche », comme vous l'avez découvert Henri, nous marchons de concert et, au cours de ce trajet, mon rôle d'ange consiste à faire auprès de vous de la « maïeutique » (du grec maieutikê *: art de faire accoucher). Cela consiste, selon la philosophie socratique, à vous faire découvrir par les questions que je vous pose, tout au long de ce voyage, les vérités qui ont été déposées en vous de toute éternité avant même que vous ne veniez au monde, vérités qui sommeillent en vous et dont vous ne pouvez prendre connaissance qu'à l'instant seulement où vous parvenez à les réveiller. Et le lecteur attentif les découvre en même temps que vous au fil de ce* Dialogue avec mon ange gardien.

– Oui, beaucoup de choses se sont déjà dévoilées, cher Ouriel, depuis que je dialogue avec vous. Oui, tant de choses se sont révélées qui étaient bien enveloppées dans les lettres de l'alphabet avant que je ne les décachette ...

–Une lettre, fût-elle une lettre de l'alphabet, n'est-elle pas faite pour être décachetée, c'est-à-dire dévoilée?

– Sans nul doute, « **car il n'y a rien de caché qui ne doive être manifesté et rien n'est demeuré secret que pour venir au grand jour** » (Marc IV, 22), dit Jésus. Toujours est-il que je suis bien obligé de constater que les choses sont là en suspens dans le discours, prêtes à me sauter aux yeux et aux oreilles lorsqu'elles demeuraient dans l'obscur et tout juste avant qu'elles ne s'éclairent.

– Vous aviez vraiment, cher Henri, vocation d'être néo-platonicien avant même de naître. En effet, selon Platon (427-347 avant Jésus-Christ), la mémoire préexiste dans tout être humain. Platon rejoint en cela la Tradition hébraïque. Les penseurs juifs qui sont antérieurs aux philosophes grecs ont émis les premiers ce concept de préexistence. Philon d'Alexandrie, au Ier siècle de notre ère, avait tenté un rapprochement entre le platonisme et la tradition juive en interprétant de façon allégorique la Torah, les cinq livres de Moïse, car il avait saisi les étranges liens qui les reliaient. Là aussi, il est bien troublant que vous, ami Henri, fassiez, si je puis dire, du Philon d'Alexandrie sans le savoir.

Toujours est-il que les Idées de Platon étaient en parfait accord avec la Tradition juive, à savoir que selon elles notre âme immortelle est de toute éternité munie de toutes les connaissances, mais celles-ci se revêtent du manteau de l'oubli dès l'instant qu'elles se matérialisent dans le monde par la naissance. Et tandis que nous croyons apprendre, nous ne sommes en fait qu'en présence de réminiscences. Une réminiscence est d'après le Petit Robert *le retour à l'esprit d'une image non reconnue comme un souvenir. Elle en est comme l'ombre d'un souvenir et appartient, je le souligne avec plaisir, à la théorie platonicienne : toute connaissance est le souvenir d'un état antérieur où l'âme possédait une vue directe des Idées.*

L'écriture, c'est le chemin.

– Puisse cette affectueuse association qui nous lie, cher Ouriel, éclaircir et clarifier le mystère des choses.

– Je n'ai pour seul but que d'illuminer ce chemin dont l'aboutissement est l'espérance et sur lequel, Henri, vous vous mouvez intuitivement, vous à qui le Seigneur s'est donné la peine un beau matin de crier à haute et intelligible voix : « **Il ne faut pas quitter le chemin du Christ!** »

– Je sais à présent que cette phrase, qui est clouée dans ma tête depuis ce beau jour de la fin d'août 1986 où je l'ai entendue, était une parabole et que le chemin dont il est ici question n'est autre que l'Écriture avec un grand « E » : l'Écriture qui trace la route du salut de l'homme. Ce chemin serpente tant dans le Premier Testament que dans le Nouveau qui est son aboutissement. C'est Jésus qui a tout écrit, tout tracé puisqu'il est bien spécifié que « **tout fut par lui et sans lui rien ne fut de tout ce qui est** » (Jean I, 3), jusqu'au jour où, se faisant chair, Il s'est montré aux hommes. Puissé-je, avec votre aide, cher Ouriel, ne jamais perdre de vue les traces de ce chemin que l'on m'a indiqué, sachant cependant que la terrible vocation de ce monde est d'embuer l'issue que le Seigneur a réservée pour nous. Le psaume XVI, 10 est ma prière du moment : « **Tu**

n'abandonneras pas mon âme à l'abîme, tu ne laisseras pas ton fidèle voir sa destruction. »

– *Pensez-vous avoir rencontré Dieu, cher Henri?*

– Non. Ce que j'ai rencontré, je puis le dire avec certitude, ce que j'ai tout précisément et expressément rencontré, c'est le chemin sur lequel on a toutes chances de rencontrer le Seigneur : l'Écriture sainte. Et ce, d'autant que Jésus a dit : « **Je suis le chemin, la vérité et la vie** » (Jean XIV, 6). Oui, j'ai rencontré le chemin qui mène à Dieu sur les instances de cette voix qui m'a crié : « **il ne faut pas quitter le chemin du Christ.** » Si on suit ce chemin, l'Écriture, on ne peut que déboucher sur Celui que l'on appelle :

> **C'est toi que j'implore. De ta demeure sainte, ouvre une voie qui descende jusqu'à moi, jusqu'au lieu où je me trouve et qui est dévoilé devant Toi, Connaisseur des secrets.**
> **Par cette voie, envoie-moi ta Lumière afin que je fasse complètement et sincèrement Retour à toi, selon ta volonté et celles des Justes.** [*Manuel de piété* de Rabbi Nahman de Bratslav, 1772-1811.]

– *Cette prière de Rabbi Nahman est belle. Il disait :* « **L'homme doit se perdre dans la prière et oublier totalement sa propre existence.** » *Puis-je me permettre à présent, mon cher Henri, de vous demander ce qui vous a poussé à vouloir écrire un livre avec moi? Je deviens en somme coauteur avec vous de ce livre.*

– Vous savez, cher ange, que j'ai été toute ma vie victime des rôles que j'ai joués.

– *Oh non! Vous n'allez pas recommencer!*

– Je suis une sorte d'insecte qui, au cours des métamorphoses que lui imposait son métier d'acteur, a constamment dû se débarrasser des chrysalides des personnages les plus marquants de sa carrière. Mais certaines de ces chrysalides dans lesquelles j'étais enfermé avaient la peau si dure, si je puis dire, qu'elles ont fini par avoir la mienne. Et elles ont même fini par la remplacer. « **Quand un certain succès public dévore l'artiste jusqu'à le tuer** » (Fabienne Pascaud, *Télérama*, n° 2763, décembre 2002).

– *Vraiment, vous me fatiguez. Et vos lecteurs, n'en parlons pas. Arrêtez par pitié.*

– Sûrement pas. Je suis têtu. Je continue. Et c'est ainsi que les médias, qui vont au plus pressé, ont souvent interrogé à travers moi le personnage que j'étais hier et rarement celui que j'étais dans l'instant. Cela finit par peser.

– Moi, j'ai décroché, je ne vous écoute même plus. Vous me pompez l'air, comme disait votre grand-mère Marguerite qui elle aussi a eu la charge de vous supporter.

– J'en arrive à ce que je voulais dire. Si mon ange ne m'écoute pas, qui m'écoutera?

– Le diable, peut-être. Ne le tentez jamais.

André Chouraqui m'introduit dans l'armée prophétique.

– D'accord. J'en arrive donc à la conclusion que je voulais vous soumettre, à savoir que j'ai compris, depuis un certain temps, que j'avais grand besoin de l'aval de gens d'importance pour donner du sérieux à mes écrits. C'est ainsi que j'ai été gratifié pour mon livre *La Rencontre* d'une lettre préfacée d'André Chouraqui qui a pour moi, me semble-t-il, plus que de l'estime…

– C'est juste. Je l'entends encore vous dire, après vous avoir écouté une heure et demie durant dans votre spectacle religieux Les Sept Miracles de Jésus, *je l'entends susurrer dans le creux de votre oreille, dussiez-vous en rougir, cher Henri :* **« Vous faites partie de l'armée prophétique ! »** *Venant d'André Chouraqui, il y a de quoi être fier.*

– Oui, mais ce sont des choses que l'on ne peut relever soi-même et, si j'ai fait appel à vous, c'est aussi afin que vous puissiez dire tout ce qu'il serait malvenu que j'avoue moi-même. Et comme il ne peut pas y avoir de mensonge chez les anges, c'est une sorte de garantie pour le lecteur. Quant à mon dernier livre, *Le Rendez-Vous d'amour*, c'est le philosophe Paul Ricœur qui m'a fait l'immense honneur lui aussi d'une lettre préfacée. Aussi, à la suite de ces deux illustres personnages, j'ai trouvé tout à fait naturel que ce soit vous, mon ange gardien, qui préfaciez ces pages.

– Il y a donc un certain calcul dans votre démarche.

– Est-ce qu'il y a des démarches sans calcul ?

– *Je n'en connais guère.*

– Oui, mais bien qu'il y ait calcul, on ne peut pour autant réellement prévoir et programmer le futur. Il y a du calcul dans le fait que je fais appel à vous, cher ange, mais je ne sais absolument pas où cela va me mener. Nous verrons bien. Si j'ai besoin de l'aval de sommités en matière exégétique comme Chouraqui, Ricœur et vous-même, c'est tout simplement parce que je m'entends souvent dire par ceux qui ont été séduits par mes découvertes philologiques, par les dévoilements de certains mots hébreux ou français qui laissent apparaître des sens insoupçonnés jusqu'alors, je m'entends donc souvent dire : « Mais sur quoi vous appuyez-vous pour décréter ce que vous avancez ? »

Je fais certes tout mon possible pour donner le plus d'explications que je le peux au fil de mes développements, mais en réalité je devrais me contenter de répliquer que, dès lors qu'un Chouraqui, qu'un Ricœur ou qu'un ange avalisent mes dires, point n'est besoin d'en dire plus. Car en vérité, il arrive que l'on s'abîme à toujours devoir justifier son discours.

Quarante ans dans le désert ou la Parole.

– Sur quoi je m'appuie pour décréter ce que j'avance? Sur quarante ans d'études de la Torah, voilà sur quoi je m'appuie!

Cela n'est pas sans rappeler les quarante ans d'errance du peuple juif dans le désert. Le mot *DaBaR* signifie « parole » en hébreu, tandis que le mot « désert » se dit *MiDBaR*.

Le mot *MiDBaR,* « désert », devient donc en hébreu : *MDBR*, et le mot *DaBaR*, « parole », *DBR*. Or, si *DBR* signifie « parole », le mot *MDBAR* qui désigne le « désert » peut aussi bien signifier : « dans la parole » ou « de la parole » ou bien encore « ce qui découle, ce qui concerne la parole » = « parler », ce qui se dit *MéDaBeR*. CQFD.

Les quarante ans du peuple juif passés dans le « désert », *MDBR*, peuvent donc être interprétés métaphoriquement comme quarante ans passés dans la « parole », *DBR*. Il s'agit en fait de quarante ans d'errance, de recherche, d'étude de la parole. Ces quarante ans qui se sont écoulés dans le « désert » ou dans la « parole » sont la métaphore de l'initiation à une grande échelle (celle de Jacob pour faire un mot) du peuple juif au mystère du Verbe qui s'exprime par la parole et par l'écrit.

Et quand il est soutenu en milieu juif qu'il ne faut pas étudier la Torah avant l'âge de quarante ans, que l'on me permette d'avancer qu'il s'agit là d'une erreur profonde. En réalité, je pense qu'il ne faut pas émettre d'opinion avant que l'on ait accompli quarante années d'étude dans le désert, dans la parole, quarante années de fréquentation de la Torah.

Et si l'on ose encore me demander sur quoi je m'appuie pour affirmer ce que je décrète en général et en particulier, je ne devrais pas craindre de paraître outrecuidant en rétorquant : je m'appuie sur quarante ans passés dans la Torah, en compagnie des enfants d'Israël qui y pérégrinent et je n'ai rien fait d'autre que de fidèlement les suivre.

L'école du rêve de Félix Tisot, mon père.

– À propos de ces quarante années d'études, me revient en mémoire une réflexion de mon père. Tout en étant pâtissier de son métier, et ce durant quarante ans justement, en compagnie de ma mère qui, elle, s'occupait de la boutique, il s'est plu à peindre à ses heures et durant tout ce temps, quarante ans, des paysages du Midi (ce qui lui donnait à lui aussi une certaine autorité en matière pâtissière tout autant que picturale).

Lors de leur retraite, mes géniteurs se retirèrent et vécurent chez moi à Paris. Mon père y organisa des expositions qui eurent du succès. Il avait le profond désir, non pas d'éclipser ma célébrité, mais de conquérir la sienne propre pour faire comprendre que s'il y avait un Tisot Henri, il existait aussi un Tisot Félix. Il y parvint. Et lors d'une des expositions de ses œuvres dans une galerie du faubourg Saint-Honoré, il lui fut demandé de quelle école de peinture il faisait partie comme si l'on ne pouvait avoir pignon sur rue qu'à la condition expresse de sortir d'une école. Un peu pris au dépourvu, mon père, peintre autodidacte, répliqua du tac au tac : « De quelle école je sors? De l'école du rêve! »

– Quel homme que votre père. Et votre mère donc! Et Marguerite, votre grand-mère! Et...

– Oui, il faudrait citer tous les personnages de ma famille. Pour tout vous dire, cher ange, si j'ai fait par calcul appel à vous pour m'accompagner dans ces pages, c'est avant tout afin que vous m'empêchiez d'écrire des bêtises et que vous me serviez de garde-fou. De toutes les façons, en matière exégétique, un ange ne peut pas souscrire aux charlataneries auxquelles l'on a parfois eu droit, du type : selon un code découvert par des savants israéliens, on peut lire dans la Torah le nom de tel ou tel contemporain, la date de tel événement... Bref, autant de révélations qui s'avéreraient en être si l'on donnait en même temps le numéro des chapitres et des versets de la Torah où l'on peut trouver ces annonces sensationnelles.

Malheureusement, il n'en est rien. Ce qui n'empêche pas qu'on s'arrache ce genre de livres, faisant les délices des ignorants qui font s'envoler les ventes aux hit-parades. J'en suis jaloux, je l'avoue.

– Ne comptez pas sur moi pour parrainer ce genre d'inepties. Mais qui assurera le lecteur que vos découvertes sont dignes d'intérêt, en dehors du fait que je les approuve?

– Eh bien tout simplement le fait qu'à l'inverse des auteurs qui entretiennent le flou, je cite méticuleusement les passages des ouvrages où l'on peut trouver la preuve de ce que j'avance, à l'inverse de l'auteur du livre auquel je viens de faire allusion et qui commence par nous dire que l'assassinat d'Yitzhak Rabin ainsi que sa date, le 4 novembre 1995, étaient programmés dans la Torah d'après un code donné, dont lui seul a la connaissance. On trouve dans la Torah, dit-il (où ça, lui seul le sait, et l'on se demande bien pourquoi il cache et le numéro du chapitre et son verset, puisque c'est ce qui donnerait réellement du poids à sa découverte!), les termes suivants : **« Assassin qui assassinera Yitzak Rabin »**. On pourrait tout à fait, me semble-t-il, faire correspondre le même décodage dans une page de Balzac ou de Flaubert, surtout si l'on invente dans sa totalité le texte auquel on fait correspondre sa découverte et si on ne dévoile pas l'endroit exact où se trouve le passage en question. Qui ira chercher, dans l'œuvre de Balzac ou de Flaubert, où se situe cette page? Pas moi, je m'empresse de vous le dire. En revanche...

– *Vous, vous avez réellement trouvé dans la Torah...*

– Je vois à votre ton narquois que vous me mettez au défi.

– *Bien sûr que je vous mets au défi, d'autant que je sais, moi, que l'assassinat du malheureux Yitzhak Rabin est mis en exergue au chapitre XV, verset 17 du livre de la Genèse.*

– Vous me coupez l'herbe sous le pied.

– *Il n'y a pas grand-mal puisque cette révélation n'est pas de vous, soyez franc.*

– Bien sûr qu'elle n'est pas de moi, je ne m'approprie jamais la découverte d'autrui. Elle est simplement parvenue par la rumeur publique jusqu'à mes oreilles et elle n'est pas tombée dans l'oreille d'un sourd.

« Feu, feu mauvais sur Rabin. »

– Mais elle vaut d'être signalée pour une raison tout à fait particulière, à savoir que Rabin a été assassiné le 4 novembre 1995 (année civile) qui équivaut au 11 du mois d'Hechvan de l'année hébraïque 5755.

Or, le 11 du mois d'Hechvan correspondait à un soir de chabbat et plus exactement au chabbat Lekh-lekha où il est précisément prescrit de lire le verset 17 du chapitre XV de Lekh-lekha. Sous ce titre de Lekh-lekha sont englobés cinq chapitres du livre de la Genèse qui vont du chapitre XII au chapitre XVII.

Or on peut lire au chapitre XV, verset 17 :

> **Et ce fut alors que, le soleil s'étant couché, il y eut une profonde obscurité et voici un tourbillon de fumée, un sillon de *feu qui passa entre* ces chairs dépecées.**

Si l'on prend les mots de cette phrase en français, « feu qui passa entre », et qu'on les rétablisse en hébreu, tels qu'on les trouve dans la Torah, on obtient : *ECH* « feu » / *ACHER* « qui » / *AVAR* « passa » / *VEÏN* « entre »...

Ce qui nous intéresse ici, c'est donc : *ECH ACHER AVAR VEÏN.*

Je donne ici le détail des lettres qui composent chacun des mots et la signification du mot lui-même :

aleph, schin : « feu » *ECH* /
aleph, schin, rech : « qui » *ACHER* /
ayin, beith, rech : « passa » *AVAR* /
beith, yod, noun : « entre » *VEÏN* /

Le signe / représente les blancs qui séparent les mots. Or, les blancs en changeant de place feront place à d'autres mots avec les mêmes lettres qui se suivent toujours dans le même ordre :

aleph, schin : « feu » /
aleph, schin : « feu » /
rech, ayin : « mauvais » /
beith : « sur » /
rech, beith, yod, noun : « Rabin ».

Ainsi, on peut lire en toutes lettres : feufeumauvaissurrabin.

Cela peut paraître troublant quand on sait que la Torah a été donnée à Moïse au mont Sinaï sans les blancs précisément, ce qui appelle à une lecture constamment renouvelée.

feu, feu mauvais sur Rabin!

– Oui, j'avalise en totalité ce que vous dites, si ce n'est que cette découverte ou cette révélation nous entraîne un peu plus loin, et c'est en cela que Chouchani, le maître de Levinas, avait raison ô combien : **« L'essentiel est que le sens trouvé mérite par sa recherche la sagesse qui le révèle. »**

– Oui en effet, cher ange, car on peut se poser une bien terrible question à la suite de cette curieuse découverte que nous révèle la Torah : ceux qui ont fomenté l'assassinat de Rabin n'auraient-ils pas expressément choisi la date du 4 novembre 1995 qui correspondait au chabbat Lekh-lekha pour armer le bras d'Amir le meurtrier, ayant connaissance du fait que cette allusion scripturaire à la mort du premier ministre Rabin (ou d'un rabbin tout simplement) se trouvait dans la Torah? Et cela, pour faire croire que Dieu avait programmé l'assassinat.

Ainsi, ils ont fait correspondre l'assassinat de Rabin à la date exacte du chabbat où ce texte serait lu dans les synagogues, et enfin, une fois leur forfait accompli, ils ont lancé le bruit qui est devenu rumeur que tout avait été programmé par le Créateur. C'était une façon de dire : « Dieu l'a non seulement voulu mais inscrit dans sa Torah! »

On pourrait répliquer à ces serviteurs du diable que, lorsque l'on découvre les choses avant les autres, c'est pour prophétiser certes, mais surtout, si faire se peut, empêcher l'événement et non le fomenter.

Le mal se sert du bien.

– Oui, dès l'instant où l'on prête à Dieu les pensées du diable, c'est que l'on a fait diable le dieu que l'on sert. Finalement, cette découverte dans le Texte de la Torah est bien moins sensationnelle que la conclusion qu'elle entraîne, à savoir que l'on peut servir le mal avec les instruments du bien, en l'occurrence la Torah. Saint Paul l'avait bel et bien prédit et cette affirmation vaut son pesant de vérité :

> **Car le péché saisit l'occasion et utilise le précepte – il se sert d'une bonne chose pour procurer la mort, afin que le péché exerce toute sa puissance de péché par le moyen du précepte.** [Romains VII, 13.]

Les islamistes, il faut le dire, ne sont pas les derniers à utiliser le précepte, à savoir le Coran, pour perpétrer leurs crimes.

Quand je parle des islamistes, je n'englobe en aucun cas l'islam, le vrai, dans cette dénomination. Il faut prendre garde à l'amalgame, ici peut-être plus que dans d'autres cas.

– Ce qui me frappe, voyez-vous, c'est qu'une révélation, quand elle est véritablement digne de ce nom, en entraîne toujours une autre et peut-être même plusieurs autres. C'est même à cela que l'on reconnaît l'authenticité d'une révélation. D'où l'extrême pertinence de la phrase de Chouchani à Levinas.

Il faut donc toujours immanquablement considérer à quelle conclusion aboutit une trouvaille scripturaire, étant bien entendu que, si elle ne conduit pas à la gloire de Dieu, elle sera forcément à rejeter.

– *Non, il ne faut rien rejeter. Les augures du malheur ne sont tels que parce que les serviteurs du mauvais les ont pressentis avant les serviteurs de Dieu. Vous ne pouvez pas nier, hors le fait que les êtres sataniques se sont servis de la chose avant les autres et en l'occurrence avant les serviteurs du bien, qu'on peut voir effectivement inscrit dans la Bible : « Feu feu mauvais sur Rabin ». Si Dieu a défini les choses telles qu'elles sont inscrites dans sa Torah, c'est afin que nous les évitions. Les gens de bien auraient dû les découvrir avant les gens du mauvais afin de prévenir les actes annoncés. Mais quand les méchants lisent les choses avant les bons, la clairvoyance bascule alors du côté du mal et le prophétisme passe dans le camp adverse de celui de Dieu. L'humanité doit alors trembler. Oui, grandement.*

Les gens de bien se doivent de travailler à être éclairés, sans quoi comment voulez-vous que le bien gagne?

– En réalité, si les gens de bien n'étudient pas la Bible, la délaissent, la négligent jusqu'à la mépriser, la Bible qui est sans défense se trouve alors détournée de son but initial et prise en otage par satan…

– …satan *sans « s » majuscule désigne en hébreu « l'adversaire », sous-entendu de Dieu évidemment.*

Je sais, cher Henri, tout ce dont vous êtes porteur. Mais ce n'est pas tout que d'être porteur, il faut être aussi… colporteur, c'est-à-dire qu'il faut impérativement crier les choses tout de suite après leur découverte car c'est ainsi que l'on peut éviter certaines catastrophes. Je connais par avance, lisant dans votre esprit, la découverte qui y fleurit et qui va suivre. Elle me paraît digne d'intérêt à défaut de ne pouvoir en tirer cependant une véritable conclusion.

J'aimerais seulement en retarder un court instant le dévoilement, souhaitant mettre les points sur les « i », car je sais par avance que beaucoup se demanderont à quoi peuvent bien servir toutes les élucubrations sorties de la Bible dont nous débat-

tons. C'est le terme qu'ils emploieront sans aucun doute. Oui, que conclure à la suite des « élucubrations », concernant l'assassinat de Rabin, et des « nouvelles élucubrations » que vous vous apprêtez courageusement, cher Henri, à dévoiler par la suite?

Les tours de Manhattan.

– *Eh bien, je vais le dire puisqu'il semble qu'il faille mâcher aux autres toute la tâche : si le moindre lien relie l'assassinat de Rabin, perpétré le 4 novembre 1995, c'est-à-dire le 11 du mois d'Hechvan de l'année hébraïque 5755, et les actes inoubliables et impardonnables qui se sont déroulés le 11 septembre 2001, c'est-à-dire le 23 Eloul 5761, et dont vous souhaitez parler je le sais bien, c'est qu'il y a un dénominateur particulier et commun entre les deux événements, et cela devient pour les enquêteurs une piste policière non négligeable. Il serait alors envisageable de mettre dans le même sac, si j'ose dire, les organisateurs de l'assassinat de Rabin et ceux de l'attaque du 11 septembre 2001 sur Manhattan. Leur dénominateur commun, c'est de s'être inspirés de Textes de la Torah et tout laisse à penser qu'ils aient prévu de continuer de perpétrer d'autres horreurs en s'inspirant du calque de certains événements inscrits dans les Textes de la Torah. À nous de lire avant eux par-delà les Textes et mettre en exergue ce phénomène reliant deux événements inspirés de l'Écriture. C'est bien cela que vous voulez démontrer?*

– Vous avez tout compris, comme toujours, cher ange! La révélation que je souhaite faire et qui me brûle les lèvres est née à la suite de la catastrophe qui a frappé les États-Unis dans leur chair en même temps que l'esprit et le cœur du monde entier le 11 septembre 2001. Ce que je m'apprête à dévoiler ici, faisant suite aux interrogations de certains journalistes concernant le bombardement du Pentagone, et les doutes qu'elles ont laissé sourdre, devrait être automatiquement rajouté au dossier. Cela dit, pour ma part, je n'affirme rien, j'expose et m'interroge.

Que mes lecteurs fassent de même, à moins qu'ils n'aient décidé d'avaler tel quel tout ce qu'on leur présente, aussi bien matériellement que spirituellement. Mais qu'ils ne perdent pas de vue dans ces conditions que l'on peut s'empoisonner d'une manière aussi sournoise en ingurgitant certains plats, qu'en gobant toutes sortes d'idées fausses, d'idées reçues, d'idées sans réel fondement. Le développement de ce livre a voulu mettre ce fait en exergue et démontrer les ravages que les erreurs colportées peuvent faire. Pour ma part, mon choix est fait, et la suite de ce récit dévoile mon option. Qu'un libre choix s'opère donc, je n'oblige personne à me suivre sur ce terrain. Rappelez-vous ce qu'avait répondu Bernadette Soubirous au curé Peyramale qui lui objectait : « **Tu ne vas pas me faire croire que la Vierge Marie t'est apparue ? – Je ne suis pas là pour vous faire croire, je suis là pour vous dire !** » Moi de même.

Une coïncidence plus qu'abusive.

– À la suite des terribles événements du bombardement de Manhattan, je me pose une bien terrible question : faut-il croire à la gratuité des coïncidences ? Louis Pauwels parlait de « **coïncidences abusives** ». Convient-il, lorsqu'elles se dévoilent, d'en tirer des leçons ou bien encore des conclusions ?

– *Bien que cela soit évident pour moi, il n'est pas dit que cela le soit pour tout le monde. À votre avis qu'entendait Louis Pauwels par cette expression si parlante à mes yeux :* « **coïncidences abusives** » *?*

– Vous m'invitez donc, dans le but de rendre les choses les plus claires possible, à donner ici un exemple particulier de « **coïncidences abusives** ». C'est précisément Louis Pauwels qui en fait cas dans son fameux livre *Le Matin des magiciens*, écrit en collaboration avec Jacques Bergier (Gallimard) :

> **En 1898, un auteur de science-fiction américain, Morgan Robertson, décrivait le naufrage d'un navire géant. Ce navire imaginaire déplaçait 70 000 tonnes, mesurait 800 pieds et transportait 3 000 passagers. Son moteur était équipé de trois hélices. Une nuit d'avril, lors de son premier voyage, il rencontrait dans**

> **la brume un iceberg et coulait. Son nom était : *Le Titan. Le Titanic*, qui devait plus tard disparaître dans les mêmes circonstances, déplaçait 66 000 tonnes, mesurait 828,5 pieds, transportait 3 000 passagers, et possédait trois hélices. La catastrophe eut lieu une nuit d'avril. Ce sont des faits.**

Voilà ce qu'il convient de dénommer une « **coïncidence abusive** » pour le moins.

Qui n'a pas fait coïncider (pas tout le monde bien sûr, mais certains dont je fais partie, et dont l'esprit est entraîné à déceler ce qui peut, par le moyen de l'allusion, faire penser à une chose qui n'a au préalable rien à voir avec une autre), qui n'a pas fait coïncider donc l'attaque des tours du World Trade Center (Centre des affaires du monde) et du World Financial Center (Centre financier du monde) qui a eu lieu le 11 septembre 2001, c'est-à-dire le 11.09 avec l'événement biblique de la tour de Babel ? Oui, peu! mais quelques-uns dont nous sommes avec mon ami Gérard Colombat qui m'a donné l'idée au cours d'une conversation de me référer à Genèse XI, 9.

Car, si, Bible en main, on se reporte au onzième chapitre, verset 9 du livre de la Genèse, n'est-ce pas là que le nom de « Babel » apparaît pour la toute première et seule fois ?

> **C'est pourquoi on la nomma Babel, parce que là le Seigneur confondit le langage de toute la terre; et de là l'Éternel les dispersa sur toute la face de la terre.** [Genèse XI, 9.]

– *Il s'agit véritablement là d'une* « **coïncidence abusive** » *: Genèse XI-9/11.09.2001*

– Les armées de tous les pays qui font front avec les États-Unis ne vont-elles pas, comme à Babel « **se disperser sur toute la face de la terre** » pour atteindre l'ennemi caché? Ne s'agit-il pas là d'un sorite parfait, à savoir que les deux situations, pourtant étrangères l'une à l'autre, aboutissent toutes deux à la même conclusion?

Oui, la coïncidence qui relie la date du drame le 11. 09, avec la référence biblique de la Torah, Genèse XI, 9, est pour le moins troublante. Je fais remarquer au passage qu'un Américain ne pouvait pas, lui, faire la même remarque que celle que j'ai été conduit à faire, puisque le calendrier américain cite le mois avant le quantième du mois. Ainsi le 11. 09. 2001 devient pour un Américain le 09. 11. 2001 : september 11. 2001.

Les coupables des actes horribles perpétrés sur l'île de Manhattan étudient-ils la Bible comme les assassins de Rabin, et ont-ils voulu faire coïncider le drame de la tour de Babel où **« l'un n'entend plus le langage de l'autre »** avec le drame du commerce mondial où l'un n'admet plus le commerce (dans tous les sens du terme) avec l'autre?

Le dernier dénombrement, en tenant compte des morts de New York, de Virginie et de Pennsylvanie où les avions se sont écrasés ce jour-là, fait état de 3047 victimes (dont 2801 à Manhattan), en majorité américaines bien sûr, dont 343 pompiers, mais aussi de toutes nationalités puisque le World Trade Center qui était situé en plein cœur du marché financier international abritait des bureaux commerciaux dans lesquels presque toutes les nations de la planète étaient représentées. En effet, les victimes appartenaient à quatre-vingt-trois pays.

Il me semble donc bien difficile de ne pas faire de rapprochement entre les tours de Manhattan et la tour de Babel de la Genèse.

Le Centre du commerce du monde (World Trade Center) qui était visé est le pur symbole de la mondialisation prônée par les États-Unis, par l'Europe à présent, ainsi que par tous les pays du monde petit à petit, et qui, sans qu'on leur demande le moindre avis, se voient contraints de suivre et d'adhérer par force.

> **L'Éternel descendit sur la terre pour voir la tour que bâtissaient les fils de l'homme; et il dit : « Voici, ils sont un seul peuple et ont tous la même langue. »** [Genèse XI, 6.]

Ce langage unique auquel se réfère l'Éternel dans le Texte ne fait-il pas référence au langage commercial unique qui prévaut sur la planète, à savoir le dollar? L'euro, pour ce qui concerne l'Europe et ses échanges commerciaux, ne cherche-t-il pas à s'imposer lui aussi par son unicité?

S'il est condamnable d'employer n'importe quel moyen pour arriver à ses fins, il est bon d'admettre qu'il est du droit de chacun de ne pas accepter l'hégémonisme d'un autre.

Qu'a fait d'autre le peuple juif en sortant d'Égypte sous la houlette de Moïse? Il s'est libéré du joug égyptien. Le mot hébreu qui traduit le nom Égypte est *ERéTZ MiTSRaÏM* qui désigne **« la terre d'Égypte »**, ou encore traduit littéralement **« le pays de l'étroitesse »**, sous-entendu « le pays où l'on se trouve à l'étroit, resserré, restreint, tant matériellement que spirituellement », donc enchaîné, sous le joug.

Plus tard, sur le Sinaï, Dieu dira à Moïse en guise d'ouverture des dix commandements : **« Je suis l'Éternel, ton Dieu qui t'ai fait sortir du pays d'Égypte, d'une maison d'esclaves »** (Exode XX, 2).

Je soumets donc à l'attention de tous ceux qui nous ont suivis jusqu'ici au cours de ce *Dialogue avec mon ange gardien*, tous ces liens qui relient et greffent l'actualité du moment aux événements qui ont eu lieu dans la Bible. Il s'agit d'allusions offertes aux vues de tout un chacun, que je considère pour ma part comme étant des **« coïncidences abusives »**, des rapports événementiels qui sont donc à classer comme étant de mystérieuses réminiscences qui s'imposent à l'esprit de certains dont je suis. Ces réminiscences ne peuvent s'empreindre que dans l'esprit de ceux qui ont la Bible en mémoire. C'est ainsi, et je n'ai pas l'intention de me crever un œil pour m'insérer dans le groupe majoritaire des non-voyants qui nous entourent pour le cas où certains ne seraient pas du tout sensibles à ce que je mets ici en exergue.

L'empathie.

– Cela dit, il ne sera jamais possible de comprendre en plénitude le drame du 11 septembre 2001 qui défie l'entendement humain et on s'obstinera longtemps à chercher à découvrir dans les décombres de la raison ce qui peut bien pousser certains hommes à agir de la sorte.

Qu'est-ce qui les différencie de nous, pauvres humains, pour que de sang-froid ils puissent commettre l'irréparable? La réponse jaillit de la bouche de ce médecin commis au procès de Nuremberg et qui avait contact avec les monstres nazis que l'on jugeait, lesquels étaient du même acabit que les terroristes qui ont agi à New York. Il confia : « Je sais à présent ce qu'est le mal, c'est l'absence d'empathie. »

L'empathie est la faculté de s'identifier à quelqu'un, autrement dit de se mettre à sa place et d'éprouver ce qu'il ressent jusqu'à souffrir avec lui : l'empathie est le terme employé en psychanalyse pour remplacer le mot « compassion ». L'empathie, la compassion, est sans aucun doute ce qui doit être considéré, me semble-t-il, comme la quintessence du christianisme. Même si l'on ne peut rien faire d'autre que de participer par la pensée et par la communion à la souffrance des autres, quelle qu'elle soit, c'est par ce biais que l'on trouve ensuite le moyen d'aider par des gestes.

En participant à la douleur du Christ en croix, l'on s'habille de sa Personne, et ainsi, peut-être l'accompagne-t-on dans sa montée vers le ciel dont l'idée ensuite nous habite, nous revêt. À ce sujet, je m'empresse de dire que ce n'est pas drôle d'être chrétien. On est intérieurement et constamment en pleurs devant la détresse du monde. Il m'arrive, je l'avoue, d'être exsangue, devant certaines images que nous montre la télévision. C'est cela, l'empathie!

Les nazis comme les terroristes en sont dépourvus et peu leur chaut que leurs frères et leurs sœurs périssent dans la chambre à gaz, dans l'avion en flammes ou dans la tour qui s'écroule. Il s'agit d'êtres, non pas venus d'ailleurs, mais venus de chez nous, qui vivent parmi nous et qui ne sont pas comme nous. Ils sont le cancer mondial de la société humaine. Le cancer, cela se traite, mais en l'occurrence il est bien trop avancé, les métastases sont partout, dans toutes les régions de la planète et il est quasiment impossible de les en débusquer. On les a laissées s'y installer.

– Merci d'avoir soumis cette révélation à l'appréciation objective de ceux qui vous lisent. Et si elle vous a laissé aussi pantois

que moi, je forme des vœux pour qu'il en soit de même pour ceux qui font route avec nous.

– Si je n'avais pas eu connaissance du dévoilement troublant du Texte de la Torah en corrélation avec l'assassinat d'Yitzhak Rabin, je n'aurais peut-être pas eu l'idée de faire ce rapprochement révélateur entre les deux événements : l'assassinat de Rabin et le bombardement des deux tours de Manhattan. Cela suggère que les terroristes qui ont frappé les États-Unis sur l'île de Manhattan semblent être reliés par un fil invisible à ceux qui ont provoqué la mort de Rabin. Les uns comme les autres sont donc des lecteurs et des utilisateurs dans le plus mauvais sens du terme de la Bible. Comme l'a si bien dit l'apôtre Paul, les uns et les autres se sont servis « **d'une bonne chose** [l'Écriture sacrée] **pour procurer la mort, afin que le péché exerce toute sa puissance de péché par le moyen du précepte** ».

– *Vous souvenez-vous de cette phrase que vous avait confiée André Frossard, ce grand ami du pape Jean-Paul II?*

– Non, je ne vois pas à quoi vous faites allusion.

– *Pourtant les allusions, ça vous connaît. Mais si, rappelez-vous, c'était un peu avant son départ pour le ciel, il vous avait reçu chez lui, boulevard du Château, à Neuilly, comme chaque fois que vous le lui demandiez quand vous vous interrogiez sur telle ou telle chose. Et comme vous en étiez venu à parler du terrorisme, il vous avait confié cette extraordinaire définition :* « **Les intégristes sont des gens qui font la volonté de Dieu que Dieu le veuille ou non!** »

– Comment ai-je pu oublier une phrase si juste et si drôle en même temps et qui traduit tout l'humour de Frossard. Vous voyez, pas besoin de taloche comme au moment de ma naissance pour oublier ce que l'on sait, l'âge fait que s'estompent certaines choses essentielles.

– *Toujours est-il que, sans vouloir jouer les anges de mauvais augure, par le biais de la folie des intégristes, vous êtes parvenus sur la planète Terre à ce triste moment qu'a annoncé Notre Seigneur Jésus-Christ, à savoir :* « **L'heure vient même où qui vous tuera estimera rendre un culte à Dieu. Ils en arriveront là** » *(Jean XVI, 2-3).*

– À présent et avant d'aller plus avant, le tout est de savoir, cher ange, si j'ai eu raison de mettre en corrélation la date de ce terrible événement concernant les tours du World Trade Center (11.09.2001) avec le chapitre concernant la tour de Babel (Genèse XI, 9) puisque ma révélation découle de cette association d'idées que je considère comme étant dans le droit-fil des réminiscences platoniciennes?

La mondialisation en question.

– Bien évidemment. De toutes les façons, c'est bel et bien depuis Babel, ce n'est donc pas d'hier, que se pose le problème de l'individuation qui ne se réglera qu'avec la sortie d'Égypte. Dans la Bible, en effet, avec Babel commence la « babélisation » du monde, c'est-à-dire le mélange des langages qui va conduire les hommes à ne plus se comprendre entre eux, mais aussi, du même coup, à l'individualisation de tous. C'est le moyen trouvé par Dieu pour entraver l'homme dans sa tentative orgueilleuse de se prendre pour Dieu et Le rejoindre en édifiant cette tour qui, à Babel, veut atteindre le ciel. Babel signifie « la porte de Dieu ».

Le mot « gratte-ciel » n'évoque-t-il pas cette prétention qu'ont les hommes d'atteindre le ciel comme à Babel ?

> **Allons, bâtissons-nous une ville, et une tour dont le sommet atteigne le ciel.** [Genèse XI, 4.]

– Me permettez-vous de citer Yeshayahou Leibowitz (1903-1994) qui a occupé différentes chaires à l'université hébraïque de Jérusalem et qui propose une interprétation du récit de Babel que je partage en tous points :

> **La racine de l'erreur, ou du péché [...] ne se trouve pas dans la construction de la ville et de la Tour, mais dans le projet, grâce à ces moyens artificiels de créer une situation où régnerait « une même langue et des paroles semblables », situation de centralisation, ce que dans notre langage moderne nous appelons totalitarisme. Une seule langue et une seule parole!**

> Une telle situation semblerait idéale à bien des naïfs qui nous entourent : l'humanité entière formant un seul bloc, sans différenciation et par conséquent sans conflit. Mais pour celui qui réfléchit, il n'existe pas de situation plus effroyable que ce conformisme si artificiel : une ville et une tour comme symboles de la concentration de l'ensemble de l'humanité autour d'une seule idée afin qu'il n'y ait ni divergences d'opinions ni combats entre conceptions et valeurs différentes. On ne peut imaginer tyrannie plus terrible que celle-là, on ne peut imaginer une stérilité de la pensée et de la morale plus grande que la situation où il n'y aurait plus ni exceptions ni déviations par rapport à ce qui est admis comme convenable [...] Dieu [...] a paré à une telle éventualité. Il a créé une humanité où un totalitarisme qui naîtrait de son unification générale ne puisse pas advenir, mais dans laquelle existeraient des dissemblances et des contrastes, des différenciations de pensée et de valeurs, humanité où les gens doivent combattre pour leurs valeurs, leurs buts, leurs désirs, lesquels diffèrent d'un homme à l'autre [...]. Le désir n'existe que s'il y a différenciation, oppositions et différences pour lesquelles les hommes luttent et combattent. C'est par ces luttes que leur existence reçoit son sens moral. [*Brèves leçons bibliques*, Paris, DDB, 1995.]

– Oui, ce texte est remarquable en tous points. Il démontre que les desseins de Dieu ne sont pas si impénétrables qu'on le dit et qu'ils vont totalement à l'encontre des desseins à la petite semaine de l'Amérique qui ne voit guère plus loin que le bout de son nez en prônant la mondialisation si délétère.

Les deux tours jumelles de 110 étages mesuraient, l'une 417 mètres et l'autre 415 mètres, soit près de 100 mètres de plus que la hauteur de la tour Eiffel (321 mètres). Il était donc tout naturel de mettre en parallèle les deux sites, celui de Manhattan et celui de Babel.

Mais, en réalité, et c'est là que se situe la complexité du problème, si l'épisode de Babel a conduit l'humanité à l'individuation, celui de Manhattan doit être analysé comme étant en quelque sorte la suite logique de Babel. En effet, les tours de Manhattan étaient le pur symbole de l'envers de cette individuation établie à Babel et entérinée par les Hébreux lors de la sortie d'Égypte. Le drame de Manhattan a été provoqué en réaction à cette trop fameuse assimilation qui s'opérera par la mondialisation et que les terroristes combattent en tentant de terrasser l'hégémonisme américain que nul ne peut nier ou véritablement défendre. Manhattan peut être compris comme un acte de résistance qui tente de faire barrage à la globalisation de la planète pour laquelle les États-Unis se veulent être les champions. Ils préconisent la mondialisation par l'assimilation à leurs vues et c'est proprement l'envers de l'individuation. Le tout est de savoir si les nations du monde acceptent d'être solubles et de se fondre dans le concert d'une politique mondialiste. Il faut croire que non. L'attaque de Manhattan en est la preuve.

Le maître à penser irakien de l'islamisme, Ayatollah Muhammad Baqir al Sadr, a déclaré : **« Le monde tel qu'il est aujourd'hui a été façonné par les non-Musulmans. [...] Nous avons deux choix : ou bien l'accepter avec soumission, ce qui signifie laisser l'Islam mourir, ou bien le détruire, pour reconstruire un monde tel que l'Islam le veut. »**

Nous sommes donc confrontés ici à une terrible situation problématique dont il est bien difficile, me semble-t-il, de trouver la conclusion adéquate.

– On assiste donc aujourd'hui, si je comprends bien, au ressac de l'événement de l'époque de Babel. En effet, sous l'égide et à cause des desiderata des gouvernements des nations sous l'influence plus ou moins marquée de l'Amérique du Nord, s'est mise en marche la mondialisation qui va jusqu'à la globalisation de tous et de chacun qui est en effet le contraire de l'individuation qui marque la différence à laquelle a droit tout individu par rapport à un autre. La mondialisation veut, par des moyens sournois, anéantir définitivement les personnalités propres des nations qui devront se soumettre à une loi commune. Et cela mène à l'aplatissement, à l'écrasement des diversités ethniques qui se trouvent vouées à l'anéantissement sous le rouleau compresseur des plus forts. Les États-Unis, nul ne peut le nier, ne sont pas les moindres oppresseurs, comme l'Égypte en son temps, la Rome antique plus tard, sans parler de tous les empires divers qui, au fil du temps, ont tous capoté dans l'abîme du néant. De là, la juste rébellion de certains dans le monde mais aussi hélas !, et par là même, l'inacceptable monstruosité des moyens mis en œuvre pour l'obtention de la justice : violences, sévices, crimes, atrocités, attentats, homicides.

Comment sortir de cet imbroglio ? Comment sortir, non plus de l'Égypte, mais du monde dans lequel nous vivons ? Il serait plus juste de dire du monde dans lequel nous mourons.

L'intégrisme, c'est tout ce qui s'intègre à nous.

– Vous savez, Henri, il ne faut pas avoir peur des mots, car il s'agit, pour y voir clair, d'appeler un chat un chat. Si je parle de chat, c'est tout à fait réfléchi de ma part et vous allez comprendre pourquoi.

En réalité, le président George W. Bush a soutenu à plusieurs reprises que s'engage à présent, après la destruction des deux tours de Manhattan, une guerre entre les forces du bien qu'il prétend représenter et les forces du mal dirigées d'après ses certitudes par Ben Laden. Je n'ai pas peur d'avancer que je m'inscris en faux contre cette affirmation car, en réalité, vient de se déclarer une guerre sans merci entre deux intégrismes aussi nocifs l'un que l'autre. Et je me permets de rappeler à M. Bush cette citation d'Isaïe : **« Malheur à ceux qui appellent le mal bien et le bien mal, qui changent les ténèbres en lumière et la lumière en ténèbres »** *(Isaïe V, 20).*

L'intégrisme peut s'exercer dans toutes sortes de domaines qui peuvent ne pas être obligatoirement religieux. Il peut s'exercer, et il ne s'en prive d'ailleurs pas, dans le domaine économique. En vérité, l'intégrisme, c'est tout ce qui s'intègre à nous afin que l'on s'intègre à lui. L'intégrisme dont usent les États-Unis pour asseoir leur influence sur la planète tout entière est un intégrisme de séduction, celui de Ben Laden est un intégrisme sauvage et violent. Mais les deux sont aussi délétères. Le premier qui agit en douceur mettra plus de temps à s'imposer, le second a déjà démontré à Manhattan, par ce premier échantillon de sa barbarie, de quoi il était réellement capable.

Le chat de Gramsci.

– Si j'ai fait allusion à un chat, il y a quelques instants, c'est que vient de me revenir en mémoire l'histoire du « chat de Gramsci » qui, en l'occurrence, me paraît si parlante.

– Le chat de Gramsci ? Qui est Gramsci ?

– Gramsci était un révolutionnaire marxiste italien mort en 1937, l'année de votre naissance. Il combattit le fascisme et mourut en prison. Il a déclaré :

> **Tout pouvoir qui veut s'implanter sur un terrain qu'il s'est par avance dévolu, s'il veut y subsister, doit au préalable s'immiscer sur le lieu par une culture favorable à ce pouvoir. Mais comment agir ? C'est tout aussi délicat que de vouloir faire avaler une potion à un chat. La lui faire ingurgiter de force, il vous griffera d'abondance ; l'assimiler à sa nourriture, il flairera le subterfuge. Que faire alors ? Eh bien, c'est simple : vous badigeonnez le médicament sur le coussin où le chat d'habitude s'étend et bien vite il imprégnera tous les poils du chat. Le chat passera son temps ensuite à pourlécher ses poils et, ainsi, il engoulera la potion.**

– C'est très exactement ce que nous faisons, et ce depuis de nombreuses décennies, en gobant tout et n'importe quoi dès l'instant, où, télécommande en main, nous ouvrons notre téléviseur. Les innombrables images des séries télévisuelles américaines, mille et une fois amorties par leurs producteurs et qui ont toutes possibilités donc de les vendre à bas prix, entravant ainsi toute possibilité de productions nationales, dégoulinent depuis cinquante ans au moins de nos petits écrans jusqu'à nos couches où, comme le chat de Gramsci, nous nous prélassons, calés dans nos coussins. Elles vont insidieusement empoisonner notre mental et celui de nos enfants.

– Je sais que vous vous référez souvent, pour le bon comme pour le mauvais, à cette citation du mahatma Gandhi : **« On devient ce que l'on admire. »** *Il ne faut donc plus vous étonner de ces actes abominables produit par certains de vos jeunes. Ils ne font que répercuter la violence dont on les a abreuvés toute*

leur enfance durant. Ils se trouvent en déséquilibre dans le réel à force de se mouvoir dans le visuel et en fin de compte le virtuel. Ne vous en prenez qu'à vous-mêmes, bien que vous, Henri, vous ayez tout particulièrement bataillé pour défendre à une époque l'exception culturelle dans votre métier d'artiste.

– Oui, j'ai tenté de la mettre en relief en prenant le parti de la chanson française, à cause de l'attitude de certaines radios qui ne diffusaient plus que des chansons anglo-saxonnes. Cela s'est atténué depuis, des quotas ayant été imposés mais, en 1985, la mode obligeait les oreilles françaises à n'entendre plus chanter qu'en anglais. J'avais donc entrepris une humble croisade pour prendre le parti de notre langue et, par miracle, certains médias m'avaient suivi, au point que je reçus près de quatre mille lettres d'encouragement. Mais je fus vite taxé de nationalisme par les collaborateurs patentés de l'époque, toujours les mêmes d'ailleurs qui ressurgissent à chaque bataille pour prêter main-forte sur notre sol à tout ce qui s'y révèle étranger. Je n'ai pas peur de dire que notre pays, la France, est majoritairement peuplé de collaborateurs, je prononce ce mot avec tout ce qu'il fait naître de dégoût dans mon esprit, et d'une petite minorité de résistants. Il est en outre tout à fait facile d'annihiler les courageux efforts des résistants, il suffit de les accuser de xénophobie. Même Jeanne d'Arc a eu à affronter cet amalgame, qui en arrange plus d'un, entre nationalisme et patriotisme. Le nationalisme est sans équivoque xénophobe alors que le patriotisme ne l'est jamais. Ne fut-il pas demandé à Jeanne, par la bouche venimeuse de l'évêque Cauchon : « **Comment Jeanne, Dieu n'aimerait-il pas les Anglais ?** »

Ce à quoi elle a magistralement répondu : « **Dieu aime les Anglais, chez eux !** »

– Le général de Gaulle a échappé à cette accusation de nationalisme à tout crin car, lorsqu'il a pris la défense des intérêts français, les apatrides mentaux qu'étaient les collaborateurs de l'époque, se voyant au bord du gouffre, n'eurent plus que le choix de se taire. Pareil en 1958, lors des événements d'Algérie. Mais dès que tout danger est écarté, ils se réveillent à nouveau sans

aucun complexe et se font passer pour les défenseurs d'une nation qui n'est plus en danger.

– Et c'est au moment où l'on ne craignait plus rien qu'ils ont mis de Gaulle à la porte.

– D'où vous vient, cher Henri, cette notion, chevillée en vous, de la préservation de l'exception? Je pense, en disant cela, à l'exception cultuelle du peuple juif comme à l'exception culturelle du peuple français. Vous êtes fortement attaché à la préservation des valeurs dont ces deux entités cultuelle et culturelle n'ont jamais cessé de favoriser la floraison. Vous avez défendu au fil des sillons de ce livre, les Textes sacrés aussi bien que les textes issus de la culture profane de n'importe quel pays, bref, l'exception de tous et de chacun.

« Une certaine idée de la France » : ce qu'il en reste.

– Je peux dire sans penser me tromper que c'est au général de Gaulle que l'on vient de citer que je dois cela. Il est mon exemple exemplaire si je puis dire. Comme je suis un temps entré dans sa peau en l'imitant, j'avoue que je l'ai aujourd'hui dans la peau, comme beaucoup de Français d'ailleurs attachés eux aussi à ce qui fait la France. Il ne faut surtout pas les classer pour cela du côté de ce que l'on appelle « les gaullistes ». Le gaullisme n'existe plus et ce sont ceux-là mêmes qui étaient désignés pour en porter la bannière, qui, le faisant par souci de mascarade, sont aujourd'hui le moins habilités à s'en réclamer. Le Christ n'a-t-Il pas dit : **« À ceux à qui il a été beaucoup confié, il sera réclamé davantage »** (Luc XII, 48)?

Aussi, si l'on veut à tout prix me situer politiquement, que l'on ne m'embrigade avec personne. Je pense être clair.

Jacques Baumel a mis les choses au point dans son livre *Résister* :

> **En France, beaucoup de gaullistes s'ignorent. Ce sont des gens qui ont des réactions gaullistes mais qui ne le savent pas. Le gaullisme, c'est à travers un homme, dans notre histoire, le maintien de valeurs fondamentales qui tiennent à notre souve-**

raineté et à notre exception française. Cela a été incarné par le Général, mais, avant lui, ce le fut par tous les héros de notre histoire ; après lui, ce le sera encore par d'autres. C'est un courant permanent de l'âme française qui résiste au mondialisme, à la vulgarisation des sentiments et à cette espèce de fusion maladroite d'États ou de souveraineté pour une autorité que les Français ne comprennent pas très bien. Cette « certaine idée de la France » n'a pas disparu avec lui.

De surcroît, je ne crains pas de dire que, de la même manière qu'Un seul s'est révélé véritablement chrétien, c'est Jésus-Christ, un seul s'est montré parfaitement gaulliste, c'est de Gaulle.

Quant à moi, bien que je ne me confonde ni avec de Gaulle ni avec Jeanne d'Arc, ma gentille campagne de défense de la chanson française fut assez vite critiquée par les apatrides mentaux dont vous parliez et qui font florès de tous temps dans notre pays. À telle enseigne que je reçus un jour, en début d'après-midi, un coup de téléphone charitable et inoubliable de quelqu'un dont on peut dire qu'il en connaissait un bout sur la question de la chanson française. Ce qu'il me susurra dans le creux de l'oreille demeure, à mon sens, comme une phrase historique qui vaut son pesant d'or. Yves Montand me donna cet avertissement : « **Tisot, faites gaffe : ils ne vous pardonneront jamais de défendre tout ce qu'ils ont bradé !** » Je me le suis tenu pour dit. Mais je sais que dans l'esprit de beaucoup je fais figure de ringard, ce dont je me vante, étant allergique à certaines idées à la mode, telles que les vilipendait avec justesse Luigi Pirandello : « **La mode a pour fonction naturelle de rendre ridicule la vertu.** » À tous niveaux la mode fait des ravages, et c'est ainsi que du gentil canard Donald Duck, qui paraît si inoffensif, à Mac Donald, il peut n'y avoir qu'un pas que les enfants franchissent allégrement. Le scénariste Jean-Claude Carrière pose cette bien troublante question : « **Il s'agit de savoir si, oui ou non, un peuple a le droit de se raconter – ou s'il peut se contenter d'avaler des histoires fabriquées dans une autre culture, sur un autre continent et qui ne parlent jamais de lui.** »

– Vous, mon cher Henri, vous avez délibérément choisi votre camp depuis longtemps.

– Certes. Mais je constate avec effroi que, dans ce camp où sont rassemblés ceux qui refusent de marcher au pas dans les rangs des embrigadements à la mode, nous sommes bien disséminés et totalement démunis. Mais les noms glorieux de ceux qui se tiennent la main nous servent de signes de ralliement. Ainsi le nom de Jean Dutourd qui déclare : « **Défendre sa langue, c'est comme défendre sa terre. L'ennemi, aujourd'hui, sont les États-Unis. La France est pleine de traîtres qui font entrer les soldats ennemis, sous forme de mots et d'expressions américaines à l'intérieur du territoire national. Les jargonneurs d'aujourd'hui sont les dignes fils et petits-fils des collabos vichyssois : même abdication, même zèle à servir le provisoire vainqueur contre la patrie éternelle** » (*Dutouriana,* Plon, 2002).

Mais rien ne dit que, malgré mon choix, je ne serai pas, à mon insu, écrasé par le rouleau compresseur qui avance inexorablement, parce que, étant programmé par les oppresseurs qui n'ont en tête et en vue que le profit, ils ne peuvent donc admettre que l'on sorte du rang afin de ne pas être assimilé.

Aujourd'hui, a-t-on encore le droit de se situer ailleurs que là où on nous dit « de faire »?

Orwell, dans son livre *1984*, n'avait-il pas tout saisi en enveloppant dans les mots qui suivent les arrière-pensées de ceux qui prétendent imposer leurs vues :

> **Nous allons vous presser jusqu'à ce que vous soyez vides, et puis nous vous remplirons de nous-mêmes.**

France, nous allons vous presser jusqu'à ce que vous soyez européenne, et puis nous vous remplirons de l'Amérique jusqu'à devenir leur clone.

– Oui, qui peut nier que les États-Unis ne tendent pas, par leur hégémonisme, à faire, de tous les États de la planète, leurs clones ?

Il semble que de n'est pas par hasard qu'un certain Rael se fasse, en Amérique, l'adepte et le champion du clonage. Je signale au passage combien je demeure déconcerté que cet homme, d'origine française, ait osé prendre comme pseudonyme un surnom qui le définit, puisque Rael signifie en hébreu « dieu du mal » (RA = mal-EL = Dieu). J'en conclus que les noms dévoilent les êtres et que les mots différencient les choses et sont donc les serviteurs du Verbe et, de là, à cause de leurs diversités, les adversaires du clonage uniformisateur.

Il va sans dire que ce problème de l'individuation est plus que jamais d'actualité et, au cours des décennies qui vont suivre, il se posera avec d'autant plus d'acuité que les uns et les autres auront à se démarquer : préserver son autonomie et son indépendance, voilà la question de demain, comme elle a été la question de toujours jusqu'à présent si vous voulez bien méditer à ce propos. Et lorsque je parle d'autonomie et d'indépendance, c'est tout aussi bien matériellement que spirituellement que je l'entends.

– Oui, certes. Et il est déjà, cher ange, bien difficile d'assumer cette situation d'autonomie et d'indépendance face aux modes de toutes sortes auxquelles il nous est quasiment impossible d'échapper, sans parler de cette pensée politiquement correcte qui envahit tous les interstices de nos préoccupations jusqu'à dévier nos intentions les plus secrètes. Comment agir aujourd'hui ? Réagir ?

Sommes-nous solubles ou bien choisirons-nous de nous raidir suffisamment pour ne pas être dissous dans le torrent du temps ?

– Tout ce que vous avancez me paraît juste, si ce n'est qu'il me semble que vous n'avez pas suffisamment pris conscience que si, auparavant, lors des grands affrontements, on pouvait considérer que, souventes fois, les guerres se déclaraient entre forces du mal et forces du bien, il n'en est pas de même à présent où ce sont en réalité, c'est difficiles à dire, les forces du mal qui affrontent les forces d'un autre mal !

Nul aujourd'hui, pour parodier les termes d'un de vos anciens présidents de la République, nul aujourd'hui n'a « le monopole » du mal, tandis que les forces du bien sont la plupart du temps bien muettes.

– Le président des États-Unis, George W. Bush, a parlé à maintes reprises de la bataille qui s'engageait entre les forces du bien et les forces du mal. Que voulez-vous donc me faire comprendre à la suite de ce long dialogue en quelque sorte politique que vous et moi avons entrepris? Nous parvenons ici, me semble-t-il, à la croisée des chemins.

Le discours médiatique est le discours de la désinformation.

– En effet. Il est temps que je vous livre le fond de ma pensée par rapport à celles de votre monde qui me paraissent fondées sur un mode si manichéen que l'on pourrait se demander si l'on n'en est pas revenu au temps de la préhistoire. Et afin que l'on ne me taxe pas de partialité du fait que je juge un monde qui n'est pas le mien, je m'en remets au raisonnement d'un humain qui a, lui, affaire à votre sphère de pensées. Je reprends donc ici les termes exacts de Jean Sévillia, rédacteur adjoint du Figaro-Magazine. *Ils valent la peine d'être médités :*

> Tout fonctionne sur l'opprobre et l'amalgame. Depuis une cinquantaine d'années en effet, ce mécanisme qui remonte à l'après-guerre consiste non pas à débattre avec son adversaire, mais à lui attribuer une étiquette et de préférence à prendre l'étiquette la plus accablante qui soit [...] et il s'agit toujours de faire taire son adversaire en le désignant au fond comme une incarnation du mal absolu. [...] Le mal n'est l'apanage ni d'un homme ni d'un mouvement ni d'une idée. Le mal existe, il est là, il s'est incarné partout. Le mal existe dans l'homme, le mal existe dans les institutions politiques, il existe dans les idéologies, et dans les projets fous. Le mal n'est l'apanage de rien ni de personne, ni d'une idéologie particulière. [...] Le discours médiatique est le discours de la désinformation. Il est un discours simplificateur et moniste. Il voudrait qu'il y ait une simplification et une seule. Il n'y a qu'une seule cause du mal. Ce mécanisme de la désinformation, que j'ai appelé « le terrorisme intellectuel », est un mécanisme qui a différé selon le temps. Le contexte a changé mais on s'aperçoit que, depuis une cinquantaine d'années, un certain nombre de modes idéologiques ont dominé le milieu intellectuel et médiatique. [...] L'effet premier de la désinformation est donc le déséquilibre du réel.

Nous ne fonctionnons pas selon la perception du réel, mais selon la représentation que les intellectuels se font du réel. [...] On explique que le temps des nations est révolu. Je crois que, là où on dissout les États-nations, les peuples se réveillent parce que les États-nations sont des réalités très anciennes qu'on ne peut balayer d'un trait de plume. [...] Je crois qu'un pays adulte, un vieux pays civilisé, devrait apprendre à gérer ses différences d'idées. L'idée d'éliminer son adversaire est non seulement anti-démocratique mais c'est aussi très profondément totalitaire. C'est l'idée qu'il faut forcément couper la tête de celui qui ne pense pas comme vous. Je crois que la citoyenneté consiste à apprendre à vivre avec des gens qui sont différents. La France est un vieux pays où vous aurez toujours des gens pour croire au ciel, d'autres pas. Il y a toujours eu plusieurs familles spirituelles, politiques et sociales. L'apprentissage de la vie en commun doit se faire tous les jours et s'apprendre à l'école, dans les familles et dans les médias. Réapprendre à vivre ensemble, c'est le pari que nous avons à aborder parce que le XXIe siècle sera dur. Si notre vieille communauté d'État-nation se dissout, s'il n'est plus qu'un champ d'action de guerres intestines et civiles, nous perdrons tout. Nous perdrons non seulement les guerres morales et les défis que nous avons à affronter, mais en plus, il n'y aura jamais de vainqueur car les guerres civiles ne connaissent pas les vainqueurs.

Ces propos ont été tenus par Jean Sévillia, auteur de l'ouvrage Le Terrorisme intellectuel de 1945 à nos jours, *au cours d'une table ronde dont le sujet était « La désinformation », et qui a eu lieu, le 6 novembre 2000, au palais du Luxembourg.*

Le diable se sert de Dieu.

– J'en viens, cher ange, à me dire que nous sommes pieds et poings liés et confrontés à un paradoxe insoluble, à savoir que nous sommes parvenus à ce point de non-retour où il nous faut bel et bien admettre que certaines forces dites du bien se sont trouvées contraintes à se conduire mal pour se faire entendre. Le bien ayant recours au mal pour s'imposer en arrive à se confondre avec le mal. Nous sommes en pleine confusion. L'adversaire, satan, a brouillé les cartes. C'est sa manière d'agir depuis le temps du jardin d'Éden : semer le doute, l'embrouillamini, la confusion. Le serpent ne dit-il pas à Ève : « **Bien que Dieu ait dit : Vous ne pouvez pas manger de tous les arbres du jardin...** » (Genèse II, 1)? Et c'est cependant l'inverse que Dieu dit à Adam : « **Tous les arbres du jardin, tu peux t'en nourrir, mais l'arbre de la connaissance du bien et du mal, tu n'en mangeras point; car, du jour où tu en mangeras, tu dois mourir!** » (Genèse I, 16-17). Déjà, ce texte initial, originel, a mis l'accent sur le phénomène de la confusion. Et Dieu prophétise la mort de l'être humain dès lors qu'il se mêle de démêler ce qui est bien et ce qui est mal, car Dieu sait que ce genre de questionnement aboutit immanquablement dans les inextricables maillons de la confusion.

De nos jours, tout est mélangé, l'on confond tout, les repères étant perdus, il n'est plus possible de se faire une opinion tranchée. N'en sommes-nous pas à essayer de démêler ce qui est bien de ce qui est mal, jusqu'à tenter de démontrer ce qui est mal de ce qui est bien? Oui, le bien est bien mal défendu. Je pense que ce n'est pas le moindre paradoxe de notre monde. J'en conclus que le bien est aux mains du mal. Terrible constat!

– *Et c'est ainsi que les êtres sataniques – et ils sont légion! – qui peuplent à présent les moindres recoins de votre planète s'appuient sur l'Écriture sainte pour perpétrer leurs crimes et laisser croire à ceux dont ils intoxiquent les esprits que ce qui est écrit dans la Bible est à leur service. Ils se servent du bien pour procurer le mal comme l'a si bien dit l'apôtre Paul. Le diable se sert de Dieu.*

« Mais que fait Dieu? »

– Mais pourquoi Dieu se laisse-t-Il faire?

– *Que voulez-vous qu'il fît? Vous n'allez pas me répondre* « **qu'il mourût** » *comme dans* Horace *de Corneille? Dieu ne va* *tout de même pas se donner la mort parce que les humains ne sont pas foutus de défendre la vie? Vous ne Le culpabiliserez pas à si bon compte.*

Combien de fois ai-je entendu parmi les hommes ce leitmotiv : « S'il y avait un bon Dieu, il n'y aurait pas ceci ou cela... » Ce à quoi je réponds exaspéré : « S'il n'y avait pas les hommes, ceci ou cela ne se passerait pas, il n'y aurait rien de tout cela. » N'allez pas reporter sur Dieu la culpabilité des fautes qui n'incombent qu'à vous seuls.

Il est des moments où, tout ange que je suis, je sors de mes gonds. Et ce qui me navre encore plus, c'est d'entendre, quand un grand malheur arrive : « Mais que faisait donc Dieu à ce moment-là? »

Me revient en mémoire cette réplique cinglante et en même temps comique de sœur Emmanuelle qui a consacré sa vie aux malheureux du Caire. Un car était tombé, je ne sais plus en quelle année, dans un ravin et une quarantaine d'enfants revenant de colonie de vacances avaient succombé. Et la réflexion habituelle en pareille occasion prenait toute la une d'un grand journal du soir, France-Soir *pour ne pas le citer : une grand-mère s'est écriée : « Que faisait Dieu cette nuit-là? »*

Avec un à-propos désarmant, sœur Emmanuelle avait lancé au cours d'une émission télévisée : **« Qu'est-ce que vous voulez qu'Il fasse? Qu'Il passe la marche arrière? »**

– Pardon de rire, mais je ne puis m'en empêcher. Ne croyez pas, cher ange, que je ne prenne pas pour autant vos dires au sérieux.

– En fait, voulez-vous que je vous dise la raison qui fait que Dieu laisse faire quand les forces du mal détournent ses paroles prises dans la Bible? Eh bien, Dieu laisse faire tout bonnement parce qu'Il constate, tous les jours qu'Il a faits, que les forces du bien détournent, falsifient, dénaturent, faussent, travestissent ses propres paroles de la même exacte façon que les adeptes du mal, nous l'avons prouvé tout au long de ces pages, et ce, depuis le commencement où le figuier du jardin d'Éden a été métamorphosé en pommier. De là, le fait que les prétendus serviteurs du bien se gargarisent de propos tous plus faux les uns que les autres, tirés

de la bouche de Dieu certes, mais aménagés en fonction de leur ignorance orchestrée par le chœur des idées reçues toutes plus ineptes les unes que les autres. Les acteurs principaux qui tiraient les ficelles lors de l'Inquisition ne se référaient-ils pas aux Paroles de Dieu?

Sur nombre de sujets exégétiques, au cours de votre dialogue avec moi dans ce livre, vous n'avez pas cessé de démontrer certaines inepties du clergé. Les adeptes du bien agissent comme le serpent du jardin d'Éden qui falsifie la Parole de Dieu. Ce n'est pas vous, cher Henri, qui contredirez mes dires. La confusion s'est installée dans tous les esprits. Le monde est son territoire, exception faite de quelques têtes pensantes qui, au fil des siècles, ne s'en sont jamais laissé conter ni compter...

– Cela rejoint ce que disait Sacha Guitry à propos de mes congénères : **« Les Français sont des gens extraordinaires. Malheureusement, ils ne sont que trois mille. »**

La confusion : « Bush » en hébreu.

– Ce mot « confusion », qui est revenu plusieurs fois dans notre conversation, est en réalité le maître mot de l'époque actuelle. Mais savez-vous comment l'on dit « confusion » en hébreu?

– Non. Dites.

– Je me déclare cependant velléitaire en vous faisant cet aveu. La discrétion, la réserve et la retenue me paraissent devoir être de mise.

– Que de circonvolutions mon Dieu! Je n'en ferais pas tant.

– C'est justement ce que l'on risque de vous reprocher un jour, de ne pas remuer sept fois votre langue avant de vous exprimer.

– Ça, on peut dire que vous n'en loupez jamais une pour retourner la situation contre moi. Votre attitude est incroyable. Vous me mettez l'eau à la bouche et puis subrepticement vous tentez de vous dérober, de vous soustraire à l'aveu que vous vouliez me confier. Vous en avez trop dit ou pas assez.

– C'est bon, je vous confie la chose puisque vous m'y poussez, et vous en ferez ce que vous voulez. En hébreu « confusion » se

dit BouSH, *ce qui se prononce* BouCH. *Ce mot désigne également la « honte ». Cette honte que désigne son nom pourrait bien lui être attribuée à cause des cent quarante-neuf exécutions dont il a été responsable durant les dix ans de son mandat comme gouverneur du Texas.*

– « Bouch »?

– *Oui, cela s'écrit beith, vav, chin, donc* BouSH *ou* BouCHa, *ce qui nous met en relation ou en allusion directe avec le nom du président actuel des États-Unis, le président George W. Bush. Faut-il vous faire un dessin?*

Mais n'en tirez pas des conclusions par trop hâtives, vous les humains dont la terrible manie est d'accuser Dieu sans cesse, le taxant de laxisme parce qu'Il donne l'impression de laisser faire. Mais en vérité, Dieu ne cesse d'envoyer des signaux aux humains qui malheureusement ne savent plus les lire. Voilà pourquoi vous en êtes à croire que Dieu n'agit pas. Le monde actuel qui est sur toute la superficie de la planète dans la confusion la plus totale a coupé le lien qui le reliait au ciel. Les signes, ces e.mail du ciel, pour parler « moderne », ne sont plus réceptionnés par les ordinateurs des cerveaux des humains.

Quant aux boîtes vocales de vos cerveaux portables, elles enregistrent les messages mais, sans réponse de votre part, en désespoir de cause, elles les archivent sachant néanmoins que vous n'êtes plus en mesure de les consulter. Vous vous êtes déconnectés de Dieu.

« Malheur à vous, légistes... »

– *Vous avez sûrement en mémoire les paroles du Seigneur :*

> **Malheur à vous, légistes, parce que vous avez enlevé la clef de la science! Vous-mêmes n'êtes pas entrés, et ceux qui voulaient entrer, vous les en avez empêchés!** [Luc XI, 52.]

– En révélant que le mot hébreu qui signifie « confusion » est en analogie, en relation directe avec...

– Le nom du président George W. Bush que l'on peut considérer comme le nouveau pharaon du troisième millénaire après Jésus-Christ...

– À ce propos, quel signe voulez-vous adresser au monde?

– Eh bien, tout simplement le fait que, si Dieu a voulu qu'il préside aux destinées des États-Unis d'Amérique, c'est afin que son nom vous interpellât. Déjà son élection s'est réellement déroulée dans la confusion la plus totale si vous n'avez pas la mémoire courte. Vous me direz sans doute que, si c'était son adversaire qui avait été élu, on aurait pu aussi faire correspondre son nom avec le drame de Manhattan puisque son nom « Gore » signifie en anglais « blesser d'un coup de corne ». On aurait pu y voir une sorte de corrida où les tours auraient pu faire office de matador encorné. Faites donc ce que vous voulez de mes élucubrations. Les anges ont le droit d'en émettre. C'est peut-être un des moyens mis à notre service pour nous faire comprendre des humains. Le mot « élucubration » rétabli dans son sens premier ne signifie-t-il pas « travailler en veillant »?

En mettant ainsi l'accent sur le fait que les mots « confusion », BouSH *en hébreu, et Bush, président des États-Unis d'Amérique, sont analogiquement reliés. C'est un signe à véritablement prendre en compte. Le drame biblique de Babel est, sans équivoque possible nous l'avons vu, à rapprocher du drame de Manhattan. Or à Babel, Dieu agit de telle sorte et de son propre chef, afin que s'y installe la confusion du langage, et le nom même de Babel est devenu, au fil des siècles, synonyme de confusion,* BouSH.

Cela ne fait-il pas d'après vous suffisamment de **« coïncidences abusives »***? Que vous faut-il de plus? De même si le mot* bush *en anglais signifie « buisson », il évoque ce qui est broussailleux et donc difficile à démêler et donc confus. L'anglais semble ici rejoindre l'hébreu, la langue des anges, ma langue.*

– C'est Dieu qui aurait mis au pouvoir le président Bush?

– Rappelez-vous ce que Jésus dit à Ponce Pilate : **« Tu n'aurais sur moi aucun pouvoir, s'il ne t'avait été donné d'en haut »** *(Jean XIX, 11).*

Bush a pu être choisi afin que son nom vous indique l'état dans lequel la planète se trouve, l'état de confusion dans lequel sont les États-Unis comme les États du reste du monde. Mais ne croyez surtout pas qu'il puisse s'agir de ma part d'une attaque réglée vis-à-vis de l'Amérique que je respecte et aime autant que les autres États de la planète, non! Ne croyez surtout pas qu'il s'agisse là d'un nouveau Pearl Harbor moral, non, bien sûr! Ce que je souhaite du fond du cœur en débattant du sens si porteur et révélateur des mots que je mets en exergue, c'est que les humains, tous les humains, comprennent enfin que, comme la confusion règne et s'installe partout telle une maladie mortifère, il faut entreprendre de soigner l'humanité. Il faut qu'elle se réadapte à sa mission initiale, à savoir être humaine et non bestiale. Il faut qu'elle retourne à l'école maternelle de la spiritualité et suive des cours de rééducation pour sortir de l'ornière des chemins qui la perdent.

La plage d'Omaha en Normandie.

– Je conçois que le monde se trouve parfois en situation de perdition, mais il sait aussi se réveiller quand il est au bord du gouffre.

– *Comme le 6 juin 1944 quand les Alliés ont débarqué sur les côtes de Normandie pour vous sauver. Un certain Hubert Denys a résumé la chose avec simplicité :*

> **S'il vous plaît, un peu de reconnaissance,**
> **Nous sommes tombés pour vous par milliers,**
> **Afin que flotte le drapeau de la France,**
> **Et que dans le monde revive la liberté.**

Certes. Mais vous en connaissez le prix faramineux : 53 000 morts parmi les Alliés, plus de 150 000 blessés, 20 000 disparus et de 15 000 à 35 000 morts civils en ne prenant en compte que les cinq départements de Normandie. S'ajoutent plus de 230 000 morts du côté allemand et autant de prisonniers. Et cette liste n'est pas exhaustive. Il faut savoir que reposent dans les cimetières de Normandie, 650 Polonais, 5 007 Canadiens, 15 353

Américains dont 9387 à Colleville où le président Bush s'est rendu en 2002 avec sa femme Laura, 21 260 Britanniques, et il faut aussi en tenir compte, bien qu'ils soient responsables de ce carnage, 58 172 Allemands qui dorment dans un des cimetières de Normandie. C'est cela qui ajouté au reste a fait cinquante millions de morts civils et militaires lors de la Seconde Guerre mondiale dont six millions de juifs. C'est le résultat de la confusion qui a régné dans les esprits allemands qui ont donné tout pouvoir au diable, au Führer, un certain Adolf Hitler dont le nom même salit ces pages.

Vous comprendrez après ce que je viens de vous dire que, si je mets en exergue le fait que le nom du président américain actuel évoque en hébreu le mot « confusion », ce n'est certes pas pour placer l'Amérique plus bas que terre, elle qui a payé le prix fort et puisqu'en France, à Saint-James, les corps de 4 410 Américains et 9387 dont quatre femmes à Colleville, s'y trouvent plus bas que terre. Chaque tombe est surmontée soit d'une croix, soit d'une étoile de David. Colleville se trouve en Normandie au sommet d'une falaise qui domine la fameuse plage d'Omaha, théâtre de la plus grande opération amphibie de débarquement de troupes de l'histoire. À Saint-James comme à Colleville, christianisme et judaïsme se donnent la main dans la mort. Qu'attendent-ils pour le faire dans la vie terrestre comme ils le feront dans la vie éternelle !

– Au milieu des souffrances indicibles que vous venez d'évoquer, ne reste-t-il pas un peu de place pour l'optimisme ?

– *Non. Je sais trop qu'un optimiste est un pessimiste mal informé.*

– Que faut-il faire alors, puisqu'on se trouve dans l'impossibilité de changer le monde ?

– **« N'essaie pas de changer le monde, change de monde ! »** *a dit François d'Assise.*

– N'est-ce pas un peu ce que nous avons fait tout au long de ces lignes, au cours de ces pages ? N'avons-nous pas, vous comme moi, cher ange, entraîné nos lecteurs hors de ce monde pour leur donner des notions d'un monde autre, un monde qui ne soit pas aux mains du démon mais dans les mains de Dieu ?

Et cela grâce à vous qui m'avez constamment assisté, mon ange. Savez-vous comment le Padre Pio vous définissait? Il a dit à un de mes amis : « **L'ange gardien est le frère jumeau de ton âme.** »

– *C'est juste et je m'empresse de vous demander à qui il a confié cette vérité qui dévoile que je vous ai en garde sur la terre comme au ciel.*

– Au père Jean Derobert qui le côtoyait. Vous savez mieux que personne, cher ange, que j'ai nombre d'amis chers, très chers qui sont, ou bien curés, ou bien évêques, ou bien cardinaux dont certains sont en passe d'être un jour pape.

– *Oui, vous comme moi, ne sommes pas toujours tendres vis-à-vis de l'Église –* « **Qui aime bien, châtie bien** ». *Mais cela n'empêche en rien le fait que vous comptiez, parmi ceux qui vous aiment et vous apprécient, nombre d'ecclésiastiques qui font partie du giron de l'Église, dont un et non des moindres qui ne cesse de prier pour vous, je l'ai entendu vous le dire, et les hommes de Dieu n'ont pas la réputation de mentir.*

Révélation de l'ange.

– En conclusion de ce long chapitre, avant que les forces du mal n'agissent à nouveau en se référant à la Bible, vous mon ange qui êtes sans équivoque possible au service du bien, ne serait-il pas judicieux que vous proclamiez dans ces pages le terrain où le mal risque de se manifester dans l'actualité à venir? Vous avez suffisamment accusé les gens de bien de ne pas se référer suffisamment à la Bible, pour ne pas nous faire ici une révélation, afin de prendre de court les adeptes du mal.

– *Je vous entends. Vous voulez me pousser dans mes retranchements pour que je vous divulgue le terrain sur lequel l'humanité doit s'armer tout particulièrement. Je suis ange et ne suis pas prophète, mais…*

– Mais…

– *Mais il me semble que le monde de demain devrait concentrer toute son attention sur les puits : les puits qui contiennent de l'eau, qui contiennent du pétrole, bref tous les vaisseaux. Aussi bien une mer qui est un grand vase qui retient une vaste étendue d'eau qu'une centrale nucléaire qui est une simple cuve. Les lieux saints qui tels des vases détiennent l'eau de la spiritualité sont aussi en danger. Je me dois de dire que c'est par le biais de l'élément liquide que le matériel se verra attaqué. Bref, n'oubliez pas ce qui vous a déjà été dit par le Seigneur :*

> Veillez donc, car vous ne savez pas quel jour va venir votre Maître. [...] Ainsi donc, tenez-vous prêts, car c'est à l'heure que vous ne pensez pas que le Fils de l'homme viendra. [Matthieu XXIV, 42-44.] – Et il enverra ses anges avec une trompette sonore pour rassembler ses élus des quatre coins de l'horizon, d'un bout des cieux à l'autre. [Matthieu XXIV, 31.]

Vous voyez, j'ai encore du travail à accomplir.

« Si tu te trouves en opposition avec le monde entier... »

– Ayez donc du courage pour la suite, mon cher Henri, même si vous persistez dans cette idée maniaco-dépressive que vous n'êtes pas compris et en butte avec le monde entier à cause de vos idées tout à fait originales. Aussi, je veux vous dire cette parabole que développe le livre du Talmud. Je suis sûr qu'elle vous enchantera. Le Talmud dit :

> Si tu es en opposition avec un de tes frères, écoute bien ce qu'il prétend car peut-être a-t-il raison. Mais cela n'empêche pas que tu puisses avoir raison toi aussi. – Si tu te trouves en opposition avec deux ou trois ou quatre de tes frères, peut-être ont-ils raison et toi aussi. – Si tu t'opposes par tes idées à dix de tes frères, prends bien garde à ce qu'ils disent car ils pourraient avoir raison, mais toi aussi. – Si tu es en bagarre avec cent frères, il ne te faut pas rejeter leurs pensées qui sont peut-être bonnes tandis que les tiennes sont aussi dignes d'intérêt. – Si tu es en bisbille avec mille, deux mille, trois mille frères, il te faut considérer qu'ils ont peut-être raison tandis que tu n'as pas tort toi non plus. – Il en est de même si tu

te trouves opposé à dix mille ou cent mille ou quelques millions de tes frères. Ce qu'ils opposeront à tes vues doit être pris en compte car ils ont tous, les uns comme les autres, à t'apprendre des choses qui tout en étant opposées aux tiennes sont tout de même intéressantes, autant que ne le sont les tiennes dans tous les cas.
Mais si tu es opposé aux pensées de la terre entière, alors, c'est toi qui as forcément raison et la terre entière qui a tort, car il n'est pas possible que le monde entier soit peuplé d'autant de sages.

Cela doit vous donner obligatoirement la force de continuer dans le chemin du Christ qui avait raison contre tous. Depuis sa croix, ne domine-t-Il pas le monde qui a tenté de Le dominer? Courage Henri!

14

Pour conclure inévitablement

*

La désespérance.

« Ce sont les autres qui vous disent qui vous êtes. »

La conclusion.

Marthe Robin.

L'éponge de Jésus.

« Si vous n'êtes pas en votre place, qui y sera ? »

« Il ne faut pas quitter le chemin du Christ. »

Les anges au service des humains.

Le génie du christianisme.

La désespérance.

– Nous en arrivons, cher ange, à la conclusion de ce livre, et pour être tout à fait franc, je suis tout ébaubi de la voir surgir tout naturellement cette conclusion comme si elle avait été programmée dès les premières phrases de cet ouvrage. Pourtant rien ne prédisposait mon esprit à devoir espérer pareille fin à nos écrits.

L'ai-je assez trituré le texte que nous avons écrit ensemble, vous en êtes le principal témoin ! Non pas qu'il y ait quoi que ce soit que j'aie eu envie de renier de tout ce qui est sorti de ma bouche et qui soit passé par « votre plume », cher ange, mais il nous fallait bien admettre l'un comme l'autre que tel paragraphe, tel chapitre mis après tel autre, coulait naturellement dans le fil du discours, alors que, dans un ordre différent, le courant de la rivière se trouvait entravé.

Certains raisonnements tombés tels des troncs d'arbres dans le cours de la conversation empêchaient le cours d'encre de l'imprimante de s'écouler normalement.

Mais, je puis le dire avec franchise, rien ne me laissait envisager la conclusion à laquelle je parviens et qui me paraît si évidente que je ne peux m'en distraire pour en envisager une autre. J'ai ce curieux sentiment que la conclusion qui va suivre m'a été donnée, offerte, et que je ne peux pas la refuser.

– *Quelle est-elle? Je suis tout à fait curieux de la connaître bien que je la subodore.*

– Je me demande même si ce n'est pas vous qui me la soufflez, de telle sorte que ce livre « me livre » ici la réponse que je n'attendais plus. Cependant, elle était puisqu'elle se révèle. Mais je ne l'avais pas encore découverte. Elle ne pouvait se montrer qu'une fois le parcours accompli. Et elle me tombe entre les mains après la relecture de tout le livre.

– *Vous connaissez sans doute cette superbe assertion de Victor Hugo :*

> **Tout homme qui écrit, écrit un livre : ce livre, c'est lui! Qu'il le sache ou non, qu'il le veuille ou non, cela est.**
> **De toute œuvre quelle qu'elle soit, chétive ou illustre, se dégage une figure, celle de l'écrivain. C'est sa punition s'il est petit; c'est sa récompense s'il est grand.**

Pour Victor Hugo, la récompense est évidente. Et pour vous?

– Point n'est besoin de mettre les points sur les « i » vis-à-vis de moi, me semble-t-il, puisque vous savez tout sur moi. Vous savez donc qu'il m'est arrivé et plus souvent qu'à mon tour de me trouver accablé, démoralisé, désespéré, le mot n'est pas trop fort. Et cela à cause du fait que je n'ai jamais eu réellement de raisons de croire que j'atteignais mon but en œuvrant comme je l'ai fait depuis de si nombreuses années en matière biblique. J'en suis donc tout naturellement arrivé à me demander avec angoisse si ce que j'entreprenais servait réellement à quelque chose?

Ce sentiment d'inutilité qui si souvent m'a envahi, j'en ai visité tous les recoins. Et s'ajoute à tout cela mon impuissance devant le fait que je ne pourrais certainement jamais me désengluer des actes de ce passé qui n'a strictement plus rien à voir avec les gestes de mon présent.

Je demeurerai donc toujours prisonnier, et ce, *ad vitam aeternam*, de cette enveloppe qui ne correspond plus à la lettre de mon discours.

À la longue, j'en ai savouré toute l'amertume.

– Non, nous n'allons par recommencer sur ce sujet. Vous n'êtes pas seul dans ce cas si cela peut vous consoler d'une façon définitive, ce que je souhaite ardemment pour vous.

« Ce sont les autres qui vous disent qui vous êtes. »

– J'ai mis de côté pour vous ce texte qui me semble être d'une extraordinaire profondeur du fait qu'il me paraît concerner la plupart des humains. Il vous invite ainsi à communier étant donné que votre malaise est commun. Ces lignes sont particulièrement éclairantes sur le destin fraternel des humains qui se voient contraints de vivre par les autres :

> **Ce sont les autres qui vous disent qui vous êtes. Plus tard, on endosse leurs définitions ou l'on essaie de s'en débarrasser. Il est difficile de ne pas accepter leur version de l'histoire. Il arrive de n'être pas ce qu'on « sait » qu'on est, tout au fond de soi-même. Il arrive qu'on s'efforce d'extirper cette identité « étrangère » dont on a été doté ou à laquelle on a été condamné, et de créer par ses propres actes une identité pour soi-même qu'on s'acharne à faire confirmer par les autres. Toutefois, qu'elles qu'en soient, par la suite, les vicissitudes, notre première identité sociale nous est conférée. Nous apprenons à être ce qu'on dit que nous sommes.** [Ronald Laing, *Soi et les autres*, Paris, Gallimard, 1971, p. 115-116.]

– Oui, c'est vrai, cela fait du bien de lire un texte qui semble parler de soi. Cela soulage de savoir que l'on n'est pas seul à vivre la même chose. C'est comme au théâtre quand l'acteur qui est devant vous vit ce que vous-même êtes en train de vivre. C'est la fraternité des humains. Elle se manifeste à travers l'écriture aussi bien qu'à travers la parole. C'est ce qui me fait continuer la route dans l'espoir de trouver sur le chemin de l'écriture des êtres qui partagent ce que je ressens et, si je continue inlassablement d'écrire, c'est afin de les aider à porter leur fardeau.

– Ce même Ronald Laing dit aussi que « **tout être humain, qu'il soit enfant ou adulte, a sans doute besoin d'avoir de**

l'importance, c'est-à-dire d'occuper une place dans le monde de quelqu'un d'autre » *(p. 170) et que* **« la frustration se mue en désespoir quand la personne commence à douter de sa capacité de "signifier" quoi que ce soit pour qui que ce soit »** *(p. 103).*

– Alors, on est en droit à ce moment-là, avouez-le cher ange, de se demander à quoi bon continuer à écrire, chercher un éditeur, mendier des lecteurs, des médias qui n'auront de cesse que d'interroger pour la énième fois l'imitateur du général de Gaulle. Je les entends déjà me dire qu'il est si étonnant de me retrouver « maqué » avec Dieu, ce pourrait être leur terme. J'envisage avec lassitude l'idée de devoir à nouveau et toujours les affronter. Certains n'iront-ils pas jusqu'à oser me demander : « Henri Tisot, n'avez-vous pas "pété les plombs" ? »

Je sais pertinemment que c'est ce qui leur brûle les lèvres.

Bref, j'ai aujourd'hui énormément de difficultés à devoir encore et toujours me donner tant de mal pour obtenir si peu de bien. Alors, il est bien normal que je sois harassé d'avoir sans cesse et toujours à redire la même chose, et cela pour rien!

La conclusion.

– *La conclusion!*

– Ce n'est pas moi qui l'ai trouvée, c'est quelqu'un de saint et de sain, l'un ne va pas sans l'autre! une pauvre malheureuse qui était en communion constante avec Jésus, au point même de se nourrir exclusivement de Lui, et c'est ce qui l'a rendue bienheureuse! Elle s'était volontairement incluse dans le Christ, à tel point qu'à force de faire des pieds et des mains pour partager les douleurs du Seigneur sur sa croix, elle a fini par saigner comme Lui, et des pieds et des mains.

On m'a rapporté de nombreux témoignages sur Marthe, Marthe Robin.

Je n'ai pas eu le bonheur de l'approcher, je n'ai entendu parler d'elle qu'après son retour au Seigneur, mais je me suis rendu un jour dans sa si petite, dans sa minuscule chambre de

Châteauneuf-de-Galaure où elle demeurait constamment alitée. Je me souviens de m'être retrouvé, après en avoir passé le seuil, dans une pièce maintenue dans l'obscurité, telle qu'elle l'était à l'époque de Marthe à cause de la fragilité de ses yeux, l'altérabilité de sa vue défaillante.

Il y avait une toute petite fenêtre par-delà le lit et le jour perçait de là dans la chambre obscure. Nous voilà revenus en quelque sorte et sans l'avoir voulu, j'y repense tout à trac, dans ce même tunnel décrit au tout début de notre histoire et par lequel tout a commencé.

Marthe Robin.

– Pour ma part, quand j'eus passé le seuil de la chambre où Marthe ne se trouvait plus réellement, il m'apparut pourtant que la pièce transpirait Marthe Robin de partout. Et j'ai eu soudain cette curieuse impression, après m'être timidement avancé près du lit, au beau milieu de la chambre, que le monde tout entier m'était tout à coup tombé dessus.

Tel Atlas, je portais le monde et je résistais de peur qu'en m'en déchargeant, il ne m'écrasât. Mais je finis tout de même par tomber à genoux sous le poids du monde qui s'amplifiait, sous le poids encore plus pesant des péchés du monde, selon ce que semblait m'indiquer mon imagination du moment. J'avais même la curieuse impression que deux mains invisibles appuyaient de toutes leurs forces sur mes épaules pour m'obliger à me mettre à genoux, ce que je fis.

J'ai d'ailleurs parfois le sentiment, cher ange, que Marthe Robin m'accompagne, qu'elle marche avec nous, auprès de nous.

– *Vous ne vous trompez pas et, si vous voyez dans cet instant scintiller une de mes larmes, c'est parce que je suis si heureux que vous ayez pressenti la présence de Marthe à vos côtés. Ayez confiance en elle qui était, du temps où elle vivait dans cette chambre dont vous parlez, le témoin exemplaire de cette phrase du Seigneur, qui semble répondre à votre impression d'inutilité si nocive et si délétère :*

> **Quand vous aurez fait tout ce que je vous ai prescrit, dites : Nous sommes de pauvres serviteurs ; nous n'avons fait que ce que nous devions.** [Luc XVII, 10.]

– Cela corrobore ce qui va suivre. À la fin du parcours de ce livre, la fatigue se faisant ressentir et le découragement aidant, je me sens enclin à cette heure d'interroger Marthe dans mon for intérieur :

> **Marthe, si vous saviez comme j'en ai assez de prêcher dans le vide du désert et de tenter d'inciter les uns et les autres à étudier les Textes sacrés que le Seigneur nous a donnés en garde pour que nous nous enrichissions de leur substance... si vous saviez comme je suis intimement persuadé que tout ce que je fais ne sert à rien, à rien, à rien... ! et que je ferais bien mieux de passer l'éponge...**

L'éponge de Jésus.

– Et Marthe me fait dans l'instant la grâce de me répondre avec la même douceur ineffable qui aurait pu émaner de Jésus :

> **Vous parlez de passer l'éponge. Jésus dans les pires moments de Sa passion n'a jamais passé l'éponge comme vous dites, et cependant cela m'invite à penser que l'on a passé une éponge au Seigneur : « Une éponge imbibée de vinaigre fut fixée à une branche d'hysope et on l'approcha de sa bouche. Quand Jésus eut pris le vinaigre, il dit : Tout est achevé, il baissa la tête et remit son esprit »** [Jean XIX, 29-30.]
> **C'est ainsi qu'alors qu'Il se trouvait en croix sur l'Arbre de Vie, Il en a fini avec ce monde, ce monde-démon auquel nous avons tous à faire face. Et vous savez ce que nous dit le Christ, Henri ? Eh bien, Il nous dit, à vous comme à moi, comme à la multitude : « Si je n'étais pas à Ma place sur cette croix, qui y serait ? »**
> **Alors, moi aussi Henri, je vous dis comme Jésus me l'a dit à moi-même lorsque je demeurais ici sur ce lit de douleurs : quelles que soient vos raisons d'être découragé, désillusionné,**

démoralisé, écœuré : « Si vous n'êtes point en votre place, qui y sera? »

C'est ainsi que, depuis son lit dans cette chambre minuscule, Marthe parlait, répondait à qui venait l'interroger. Cette phrase qu'elle vient de me confier, elle l'avait déjà dite à une personne venue la consulter. Au travers de cette transmission d'une réflexion si essentielle, j'en viens à me demander s'il ne s'agit pas d'une transfusion de sang, une transfusion de sang du Christ!

Quelles que soient les épreuves que l'on traverse, il faut à tout prix transmettre aux autres ce qui a pu nous aider, nous sauver parfois, afin que ceux qui passeront un jour par le même chemin que l'on a soi-même emprunté ne se perdent pas. C'est ce que je tente de faire ici.

« Si vous n'êtes pas en votre place, qui y sera? »

– Je tiens à transmettre par le truchement de ce livre, cher ange, cette phrase qui a été dite par Marthe à une visiteuse venue de Lyon m'a-t-on dit, laquelle était prête à lâcher prise et à abandonner le métier qu'elle exerçait : **« Si vous n'êtes point en votre place qui y sera? »**

On pourrait s'y noyer, dans cette phrase, tant sa profondeur est abyssale. Mais elle n'est pas dite pour noyer ceux à qui elle s'adresse. Bien au contraire. Elle est prononcée pour vous inonder de ses bienfaits tel le ressac de la vague qui vous éclabousse pour vous réveiller, alors que l'on s'apprêtait peut-être à se laisser noyer par elle.

Oui, si Jésus-Christ n'était pas à sa place sur la croix pour racheter le monde et le sauver, qui y serait? Mon Dieu, j'en demeure pantois.

« Et si Marthe n'avait pas été à sa place, ici, à Châteauneuf-de-Galaure, qui y aurait été? »

– *Et si l'Église n'est pas à sa place pour transmettre le message christique qui y sera? Les sectes dont les fleurs vénéneuses fleurissent bien sûr. Que l'Église se le tienne pour dit.*

Et si ceux qui ont en charge le monde ne se tiennent pas à leur place, qui y sera ? Nous avons vu, avec le drame des deux tours de Manhattan, que ce sont les terroristes qui pendant quelques minutes, destructives ô combien, se sont trouvés être les maîtres du monde : « **Et satan conduit le bal...** » *chante Méphisto dans l'opéra.*

Oui, Henri, vous l'avez vu au cours de tout ce que nous avons débattu : si les forces du bien n'agissent pas avec les moyens du bien, le mal survient à la rescousse et se sert du bien, mais hélas ! pour procurer le mal. Que répondez-vous à Marthe à présent ?

« Il ne faut pas quitter le chemin du Christ ! »

– Je lui réponds humblement que je m'apprête à continuer mon parcours dans « le chemin du Christ » comme ma voix me l'a conseillé. Sans doute ma voix avait-elle pressenti bien longtemps à l'avance puisqu'elle s'est adressée à moi en août 1986, que sommeillaient dans le fond de mon cœur certaines velléités de m'écarter du chemin puisque la phrase qui m'a été dite l'a été sur un ton comminatoire, je m'en souviens très bien : « **Il ne faut pas quitter le chemin du Christ !** »

– Henri, à mon tour de vous transmettre en conclusion de ce beau voyage que nous avons fait ensemble, et aussi pour parachever cette sorte de pèlerinage dans l'introspection des Textes sacrés, ce bel adage de saint François d'Assise qui, à mon humble avis, vaut aussi son pesant d'or. Il ne dément pas celui de Marthe Robin, et le complète au contraire.

Oui, j'offre à « nos » lecteurs en guise de salut, d'au revoir, ce conseil éclairé de saint François qui s'adresse à tous et à chacun en particulier : « **Il faut fleurir où on vous a semé !** »

Les anges au service des humains.

– Mais pour ma part, cher Henri, comme c'est de votre salut que je suis tout particulièrement chargé, il me reste encore à

vous faire une dernière recommandation. Je vous confie le même commandement que Paul de Tarse donnait aux premiers chrétiens. On ne peut dire mieux, et c'est ce à quoi je vous exhorte depuis des temps immémoriaux et bien avant que vous ne soyez conçu dans le ventre de votre mère :

> **Aspirez aux dons supérieurs. Et je vais encore vous montrer une voie qui les dépasse toutes. Quand je parlerais les langues des hommes et des anges** *[l'hébreu que je vous ai poussé à étudier]*, **si je n'ai pas la charité, je ne suis plus qu'airain qui sonne ou cymbale qui retentit.** [1 Corinthiens XII, 31 et XIII, 1.]

– Vous faites bien, cher ange, de conclure par ces paroles, car je sais bien qu'au-delà des dons d'interprétation de l'Écriture dont Dieu m'a comblé, il me reste encore beaucoup à accomplir pour être un digne représentant de Celui qui est Notre Seigneur et Maître. Oui, je suis tout à fait conscient que « **quand je parlerais la langue des anges, si je n'ai pas la charité...** ». Je connais mes manques comme vous les connaissez aussi. Je sais bien que c'est avec intention que vous concluez votre dialogue en ma compagnie par ce mot « charité » si essentiel pour un chrétien et qui me va droit au cœur.

Puisse-t-il l'embraser à tout jamais. J'ai encore bien du chemin à faire, je ne l'ignore pas, cher Ouriel. J'ai donné suffisamment de leçons aux uns et aux autres dans ces pages, leçons pas toujours charitables, pour qu'à mon tour j'en reçoive une. Elle me paraît parfaitement justifiée.

Aussi, mon profond désir, cher ange, n'est pas de mettre le mot « fin » à ces pages, car un chrétien véritable ne peut pas envisager cette expression qui clôt les choses. La croyance en la résurrection promise par le Seigneur est la base de notre foi, elle nous interdit de clore. Et puis Flaubert n'a-t-il pas dit que « **conclure, c'est la bêtise** »?

Le génie du christianisme.

– Alors, le mieux, me semble-t-il, est d'agir comme si ce livre ne devait jamais finir, et pour ce faire, je vais passer le relais à un écrivain qui, il y a à présent deux cents ans, a décrit, mieux que nul ne saura jamais le faire *Le Génie du christianisme.* C'est seulement après ces lignes publiées par Chateaubriand en 1802 que l'on a le désir de se taire car, après ce qu'il expose, tout est dit :

> Nous voyons depuis le commencement des siècles les rois, les héros, les hommes éclatants devenir les dieux des nations.
> Mais voici que le fils d'un charpentier, dans un petit coin de la Judée, est un modèle de douleurs et de misère : il est flétri publiquement par un supplice; il choisit ses disciples dans les rangs les moins élevés de la société; il ne prêche que sacrifice, que renoncement aux pompes du monde, au plaisir, au pouvoir; il préfère l'esclave au maître, le pauvre au riche, le lépreux à l'homme sain; tout ce qui pleure, tout ce qui a des plaies, tout ce qui est abandonné du monde fait ses délices : la puissance, la fortune et le bonheur sont au contraire menacés par lui. Il renverse les notions communes de la morale; il établit des relations nouvelles entre les hommes, un nouveau droit des gens, une nouvelle loi publique; il élève ainsi sa divinité, triomphe de la religion des Césars, s'assied sur leur trône, et parvient à subjuguer la terre.
> Non, quand la voix du monde entier s'élèverait contre Jésus-Christ, quand toutes les lumières de la philosophie se réuniraient contre ses dogmes, jamais on ne nous persuadera qu'une religion fondée sur une pareille base soit une religion humaine. Celui qui a pu faire adorer la croix, celui qui a offert pour objet de culte aux hommes l'humanité souffrante, la vertu persécutée, celui-là, nous le jurons, ne saurait être qu'un Dieu.

1er juin 2002.
J'ai soixante-cinq ans.

CONCLUSION DE L'ARCHANGE OURIEL

Je ne voudrais en aucun cas m'envoler, déserter les pages de ce livre, sans ajouter, si vous me le permettez, Henri, ma propre conclusion, car je souhaite que l'on comprenne instamment que : Toute connaissance s'établit par les liens que les choses ont entre elles. Je veux dire que tout est rapport. Une chose, quelle qu'elle soit, n'est définissable que « par rapport » à une autre. Tout ce qui est défini dans le monde ne peut l'être que par le biais du « rapport ».

Le philosophe Michel Serres vous l'avait dit, Henri, le terme grec logos signifie non seulement « Verbe » mais aussi « Rapport ». L'apôtre Jean a écrit au début de son évangile : **« Au commencement était le Logos. »**

Il savait que sans faire appel au rapport qu'ont les choses entre elles, même si le lien qui les relie n'est pas visible sur le moment, on ne peut rien comprendre à rien. En revanche, dès que le fil invisible qui relie certaines choses est établi par le cerveau humain, alors le signe s'exprime et s'impose aux yeux de ceux qui savent le voir.

Ce signe à votre époque, les humains ne savent plus ni le découvrir ni l'appréhender, ce signe qui découle du Verbe ou du Rapport et qui donne cet avertissement : **« Je suis la lumière du monde. Qui me suit ne marchera pas dans les ténèbres, mais aura la lumière de la vie »** *(Jean VIII, 12).*

Nous avons dit que toute connaissance s'établit par les liens que les choses ont entre elles. Ce lien c'est l'analogie :

ANA = *« rapport » / « analogie » = « rapport de parole-raison » = « rapport logique ».*

Le signe ne se révèle que si l'on décèle l'analogie qui lie les choses. L'analogie consiste à créer des rapports de similitude entre des objets différents : alors le signe vous fait signe. En la matière, l'intuition a son rôle à jouer : **« L'intuition est le millième de seconde où l'intelligence va plus vite qu'elle-même »** *(Albert Einstein).*

Tout cela, vous le saviez confusément, Henri. Si vous ne l'aviez pas su, vous ne pourriez pas le comprendre à cette heure. Mais ne confondez pas : si l'on relie des objets identiques, il s'agit d'identification et non d'analogie. L'analogie n'accomplit sa mission qui est de faire signe, qu'à la condition que le cerveau agisse avec subtilité et relie des objets différents non identiques en découvrant le rapport invisible qui les lie.

Souvenez-vous de tout ce que fait naître, dans les pensées de l'écrivain Marcel Proust, le rapport analogique qui s'impose à lui par le truchement de la madeleine qu'il trempe dans son thé, avec l'époque où il allait dire bonjour dans sa chambre à sa tante Léonie qui lui offrait un petit morceau de madeleine après l'avoir trempé dans son infusion de thé ou de tilleul. À la suite de quoi tous les souvenirs de son enfance ressurgissent, et il conclut que **« tout cela qui prend forme et solidité, est sorti, ville et jardins, de ma tasse de thé ».**

Au XVIIIe siècle, l'abbé Nollet observa la persistance de l'image sur la rétine. Le mot « rétine » vient du latin médiéval retina, *de* rete *qui donne « rets » : « filet pour prendre des poissons ». Nous revoilà analogiquement reliés et aux évangiles et à Jésus le Christ Notre Maître et Seigneur, Enseigneur pourrions-nous dire.*

Cette persistance de l'image sur la rétine implique le fait que les choses vues demeurent encore un court instant sur l'écran de notre vision tandis que l'image suivante s'apprête à l'effacer. En réalité, la rétine transmet au cerveau des images par le truchement du nerf optique et le cerveau transforme alors ces images en mots d'après les sons que lui communique l'oreille.

Saint Bernard révèle que **« l'écoute est le noyau vivant de la vision ».**

Ainsi, à l'instar des images, la persistance du mot s'établit même quand le mot d'après se présente et se relie à lui pour que le discours s'installe « analogiquement ». Sans le lien des mots entre eux, le discours n'aurait ni queue ni tête et l'on passerait du coq à l'âne en cours de conversation. C'est le lien des choses qui conduit les êtres humains sur le chemin de la connaissance. Le mot « religion » qui vient du latin religare *signifie en vérité « relier ». Et de la même façon que les synapses du cerveau relient les neurones, et que les mailles du filet des pêcheurs se relient les unes les autres où se forment les nœuds du filet, tout ce qui appelle à une compréhension dans la nature est reliable : toute connaissance s'établit par les liens que les choses ont entre elles.*

Si j'ai moi-même fait en sorte de relier le nom du nouveau Président américain Bush avec le mot hébreu BouSH *qui signifie « confusion », ce n'est certes pas pour faire état d'une sorte de gag, mais pour démontrer qu'il y a, aussi curieux que cela puisse paraître à certains, analogie entre le nom d'un être humain dont le destin pèse sur le monde et la confusion qui y règne sans que celui-ci en soit pour autant responsable, bien que représentatif.*

Le signe fait alors signe à tous et à chacun. À chacun d'en tirer ou de ne pas en tirer de conclusions. Aucun mot n'est innocent de sens. Tous, et dans n'importe quelle langue de la planète, ont du sens, mais parfois le sens profond du mot, le sens originel est masqué car l'on a perdu de vue la source du mot. C'est ici, cher Henri, que s'opère le travail du philologue.

Il consiste à épouser une langue jusqu'à se perdre en elle, se confondre en elle, et jusqu'à ne faire plus qu'un avec elle. La communication, le partage, l'amour sont alors possibles, car épouser une langue, c'est se marier avec un pays tout entier, à tout son peuple : c'est se naturaliser! Voilà un des plus beaux mots de la langue française. Vous Henri, en vous naturalisant hébreu, vous avez scellé un pacte avec la langue des anges et la porte de la Torah s'est ouverte à deux battants pour vous permettre de vous précipiter dans les bras de Jésus, le roi des juifs. Bonne route Henri dans le chemin du Christ!

Archange Ouriel.

P. S : À présent Henri, je vous invite à donner à vos lecteurs la liste des anges que je vous ai communiquée et qui comprend les noms de tous les anges qui, depuis le commencement du temps, ont en charge tous les êtres humains et sont responsables de leur gardiennage.

En réalité, sous chaque nom d'ange, se trouve réunie une kyrielle d'anges, c'est-à-dire autant qu'il en faut pour s'occuper du nombre d'êtres humains en question.

Connaître le nom de son ange, afin que l'on puisse l'appeler par son nom lorsqu'on en éprouve le besoin, facilite grandement la communication, bref, le « rapport » entre les êtres et les anges.

J'aurais, ensuite, une fois révélée la liste des anges, à vous faire une ultime confidence, qui peut-être vous troublera ou vous choquera, bien que ce ne soit pas le but recherché ni souhaité.

Liste des soixante-douze anges qui régissent les humains

Apprenez le nom de votre ange pour pouvoir l'appeler en cas de besoin. Si vous êtes né entre

le 1er	et le 5 janvier, votre ange est	NEMAMIA
6	10	YEYALEL
11	15	HARAREL
16	20	MITZRAEL
21	25	UMABEL
26	30	JAHHEL
31 janvier	4 février	ANAUEL
5	9	MEHIEL
10	14	DAMABIAH
15	19	MANAKEL
20	24	AYAEL
25	29	HABUHIAH
1er	5 mars	RAHAEL
6	10	YABAMIAH
11	15	HAIIAEL
16	20	MUMIAH
21	25	VEHUIAH
26	30	YELIEL

31 mars	4 avril	SITAEL
5	9	ELEMIAH
10	15	MAHASIAH
16	20	LELAHEL
21	25	ACHAIAH
26	30	CAHETHEL
1er	5 mai	HAZIEL
6	10	ALADIAH
11	15	LAUVIAH
16	20	HEHAYAH
21	25	YEZABEL
26	31	MEBAEL
1er	5 juin	OURIEL
6	10	HEKAMIAH
11	15	LAUVIAH
16	21	CALIEL
22	26	LEUVIAH
27 juin	1er juillet	PAHALIAH
2	6	NELCHAEL
7	11	HEIAYEL
12	16	MELAHEL
17	22	HAHEWIAH
23	27	NITHHAIAH
28 juillet	1er août	HAAIAH
2	6	YERATEL
7	12	SEHEIAH
13	17	REHIEL
18	22	OMAEL
23	28	LEKABEL
29 août	2 septembre	VASARIAH
3	7	YEHUIAH

8		12		LEHAHIAH
13		17		KHAVAKIAH
18		23		MENADEL
24		28		ANIEL
29	septembre	3	octobre	HAMIAH
4		8		REHAEL
9		13		YEIAZEL
14		18		HAHAHEL
19		23		MIKHAEL
24		28		VEULIAH
29	octobre	2	novembre	YELAIAH
3		7		SEALIAH
8		12		ARIEL
13		17		ASALIAH
18		22		MIHAEL
23		27		VEHUEL
28	novembre	2	décembre	DANIEL
3		7		HAHASIAH
8		12		IMAMIAH
13		16		NANAEL
17		21		NITHAEL
22		26		MEBAHIAH
27		31		POYEL

L'AVEU FINAL DE L'ANGE OURIEL

– *Je me dois donc à présent de vous faire un terrible aveu, cher Henri ! Vous avez, en dialoguant avec moi, votre ange, écrit et constitué avec mon soutien au fil de l'effeuillement de ces pages un livre, ce livre qui va bientôt s'achever,* Dialogue avec mon ange gardien.

Je suppose que vous êtes fier du travail accompli et qu'en même temps vous vous demandez comment il a été possible que vous révéliez à vos lecteurs toutes ces choses qui vous tenaient tant à cœur. Pour rien au monde, je suppose, vous ne renieriez vos paroles et ne verriez guère d'un bon œil qu'il soit fait fi de tant d'efforts et de tant de peines. Il n'est pas question de cela, rassurez-vous, et par conséquent de sacrifier quoi que ce soit de votre labeur. Cependant, il faut que vous sachiez... et je vous le dis le plus simplement du monde, que je ne vous ai aidé à écrire ce livre que dans le but inavoué jusqu'ici d'en arriver à ce point précis du discours, à cet endroit exact où va se trouver formulée l'idée d'adresser une prière aux anges, idée qui vous a été transmise par votre directeur d'édition.

Je vous l'avoue tout de go, j'ai moi-même fait des pieds et des ailes pour l'inciter secrètement à offrir la possibilité à vos lecteurs de prier les anges, et ce, par le biais du Chapelet des anges *dont il avait gardé le souvenir bien présent à cause d'une sœur dominicaine qu'il avait côtoyée et qui l'avait impressionné du temps où il était jeune novice dominicain.*

Or, ce Chapelet des anges *était perdu, abandonné à tout jamais et donc promis à l'oubli. Il fallait donc qu'il vous soit implicitement réclamé de le retrouver, même si au départ ce n'était pas ce qui vous préoccupait particulièrement.*

Je m'empresse toutefois de vous dire que, sans ce qui a été dit auparavant et sans le dévoilement de la liste des anges à laquelle la continuité du livre vous a naturellement amené, le Chapelet des anges *n'aurait guère eu de sens. Le livre, dans son entité, est donc nécessaire à sa finalité. Mais je tenais à ne rien vous dissimuler. Aussi, vous avouerai-je qu'ordre m'a été donné par ma hiérarchie de collaborer avec vous à l'écriture de ce livre, uniquement, exclusivement, dans le but non avoué de parvenir à la publication* in fine *du* Chapelet des anges *que l'humanité tout entière avait mésestimé jusqu'à l'oublier et le perdre.*

En effet, ce Chapelet des anges *que nous allons divulguer maintenant est d'une importance capitale pour la planète Terre, car c'est en le récitant qu'elle pourrait être encore sauvée, à condition expresse de réciter ce chapelet en l'adressant à son ange tutélaire qui a pour mission de porter la prière en haut lieu.*

Je ne soulignerai jamais suffisamment le fait que tout être humain doive impérativement connaître le nom de l'ange qui l'a en garde – à la suite de quoi il est expressément conseillé à chaque fidèle de s'adonner à la récitation du Chapelet des anges *que je vous demande à présent de consigner dans les lignes qui suivent puisque vous l'avez, par miracle, retrouvé. Vous nous raconterez ensuite dans quelles circonstances, ou plus exactement par quelles voix de Dieu certes impénétrables vous avez pu, en vue de la prière, remettre la main sur les grains du* Chapelet des anges!

LE CHAPELET DES ANGES

Saint Michel est à l'origine du Chapelet des anges, dénommé aussi Chapelet de saint Michel. Il en a demandé lui-même la récitation lors d'une apparition à Antonia d'Ascona en 1751. Pie IX a approuvé la récitation de ce chapelet en 1877.

Le nombre des grains du Chapelet des anges n'est pas le même que celui d'un chapelet classique, mais les croyants pourront, s'ils ne possèdent pas le Chapelet des anges toujours disponible en Italie, se référer à nos indications.

Dans un chapelet classique, on trouve au-dessus de la croix du Christ, un grain correspondant à un *Pater*, trois grains correspondant à trois *Ave Maria* et encore un grain correspondant à un *Pater*. Quant à la couronne du chapelet classique, elle est composée de cinq dizaines de grains correspondant chacun à un *Ave*, chacune de ces dizaines étant séparée par un grain (quatre en tout) correspondant à un *Pater* intercalé. L'ensemble a donné au chapelet le nom de Rosaire de *rosa* (rose), les *Ave* du chapelet formant une couronne symbolique de roses mystiques.

Saint Dominique et l'ordre des Dominicains ont développé et popularisé cette dévotion, que les apparitions de la Vierge au XIXe siècle (à Lourdes notamment) ont rendue plus universelle.

Quant au Chapelet des anges, il comporte au départ, seulement quatre grains au-dessus de la médaille qui représente saint Michel terrassant le dragon, médaille que l'on doit baiser pieusement avant de réciter quatre *Pater* à dire d'emblée et à la suite. Ces quatre *Pater* correspondent au quatre premiers grains du Chapelet des anges et sont destinés à honorer *saint Michel, saint Raphaël, saint Gabriel et l'archange Ouriel* auquel on associe le nom de son ange gardien. Chacun des noms doit être énoncé avant chacun des quatre *Pater*.

Il convient de dire ensuite :

Deus in adjuditorium meum intende
Domine ad adjuventum me festina. – Gloria Patri...

[Consens], ô Dieu, à me sauver
Éternel, hâte-toi de me porter secours. – Gloire au Père... (Psaume LXX-LXIX)

Quant à la couronne du Chapelet des anges, elle est composée de neuf fois trois grains correspondant chacun à un *Ave Maria*. Chacune des triades est séparée par un grain isolé correspondant à un *Pater*.

La division de la couronne du Chapelet des anges en neuf parties, correspond à la hiérarchie des chœurs des anges, à savoir :

Séraphins, Chérubins, Trônes, Dominations, Vertus, Puissances, Principautés, Archanges, tous les anges.

Par conséquent, avant la récitation de chaque triade d'*Ave* une salutation spécifique pour chacun des chœurs angéliques doit être prononcée.

Au premier chœur des anges : Par l'intercession de saint Michel et du chœur céleste des *séraphins*, que le Seigneur nous fasse la grâce d'abandonner le péché et de progresser dans l'amour de Dieu.

Au deuxième chœur des anges : Par l'intercession de saint Michel et du chœur céleste des *chérubins*, que le Seigneur répande dans nos cœurs l'esprit d'humilité.

Au troisième chœur des anges : Par l'intercession de saint Michel et du chœur céleste des *trônes*, que le Seigneur nous fasse la grâce de dominer nos sens et de nous corriger.

Au quatrième chœur des anges : Par l'intercession de saint Michel et du chœur céleste des *dominations*, que le Seigneur ne nous laisse pas succomber à la tentation.

Au cinquième chœur des anges : Par l'intercession de saint

Michel et du chœur céleste des *vertus*, que le Seigneur protège nos âmes et nous délivre du mal.

Au sixième chœur des anges : Par l'intercession de saint Michel et du chœur céleste des *puissances*, que le Seigneur nous donne le souci d'éclairer et de fortifier notre foi pour arriver à une meilleure connaissance de Dieu.

Au septième chœur des anges : Par l'intercession de saint Michel et du chœur céleste des *principautés*, que le Seigneur nous rende généreux au service des autres et attentifs à leurs besoins.

Au huitième chœur des anges : Par l'intercession de saint Michel, et du chœur céleste des *archanges*, que le Seigneur nous aide à devenir les témoins du Christ.

Au neuvième chœur des anges : Par l'intercession de saint Michel et du chœur céleste de tous les *anges*, que le Seigneur daigne nous accorder d'être gardés par eux pendant cette vie pour être conduits ensuite avec eux à la gloire éternelle du ciel. Amen.

Enfin, pour terminer, on dit : « **Saint Michel, toi qui as rappelé aux anges rebelles la grandeur de Dieu et as confondu l'orgueil de Lucifer, fais-nous comprendre que Dieu seul est grand et qu'à Lui seul appartiennent le règne, la puissance et la gloire ; enseigne-nous l'humilité et le don de soi afin que, à ton exemple, nous reconnaissions le souverain domaine de Dieu et le servions dans l'amour de nos frères. Amen.** »

– *À vous, cher Henri, de révéler à présent comment* Le Chapelet des anges *a pu être retrouvé.*

– Je vous avoue humblement, cher Ouriel, que je demeure un peu interloqué par l'aveu que vous m'avez fait, à savoir que ce livre, *Dialogue avec mon ange gardien*, ne m'a été inspiré que dans le but final de révéler et soumettre à mes lecteurs le *Chapelet des anges* dont je n'avais aucune connaissance jusqu'ici. Mais votre franchise me touche. Si je comprends bien, tous les acteurs qui ont aidé à la redécouverte de ce *Chapelet des anges* ont donc été plus ou moins manipulés par les désiderata de leurs anges respectifs.

– Vous avez tout compris. Une fois l'idée semée en vous d'écrire un livre avec l'aide de votre ange, en l'occurrence moi, Ouriel, votre serviteur, et une fois l'élaboration de ce livre constituée, vous l'avez immédiatement soumis au jugement des Éditions du Cerf et de celui qui a en charge la direction de cette prestigieuse maison, Nicolas-Jean Sed. Il a pour ange tutélaire l'ange Yeiazel, lequel a été instamment sollicité pour appuyer la démarche. Il s'agissait de réveiller, dans sa mémoire de dominicain, le souvenir d'une mère dominicaine qui l'a non seulement formé mais aussi terriblement impressionné, marqué par les œuvres qu'elle a accomplies par la grâce précisément du Chapelet des anges.

En réalité, les choses auraient pu se faire sans l'aide de Yeiazel, tant était demeurée présente l'influence magistrale qu'a eue sur lui la sœur Marie de Béthanie que beaucoup appelaient plus intimement Béthanou. Et c'est presque automatiquement que s'est « formatée » dans son esprit l'idée qu'il fallait non seulement retrouver ce Chapelet des anges, *mais aussi en publier le texte pour en perpétuer la pratique telle que s'y adonnait la sœur Marie de Béthanie.*

On pourrait écrire encore un livre sur Jeanne-Marie Vigier (1908-1998), Auvergnate bon teint, née à Aurillac dans le Cantal, devenue en religion sœur Marie de Béthanie, dite Béthanou. Elle a égrené toute sa vie durant le Chapelet des anges *de ses longs doigts longilignes dont l'index de la main droite était recroquevillé à la suite d'une blessure survenue en taillant un rosier. Tout en devisant, ses mains se mouvaient avec une grâce extrême et la longueur anormale des doigts ne semblait guère être en accord avec un corps qui, sans être corpulent, n'en était pas moins celui d'une femme d'origine terrienne. On eût dit que la Vierge Marie lui avait prêté, confié ses fines mains porteuses de doigts effilés qui semblaient égrener tous ses dires sur les cordes d'une harpe imaginaire, comme elle l'aurait fait avec des notes de musique.*

De sa bouche sortaient des expressions frappées au coin du bon sens, tout empreintes d'une foi peu commune. C'est cette foi exceptionnelle qui a, sa vie durant, si bien conforté la sœur Marie de Béthanie, au point qu'elle s'est rarement trompée dans tous ses jugements. Et ce, de l'avis unanime de tous ceux qui l'ont côtoyée. On peut parler de sainteté ordinaire à son propos, ce qui n'est pas un mince compliment venant de nous, les anges.

C'est sans hésitation du côté du général de Gaulle que la sœur Marie de Béthanie s'est placée dès le début de la Seconde Guerre mondiale, ayant déjà senti que, si le Front populaire de 1936 avait du bon, son antimilitarisme affiché provoquerait par la suite la débâcle survenue.

À Miremont, ville repérée par les nazis pour être un nid de résistance, et où elle s'occupait d'enfants abandonnés, la sœur Marie de Béthanie cacha des armes dans son couvent et notamment une caisse de revolvers destinés le moment venu à servir aux résistants lors de la Libération espérée. Béthanou promit à la Vierge Marie de réciter un an durant, chaque jour, le Chapelet des anges, *dans la mesure où ses compagnes de couvent seraient épargnées et où elle seule serait mise en cause pour le cas où la cache d'armes aurait été découverte par les occupants. Elle tint donc parole, ou plutôt elle tint prière en récitant chaque jour le* Chapelet des anges, *trois cent soixante-cinq jours à la file. Béthanou fut exaucée.*

– Pardonnez-moi de vous couper la parole, cher ange. Mais comment, avec le nom qu'elle portait, Marie de Béthanie n'aurait-elle pas été exaucée? En effet, Béthanie signifie en hébreu « Maison de la réponse, de l'exaucement », et ce, d'après le *Dictionnaire de la Bible hébraïque* de Marchand-Hennery (p. 196), pour ceux qui voudraient en douter. N'est-ce pas à Béthanie que Jésus Lui-même est exaucé? Juste avant la résurrection de Lazare, Il dit : **« Père, je te rends grâce de m'avoir exaucé, je savais bien que tu m'exauces toujours »** (Jean XI, 41-42). Avec Jésus, tout corrobore, ses actes sont en communion avec les lieux.

– Aussi, le fait d'avoir réveillé à la fin de ce livre le souvenir de Marie de Béthanie m'invite à croire que nous serons exaucés en ce qui concerne la divulgation du Chapelet des anges. *Outre le fait que Marie de Béthanie mérite qu'on ne l'oublie jamais, son nom est comme un gage que la pratique du* Chapelet des anges *ressuscitera à l'instar de Lazare à Béthanie.*

Je tiens aussi à vous relater que, lors d'une visite à Paris au musée de la Résistance, Marie de Béthanie prit connaissance des noms des résistants morts pour la France et, tout en frappant de son index recroquevillé sur la vitre qui protégeait la liste, elle s'écria presque à la cantonade : « **Ça, c'étaient des hommes !** »

Une fois dit son Chapelet des anges, *elle ne se privait pas d'un verre de whisky tout en laissant osciller ses lectures du soir entre évangiles et Exbrayat. Toute sa vie de dominicaine durant elle s'occupa des autres, sans distinction, visitant à la prison Saint-Michel à Toulouse des femmes aussi bien victimes de proxénètes que matricides, les assistant lors de leur procès afin, disait-elle, qu'il y ait* « **au moins un visage humain dans le prétoire** ».

C'est dès son plus jeune âge qu'elle s'intéressa au sort de la France. Elle n'avait que six ans lors de la déclaration de guerre en 1914, mais quand son père allait à la préfecture lire les communiqués, c'est elle qui, perchée sur les épaules paternelles, les déchiffrait : « **À l'époque, dès quatre ans, on savait lire...** », *revendiquait-elle, en réaction aux méthodes d'aujourd'hui.*

Elle fut très vite convaincue de l'intervention divine lors de la guerre de 1914-1918. En effet, le bruit avait couru que des Allemands avaient vu la Vierge de Lourdes, lors de la bataille de la Marne, indiquer de la main à l'armée allemande de rebrousser chemin et de se retirer. On lui raconta que certains blessés allemands qui furent soignés dans un hôpital sanitaire français, voyant une statue de la Vierge de Lourdes posée sur la cheminée de la salle où ils se trouvaient, avouèrent aux infirmières françaises, et ce, pour les remercier de les avoir bien soignés : « **C'est elle, à la Marne, qui nous a joué un tour en nous forçant à reculer.** » *Un officier allemand avait été menacé de mort par sa hiérarchie s'il révélait ce signe dans le ciel dont beaucoup de soldats allemands ont été les témoins à l'époque où, aux abords de la Marne, les fameux six cents taxis réquisitionnés par Gallieni transportèrent six mille hommes en renfort pour épauler l'armée anglaise. C'était le 7 septembre 1914.*

Pour Béthanou : « **La Marne, c'est la première victoire miraculeuse de la France !** »

Mais les miracles ne sont pas pour impressionner les hommes, soixante-dix mille personnes peuvent bien être témoins oculaires du soleil qui tourne comme une roue à Fatima, la photo de l'évé-

nement peut bien être diffusée par les journaux, il suffit d'un rien de temps pour que l'on en conclue qu'il ne s'est rien passé. Certains humains sont désespérants aux yeux des anges. Jésus fait dire à Luc l'évangéliste : « **Du moment qu'ils n'écoutent ni Moïse ni les Prophètes, même si quelqu'un ressuscite d'entre les morts, ils ne seront pas convaicus** » *(Luc XVI, 31).*

L'ange de la sœur Marie de Béthanie avait nom : Daniel. Férue de poésie et particulièrement de celles de Paul Claudel, elle aimait par-dessus tout celle intitulée « Les ailes voient » *par le biais de laquelle elle s'adressait ouvertement à Daniel :*

Vite! donnez-moi la main!
Et montons ensemble au ciel,
Puisque le Dieu des Séraphins
Comme à ces papillons divins
À mis des yeux sur nos ailes!

– Alors, si je comprends bien, il aura fallu l'intervention d'au moins trois anges pour remettre enfin la main sur le *Chapelet des anges* : vous, Ouriel mon ange; l'ange de mon directeur des Éditions du Cerf, Yeiazel, et enfin l'ange de la sœur Marie de Béthanie, Daniel, qui a fait en sorte qu'après que l'on en a fait la demande on l'a retrouvé dans les archives du couvent des Dominicains de Toulouse-Rangueil, parmi des textes mis en réserve par la sœur Marie de Béthanie avant son départ pour le ciel, le célèbre et précieux *Chapelet des anges*. Elle y tenait la fonction d'hôtelière, son dernier service.

Il ne nous reste plus qu'à souhaiter qu'avec l'aide de Dieu les humains qui auront accès à ce chapelet grâce à ce livre en fassent bon usage.

– *Enfin, je ne veux pas manquer de donner, pour finir, ce dernier renseignement concernant les anges, à savoir que, lors de la création de l'homme, Dieu s'exprime au pluriel dans le livre de la Genèse I, 26 :* « **Faisons l'homme à notre image, à notre ressemblance...** »

À cause de cet emploi inattendu du pluriel, les rabbins, au fil du temps écoulé, ont conclu à juste titre que la création de l'homme avait été opérée par le Créateur en concertation avec les anges, c'est ce qui Lui fait dire : « **Faisons...** » *Cette stricte* *vérité enfin découverte a permis d'évacuer l'interprétation polythéiste que le pluriel en question aurait pu entraîner.*

Notre responsabilité, à nous les anges, en ce qui concerne le destin de l'homme sur la planète Terre est donc évidente.

– On pourrait se demander : que faisait Dieu avant de créer le ciel et la terre ?

– *Non sans humour, saint Augustin nous dit qu'il préparait des supplices pour les curieux qui posent des questions qui dépassent leur intelligence.*

Toutefois, je veux laisser la parole à Monique Schönberg, spécialiste éminente des Textes judaïques qui parvient à rendre compréhensible les phénomènes si complexes de la Création dont la théorie dite du Tsimtsoum qui l'a précédée :

> On pourrait dire, dans un langage plus philosophique, qu'à partir d'une énergie première et dans un temps infinitésimal, on passe du néant initial voulu par Dieu, à la Création, à partir d'une néantisation d'un point de son Être infini pour laisser place à autre que Lui. Apparaissent alors dans un ordre donné, le ciel, les astres, les galaxies, la terre.
> Sur cette terre, par différenciations successives, sont créés, passant ainsi du non-être à l'être, les règnes minéral, végétal et animal jusqu'au 6ᵉ jour et c'est dans la deuxième partie de ce 6ᵉ jour qu'apparaît l'homme. C'est ce 6ᵉ jour qui est le 1ᵉʳ du mois de Tishri, le 7ᵉ mois du calendrier hébraïque. Or, le 1ᵉʳ du mois de Tishri correspond au Nouvel An juif : Rosh hashanah qui est relié à la création de l'homme.
> Toutefois, d'après la littérature métaphorique, le cosmos fut créé un 25 Éloul. Ce mois est le dernier de l'année juive qui commence en Tishri, nouvel an de l'homme. Le mois d'Éloul englobe les premiers cinq jours de la Création qui précèdent la création de l'homme en constituant son habitat, l'environnement matériel indispensable à son existence.

Et je me permets d'ajouter : indispensable également à sa survie. Nous les anges qui avons en charge les êtres humains, nous les invitons à travailler à la préservation du support sur lequel ils évoluent, tandis qu'une rétrogradation spirituelle des Terriens est de plus en plus observée, hélas!, ce dont il vous faut être conscients et tout particulièrement attentifs. De là, l'obligation de la récitation du Chapelet des anges *pour sauver la Terre.*

Il nous faut donc sauver les hommes à leur insu en même temps que leur planète, l'un ne pouvant aller sans l'autre. Ce n'est pas une mince affaire! Voilà pourquoi le Chapelet des anges *est si prépondérant car la sauvegarde de la Terre ne va pas sans l'aide de la prière.*

Inutile, me semble-t-il, de souligner dès lors l'importance suprême du phénomène de la transmission. J'avais donc raison de dire, comme je l'ai déjà signalé dans ma conclusion, que toute connaissance s'établit par les liens que les choses ont entre elles. Sans le lien qui vous relie à moi, votre ange, le lien qui vous fixe à la pensée de votre directeur d'édition, ceux, affectueux qui le lient lui-même à Marie de Béthanie, auriez-vous eu connaissance du Chapelet des anges*? Ne faut-il pas compter avec la Providence? Jean-Paul II a bel et bien raison :* **« Tout ce que Dieu a créé, Il le garde et le conserve avec l'aide de la Providence. »**

Enfin, je ne me résoudrai à conclure véritablement qu'après m'être fait un instrument de la Providence pour rappeler cette autre Tradition perdue elle aussi, à savoir que l'on doit prier plus particulièrement :

le lundi, le Saint Esprit,
le mardi, les anges,
le mercredi, saint Joseph,
le jeudi, le Saint Sacrement, l'Eucharistie,
le vendredi, Jésus souffrant,
le samedi, la Vierge Marie,
et le dimanche la Sainte Trinité.

Et ce d'autant que 2003 a été proclamée année du Rosaire par Jean-Paul II. Amen !

> **« Rappelle-toi que Dieu est en nous quand nous sommes en état de grâce – qu'Il est hors de nous quand nous avons péché – mais que notre ange ne nous abandonne jamais. »**
>
> **Padre Pio.**

Jusques à quand?...

LA TRADITION IDENTIFIE LA SAGESSE À LA TORAH

La Sagesse crie par les rues,
sur les places publiques elle élève la voix;
à l'angle des carrefours, elle appelle,
aux portes de la ville elle prononce un discours :
« Jusques à quand, ô simples, aimerez-vous la simplesse?
et les railleurs se plairont-ils à la raillerie?
et les insensés haïront-ils le savoir?
Convertissez-vous à mes exhortations;
pour vous je vais épancher mon cœur
et vous faire connaître mes dires :
puisque j'ai appelé et que vous avez refusé,
puisque j'ai étendu la main sans que nul y prenne garde,
puisque vous avez négligé mes conseils
et que vous n'avez pas voulu de mes remontrances,
à mon tour, de votre détresse, je me rirai,
je vous narguerai quand viendra l'épouvante,
quand l'épouvante fondra sur vous comme l'orage
et votre détresse comme un tourbillon,
quand l'épreuve et l'angoisse fondront sur vous.
Alors ils m'appelleront, mais je ne répondrai pas;
ils me chercheront et ne me trouveront pas.
Ils détestaient le savoir,
ils n'aimaient pas la crainte de Yahvé,
ils ne voulaient pas de mon conseil,

ils faisaient fi de toutes mes remontrances :
ils mangeront donc du fruit de leurs errements,
ils se rassasieront de leurs propres conseils!
Car l'égarement des simples les tue,
l'insouciance des sots les mènent à leur perte;
mais qui m'écoute demeure en paix,
il sera tranquille, sans craindre le malheur. »

[Proverbes I, 20-33.]

Le roi Salomon, à qui l'on attribue la rédaction des Proverbes a régné au xe siècle avant Jésus-Christ. Ce texte pourrait donc avoir près de trois mille ans. Mais on fixe la composition du Prologue dont fait partie ce texte au ve siècle avant Jésus-Christ. Il aurait dans tous les cas au moins deux mille cinq cents ans. La Sagesse a toutes les raisons de poser cette lancinante question : **Jusques à quand?...**

Table des matières

HENRI TISOT
a aussi publié aux Éditions du Cerf
Le Rendez-Vous d'amour
avec une lettre-préface de Paul Ricœur

HENRI TISOT
tient à votre disposition ce livre que l'on ne trouve plus en librairie et qu'il vous adressera dédicacé contre l'envoi d'un chèque de :

– 20 euros (port compris) pour *Le Fils du pâtissier* (Plon).

Ainsi que ces trois livres toujours disponibles en librairie qu'il vous adressera dédicacés :

– 25 euros (port compris) pour *Le Rendez-Vous d'amour* (Éd. du Cerf).

– 25 euros (port compris) pour *Le Petit Livre du Grand Livre* (Fayard).

– 25 euros (port compris) pour *La Crèche d'Henri Tisot* (Fayard).

HENRI TISOT – Boîte postale n° 7 – 75362 PARIS CEDEX 08.

Vous pouvez adresser tout courrier concernant Henri Tisot à cette même adresse. Joignez SVP une enveloppe timbrée pour la réponse.

Achevé d'imprimer en juin 2004
sur les presses de Normandie Roto Impression s.a.s.
à Lonrai (Orne)
N° d'impression : 04-1581
N° d'édition : 11943
Dépôt légal : mars 2003

Imprimé en France